Buchrucker

Zauberkraft Erziehung

Susanne Buchrucker

ZAUBERKRAFT ERZIEHUNG

SO WERDEN KINDER STARKE ERWACHSENE

Bildrechte: Coverfoto Harald Buchrucker, S. 5, S. 65, S. 225: Florian Kollmann, S. 135: Maria Scherrer, S. 13: Hans Georg Staudt (pixelio·de), S. 21: Marianne Hauck (pixelio.de), S. 95: „Ich“ (pixelio·de), S. 177: Grace Winter (pixelio·de), S. 201: Tobias Priß (pixelio·de), S. 271: Hermann Eberhardt (pixelio·de), Autorenfoto: Studio7.at, Margit Harruk; Hauptstraße 69, 4040 Linz

Der Verlag und seine Autoren sind für Reaktionen, Hinweise oder Meinungen dankbar. Bitte wenden Sie sich diesbezüglich an: verlag@goldegg-verlag.com

ISBN Print: 978-3-901880-86-5

Mommsengasse 4/2 • A-1040 Wien
Telefon: +43 (0) 1 5054376-0
E-Mail: office@goldegg-verlag.com
http://www.goldegg-verlag.com
Herstellung: Goldegg Verlag GmbH
Druck: CPI Moravia Books

„Ich bin nicht nur überzeugt,
dass das, was ich sage falsch ist,
sondern auch das,
was man dagegen sagen wird.
Trotzdem muss man anfangen,
davon zu reden.
Die Wahrheit liegt bei einem solchen
Gegenstand nicht in der Mitte,
sondern rundherum,
wie ein Sack,
der mit jeder neuen Meinung,
die man hineinstopft,
seine Form ändert,
aber immer fester wird!“
(Robert Musil)

Vorwort

Als der Verlag erstmals im Herbst 2008 an mich mit der Frage herantrat, ob ich mir vorstellen könnte, ein Elternbuch zur Kindererziehung zu verfassen, spürte ich in mir eine starke freudige Erregung und Motivation, mich diesem Projekt mit voller Kraft zuzuwenden. Zum einen, weil ich das Gefühl hatte, durch meine 20-jährige Arbeit mit Kindern und Jugendlichen sowie ihren Familien sehr viel Wissen, aber auch Erfahrung gesammelt zu haben, welche ich mitzuteilen in der Lage wäre, andererseits um für mich selbst eine Standortbestimmung vornehmen zu können.

Bei der Durchsicht der bereits vorhandenen Literatur zu diesem Thema in einer großen namhaften Buchhandlung musste ich jedoch feststellen, dass es eine schier unüberschaubare Anzahl verschiedener Ratgeber und Elternbücher in unterschiedlichster Qualität gibt, und ich hatte das Gefühl, dem nichts mehr hinzufügen zu können und auch zu wollen.

Ich stellte mir erstmals die Frage, wie es möglich ist, dass es einerseits eine so große Menge an Fachwissen gibt, das offensichtlich auch konsumiert wird, und andererseits die Unsicherheit und Mutlosigkeit in unseren Familien immer stärker zu nimmt.

Mutlos legte ich in der Folge dieses Projekt, das ich mit so viel Elan anfing vorzubereiten, ad acta und wandte mich wieder verstärkt dem Tun zu, zumal ich den Eindruck hatte, dass tief greifende Veränderungen in den Familien offenbar nicht durch das geschriebene Wort, sondern vielmehr über eingehende Reflexion des Beziehungs- und Erziehungsverhaltens, die Kommunikationsstruktur sowie die konkrete Anleitung der Erziehenden in ihrem speziellen Umfeld zu erreichen sind.

Dennoch kamen mir immer wieder spontan Ideen zu dem begonnenen Buchprojekt, welche ich anfing niederzuschreiben. Mit jeder Seite packte mich wieder die Lust, meine eigene Arbeit im Spiegel der Familien zu reflektieren und sie in eine für Leser – hoffentlich – ansprechende Form zu bringen.

Immer wieder plagten mich zwischenzeitlich Zweifel, ob meine Arbeits- und Sichtweise wohl die „richtige“ sei bzw. ob ich es schaffen würde, dem Leser neue Einsichten zu eröffnen, welche er als Hilfestellung für sein eigenes Leben mit Kindern und Jugendlichen erkennen kann.

Ich erkannte für mich, dass es nicht darum geht, den einzig richtigen Elternratgeber zu entwerfen, der eine kumulative Sammlung der derzeit geltenden Meinung zum Thema darstellt, sondern darum, mein ganz persönliches Elternbuch zu schaffen, mit jenen Inhalten und Erkenntnissen, welche mir persönlich aus meiner jahrelangen Arbeit mit Familien wichtig erscheinen.

Es ist mir bewusst, dass das vorliegende Werk nie dem Anspruch der „Vollständigkeit“ genügen kann. Wenn es jedoch dazu beiträgt, Sie zum Nachdenken anzuregen, sowie Ihnen da und dort neue gedankliche Wege eröffnen kann, die Sie in Folge selbst weiter beschreiten können, habe ich mein persönliches Ziel erreicht.

So wie es nicht notwendig ist, Kindern vorgefertigte Denk- und Handlungsmuster vorzugeben und ihren Lebensweg für sie zu planen, ist es aus meiner Sicht nicht notwendig, Erwachsenen bestimmte Denk- und Handlungsanleitungen vorzugeben, um die Erziehung ihrer Kinder zufriedenstellender meistern zu können. Vielmehr geht es darum, die Autonomie und Handlungsfähigkeit der Familien zu stärken, ihre Selbstheilungskräfte zu mobilisieren, sie nicht wieder von Expertenmeinungen abhängig zu machen, der weltweit um sich greifenden Globalisierung nicht Vorschub zu leisten, damit jede Familie wieder ihre Einzigartigkeit und Individualität erfahren kann.

Im Übrigen möchte ich Ihnen dazu gratulieren, dass Sie dazu in der Lage sind, das Gefühl der Unsicherheit im Umgang mit Ihren Kindern zu spüren und vor sich zugeben zu können sowie mitunter auch der Angst zu begegnen, die daraus erwächst, wenn man die Werthaltungen, Umgangsformen, Beziehungs- und Kommunikationsmuster in unseren Familien genauer betrachtet und dem Leid begegnet, welchen Kinder und Jugendlichen mitunter in Schulen ausgesetzt sind.

Es ist eine kalte, harte Zeit, in der wir leben, in der bereits Kinder und Jugendliche gegeneinander kämpfen, orientiert am Vorbild ihrer Eltern. Eine Zeit, in der Kinder und Jugendliche es vielfach vorziehen, in einer virtuellen Welt ihr Glück zu versuchen, weil sie sich von der Welt, in der sie physisch leben, nicht mehr sehr viel erhoffen.

Warum ich Ihnen dazu gratuliere, dass Sie dieses anhaltende Gefühl der Angst und Ohnmacht empfinden? Weil es Sie auszeichnet und von einem mit sich und der Welt in Kontakt stehendem Menschen zeugt, der fähig und in der Lage ist, diese unkontrollierbare Stressreaktion mit ihren destabilisierenden Einflüssen zu nützen, um aus den alt eingefahrenen Bahnen des Denkens, Fühlens und Handelns auszubrechen und nach neuen geeigneten Wegen zu suchen. Diese „unrunden“ Gefühle, die diese latente Angst auslöst, geben uns die Chance, uns zu ändern und Herausforderungen anzunehmen.

Wenn Menschen sich weigern, die Angst zuzulassen und diese Ohnmacht einzugestehen, werden sie unfähig, nach neuen Wegen zu suchen. Sie verharren in der Ohnmacht, die sie immer wieder mit der unkontrollierbaren Stressreaktion konfrontiert, sie selbst und die Familie krank macht. Erst wenn Sie wissen, wovor Sie Angst haben, der Ohnmacht also einen Namen geben können, sind Sie in der Lage, nach geeigneten Auswegen zu suchen.

Um eine grundlegende Veränderung im eigenen Denken, Fühlen und Handeln zu erreichen, braucht es aber kein Konzept, das Sie sich überstülpen sollten, es genügt, wenn Sie auf eine Information, einen winzig kleinen Auslöser treffen, der Sie in Ihrem Herzen berührt und an Ihre Erfahrungswelt ankoppelt, sodass es zu einer „gefühlten" Erfahrung kommen kann.

Wenn Sie beim Lesen das Gefühl haben, dass dieser oder jener Satz genau für Sie geschrieben wurde, dass dieser oder jener Gedanke genau das ausdrückt, was Ihr Bauchgefühl schon lange versucht, Ihnen mitzuteilen, dann habe ich meinen Job gut gemacht. Dann wird diese neue Erkenntnis nämlich wie ein Samen in Ihnen keimen. Sie werden in Ihrer Umwelt viele kleine Details erkennen oder in weiterführender Literatur zusätzliche Gedanken finden, die genau diese Erkenntnis stützen und diese in Ihnen weiterentwickelt, bis in Ihnen ein „rundes" Gefühl heranwächst, das ihre Angst vertreibt und Sie wieder handlungsfähig werden lässt.

Das vorliegende Buch wurde nicht geschrieben, um der Welt meine Erkenntnisse zu präsentieren, der Inhalt des Buchs ist langsam gereift. Wenn etwas gut werden soll, muss es wachsen und langsam entstehen können.

Dieses Buch ist vor allem deshalb entstanden, weil ich, trotz der Ausbildung als Klinische- und Gesundheitspsychologin, in der Erziehung meines Sohnes sehr oft an meine persönlichen Grenzen gekommen bin und in diesen Phasen stets große Angst um die Tragfähigkeit unserer Beziehung hatte.

Doch gerade in diesen Situationen ist mir bewusst geworden – und Sie werden in den einzelnen Kapiteln immer wieder darauf stoßen –, dass man nur aus gelebter Erfahrung, nicht aus wissenschaftlichen Erkenntnissen, für sich dauerhaft lernt und dass Beziehung immer oberste Priorität hat im Zusammenleben mit Lebewesen – seien das nun Menschen oder Tiere. Die Erziehung ist dieser nachgereiht und fügt sich dann wie von selbst.

In diesem Sinne wünsche ich Ihnen, dass in diesem vorliegenden Werk ein Samenkorn der Erkenntnis enthalten ist, dem Sie erlauben, sich in Ihnen zu entwickeln.

Susanne Buchrucker

Es gibt immer mehr, als wir erkennen können.
Mit dem Wesen zu begreifen,
dass ich immer nur einen winzigen Ausschnitt sehe,
macht mich weit.
(Ulrich Schaffer)

Inhaltsübersicht

ZAUBERKRAFT AUS KINDERTAGEN

Was ist Glück eigentlich? | Das Flowprinzip | Sätze, die Kinder prägen | Welches Erziehungskonzept ist das richtige bzw. wie erzieht man richtig? | Sind sensible Entwicklungsphasen tatsächlich so wichtig?

VON ANFANG AN GEBORGEN

Was zeichnet gute Eltern aus? | Einfluss der Schwangerschaft auf die Entwicklung des Kindes | Bezugspersonen | Beziehung – Urvertrauen – Stillen | Wie kommt es zu Regulationsstörungen? | Ein Kind ändert alles – auch die Paarbeziehung

DIE ERFAHRUNG DES SELBST UND DER FÄHIGKEITEN DES ICH

Bindung als Voraussetzung für die Entwicklung des Ich | Was bedeutet „Spiegeln"? | Entwicklung von Autonomie und Gewissen | Kinder in der magischen Welt | Welche Aspekte der körperlichen Entwicklung sind besonders relevant? | Wichtigkeit des Spiels

DIE ENTDECKUNG DER WELT

Es gibt nicht nur ein Ich | Konfliktbewältigung | Krisenherd Kindergarten und Schule | Entwicklungsaufgaben | Hilfe, mein Kind ist in der Pubertät! | Selbstfindungsprozesse und jugendliche Liebe | Neue Medien

WENN SAMENKÖRNER KEIMEN …

Sind Kinder kleine Erwachsene? | Die Notwendigkeit Grenzen zu setzen | Konflikte und Kompromisse | Wie kann mein Kind Rückschläge verkraften? | Nein!

DAS PUZZLE DER PERSÖNLICHKEIT

Kreativität und Fantasie | Selbstbewusstsein als Ursache von Glück | Unerschütterliches Vertrauen als Weg zur Unabhängigkeit | Yes, we can! | Beziehungsfähigkeit | Innere Stärke als Erziehungsziel

WENN DIE HEILE WELT ZERBRICHT

Trennung und Scheidung | Kinder psychisch kranker Eltern | Gemobbte Kinder | Krankheit und Tod | Missbrauchte und traumatisierte Kinder

Inhaltsverzeichnis

DIE ERFAHRUNG DES SELBST UND DER FÄHIGKEITEN DES ICH

DIE ENTDECKUNG DER WELT

WENN SAMENKÖRNER KEIMEN ...

DAS PUZZLE DER PERSÖNLICHKEIT

WENN DIE HEILE WELT ZERBRICHT

ANHANG

„Das Glück ist ein Schmetterling", sagte der Meister.
„Jag ihm nach und er entwischt Dir.
Setz Dich hin und er lässt sich auf Deinen Schultern nieder."
„Was soll ich also tun, um das Glück zu erlangen?"
„Hör auf hinter ihm her zu sein", sagte der Meister.
„Also gibt es nichts, was ich tun kann …"
„Du könntest versuchen, Dich ruhig hinzusetzen",
sagte der Meister, „wenn Du es wagst …"
(Anthony de Mello)

ZAUBERKRAFT AUS KINDERTAGEN

„Du kannst dein Leben nicht verlängern
und du kannst es auch nicht verbreitern.
Aber Du kanst es vertiefen.“
(Gorch Fock)

Was kann dieses Buch für Sie tun?

Haben Sie eine ganz persönliche „Lebensschatztruhe“, in die Sie alle schönen Erfahrungen und Eindrücke gepackt haben, die das Leben für Sie bereithielt? Eine Truhe, in der Sie hilfreiche Strategien sammeln, die Ihnen behilflich sind, mit schwierigen Situationen, die auf Sie zukommen könnten, erfolgreich zurecht zu kommen?

Nein? – Schade, weil eine solche „Schatztruhe“, in der die Glitzermomente des Lebens gut verwahrt sind, die man jederzeit öffnen kann, um sich an den eigenen Schätzen satt zu sehen, das Leben ungemein bereichert und uns vor Augen führt, was wir haben – nicht das, was wir nicht haben!

Eltern, die nach Elternbüchern suchen, leiden zumeist unter dem, was sie meinen, nicht zu haben. Sie sammeln deshalb Informationen, Ratschläge, Tipps und Tricks und werden doch nicht satt. Das vorliegende Buch möchte sich nicht dem widmen, was Sie nicht haben, es möchte Ihnen vor Augen führen, was Sie haben, was in Ihnen schlummert und nur darauf wartet, entdeckt und genützt zu werden.

Es möchte Sie anregen, Ihre Schätze zu sammeln und eine persönliche Schatztruhe anzulegen. *Dieses Buch könnte der erste Glitzerstein in Ihrer Schatztruhe sein!* Es wurde daher auch speziell für Sie liebevoll gestaltet und ich hoffe, dass Sie es ebenso lieben werden wie ich und jene Personen, die an der Gestaltung beteiligt waren.

Dieses Buch wird Sie zum Nachdenken, Reflektieren und darüber Diskutieren anregen, Ihnen Informationen aus verschiedenen Forschungsgebieten wie der Bindungs- und Resilienzforschung, der Neurobiologie und Entwicklungspsychologie, aber auch aus verschiedenen Therapieschulen anbieten und es wird – hoffentlich – in Ihnen Bilder entstehen lassen. Bilder davon, wie Ihre ganz persönlichen Schätze Ihr Leben und das Ihrer Kinder bereichern können. Es sollte nichts in Sie hineinstopfen. Es sollte Sie unterstützen, das Beste aus sich herauszuholen. Über die verschiedenen Beiträge zur Entwicklungspsychologie können Sie Bücherwände füllen und täglich werden es mehr. Dennoch war es noch nie so schwer wie heute, einen für sich selbst und das gemeinsame Leben mit Kindern gangbaren Weg zu finden.

Ich kann das bestätigen, denn ich bin selbst Mutter und kenne das mütterliche Schwanken zwischen dem, was ich über bestimmte Altersstufen und die darin notwendigen Entwicklungsaufgaben weiß, und dem, was ich meinem Kind auf der Gefühlsebene mitgeben möchte. Ich habe in meiner täglichen Arbeit mit Kindern, vor allem in der therapeutischen Begleitung wie auch in der Erziehung meines eigenen Kindes erfahren, dass es nicht darum geht, ein bestimmtes Erziehungskonzept für ein bestimmtes Kind zu entwerfen, sondern eine Beziehung zu ihm aufzubauen, die es uns ermöglicht, gemeinsame Erfahrungen zu machen, die für seine Entwicklung hilfreich sind.

Wenn Sie also einen Elternratgeber suchen, nach dem Motto: „Wenn Ihr Kind diese Verhaltensweise zeigt, dann …“, so ist das Buch, das Sie eben in Händen halten, nicht das, was Sie suchen. Ich kann Ihnen in diesem

Fall das Taschenbuch von Steve Biddulph, „Das Geheimnis glücklicher Kinder“, empfehlen.

Wenn Sie spüren möchten, welche Zauberkraft die Beziehung in der Erziehung Ihres Kindes hat, so könnte dieses Buch Ihnen etwas bedeuten. Sie meinen, Sie können nicht zaubern? Nein? Warten Sie‘s ab! Wenn Sie dieses Buch aufmerksam lesen, werden Sie mir am Ende zustimmen, dass Sie zaubern können!

Es geht um die Glitzermomente in der Beziehung mit Ihrem Kind, wenn sich Ihre Blicke treffen, die stillen Momente der Ruhe, wenn es nichts mehr zu sagen gibt, und die harmonischen Schwingungen, wenn zwei dasselbe denken, fühlen und danach handeln.

Jeder weiß, dass ein Zauberer viel Geduld haben und viel üben muss, wenn er wirklich gut werden will. Beim Zaubern muss man viel lernen, z.B. wie man die Show konzipiert, welche Tricks man wann einsetzt, um die beste Wirkung zu erzielen, welche man verwendet und welche man lieber lässt, weil sie nicht zu einem selber passen, wie man sein Publikum begeistert und motiviert mitzutun ... So verhält sich das auch bei der Kindererziehung. Als Eltern werden wir nicht geboren und als gute Eltern schon gar nicht. In die Rolle der Eltern wächst man Schritt für Schritt hinein.

Sehr oft höre ich von Eltern: „Ich hatte selbst eine so schlechte Kindheit! Ich habe Angst, dass es meinen Kindern einmal so ergeht, wie es mir ergangen ist!“ Oder: „Er wurde in seiner Kindheit viel geschlagen, man darf sich nicht wundern, wenn ihm manchmal die Hand ausrutscht!“ Oder: „Ich habe selbst in meiner Kindheit keine Liebe erfahren, bin im Heim aufgewachsen. Kann ich da überhaupt ein guter Elternteil werden?“

Ja, Sie können!

Spätestens seit der Wahl Obamas zum Präsidenten der

Vereinigten Staaten von Amerika ist der aus dem Zeichentrickfilm „Bob der Baumeister“ unseren Kindern bekannte Spruch „Yes, we can!“ (auf Deutsch: „Ja, wir schaffen das!“) zum Sinnbild für Hoffnung, Neustart und Selbstvertrauen nicht nur für eine Nation wie Amerika, sondern für die ganze Welt geworden.

Was drückt dieser Satz aus? Er schwört uns darauf ein, nicht länger im Jammern und Wehklagen zu verharren, sondern die Ärmel hochzukrempeln und die Dinge selbst in die Hand zu nehmen! Er suggeriert Selbstvertrauen, Zuversicht in die selbstheilenden Kräfte und Optimismus.

„Yes, we can!“, „Ja, wir schaffen das!“ bzw. „Ja, wir können das!“ ist, wenn Sie so wollen ein Zauberspruch, der seine Wirkung 100%ig entfaltet, wenn Sie ihn zu Ihrem Lebensmotto machen. Es reicht jedoch nicht, ein zweifelhaftes „Ja, ich kann!“ zu hauchen oder diesen Spruch auf den Badezimmerspiegel zu heften, um ihn sich täglich beim Zähneputzen vorzusagen …

Vielmehr geht es darum, an die eigenen Kompetenzen zu glauben, darauf zu vertrauen, dass Sie tief in Ihrem Herzen eine Ahnung davon haben, was eine gute Mutter oder ein guter Vater in dieser Situation tun würde – auch dann, wenn Sie selbst keine so „guten, liebevollen“ Eltern hatten. Wir alle tragen in uns die archaischen Bilder einer guten Mutter/eines guten Vaters und können auf diese inneren Bilder zurückgreifen. Unsere Entwicklungsgeschichte hat diese Bilder tief in uns eingraviert, sie sind, genetisch festgeschrieben. Sie können diese Bilder daher auch durch eine eigene schwere Kindheit nicht auslöschen. Sie müssen nur auf jeden Fall wieder Zugang zu diesem Wissen erlangen.

Was Sie dafür benötigen?

- Jemanden, der Ihnen sagt, dass er an Sie glaubt – das bin ich.

- Ein paar wesentliche Informationen, die Sie in diesem Buch finden.
- Vertrauen in Ihren Hausverstand und
- die Bereitschaft, auf Ihre Intuition, Ihr „Bauchgefühl“, zu achten, sowie
- die Bereitschaft, schwierige Situationen zu reflektieren.

... und schon wird der Zauberspruch „Ja, ich kann eine gute Mutter, ein guter Vater sein!“ wirksam.

Schlägt man bei Wikipedia nach, so kann man lesen, dass Zauberei magische Handlungen und Praktiken bezeichnet. Zauber werden entweder zum Schutz der eigenen Person, eines Auftraggebers oder Schutzsuchenden eingesetzt oder zur Abwehr feindlicher Mächte, wobei es sich hierbei um Abwehrzauber handelt ...

Diese Definition von *Zauber* gefällt mir besonders gut, weil damit zum Ausdruck kommt, dass es um magische, die Person fesselnde und ins Unbewusste dringende Gedanken, Sätze und Handlungen geht, die wir zu unserem Schutz und auch zum Schutz unserer Kinder setzen.

Seit jeher bedienen sich Menschen der Riten und Einschwörungsgesänge und -tänze, um sich z.B. auf Kampfhandlungen vorzubereiten oder die Heilung eines Menschen voranzutreiben. Diese Riten sind uns vor allem aus anderen Kulturkreisen bekannt. Wir können aber auch welche in unserer europäischen Kultur erkennen. Ich denke dabei an die Einschwörungsparolen bei Fußball-Matches; religiöse Gesänge und Texte, die an magische Zauberformeln erinnern; bestimmte, sich wiederholende Handlungen, die uns in ihrer Gleichförmigkeit und Wiederkehr (z.B. zu Weihnachten, Ostern, Geburtstagen etc.) Sicherheit und Geborgenheit vermitteln; bestimmte Riten bei der Taufe, der Erstkommunion, der Firmung, bei Hochzeiten und bis zur Beerdigung.

Auch in der Kindererziehung gewinnt man mitunter den Eindruck, dass es sich um magische Handlungen und Praktiken handelt, welche sich im Laufe der Zeit immer wieder verändern, in Abhängigkeit der geltenden gesellschaftspolitischen Weltanschauung, aber auch neuer wissenschaftlicher Erkenntnisse.

Ihre eigenen Eltern haben eine ganz andere Erziehung „genossen", als sie Ihnen angedeihen ließen, in der festen Meinung, dass sie alles viel besser machen und dadurch auch viel glücklichere Kinder in die Welt setzen würden, die später einmal glückliche Erwachsene werden können.

Die meisten Eltern, die ich kenne, wünschen sich für ihre Kinder, sie mögen glücklich sein, und setzen alles ihnen zu diesem Zeitpunkt Mögliche daran, um diese Zielvorstellung zu erreichen. Ich gehe davon aus, dass jeder Mensch das tut, was er zu einem bestimmten Zeitpunkt als das für ihn Beste erachtet.

Als Ihre Eltern sich mit Kindererziehung auseinander setzten, unterstützten vor allem neben den eigenen Eltern der Hausarzt, die Hebamme oder in der Kindererziehung erfahrene Frauen die junge Mutter dabei, in die für sie neue Rolle hineinzuwachsen.

Als ich Ende der 80er Jahre mein Studium der Psychologie beendete, war die verfügbare Literatur zum Thema Kindererziehung noch relativ überschaubar, sodass man rasch den Eindruck gewann, man „wisse", wie Kindererziehung „funktioniere". Heute leben wir in Europa in einer hoch technisierten Welt, in welcher die Mehrzahl der Menschen Zugang zu den verschiedensten Medien hat und eine Fülle von Informationen zu jedem erdenklichen Thema leicht abrufbar ist. So umfangreich die Menge an Informationsmaterial, so mannigfaltig ist auch die Fülle der darin enthaltenen Botschaften, die in ihrer fachlichen Qualität und Umsetzbarkeit oft sehr fragwürdig sind. Es ist eine wahre Kunst, sich in diesem Dschungel zurechtzufinden, ohne dabei die eigene Einstellung aus dem Blickfeld zu verlieren und das Wesentliche im Auge zu behalten.

Zudem leben wir in einer Zeit, in der angenommen wird, dass es für alles eine schnelle Lösung gibt, die vor allem außerhalb des eigenen Zuständigkeitsbereichs gesucht wird. Ich meine damit, dass Menschen vielfach annehmen, es gäbe für alle Probleme einen Fachmann, der im Stande ist, sie rasch und möglichst preiswert zu lösen.

Eltern, die mit ihren Kindern in konfliktreichen Beziehungen stehen, suchen vielfach verzweifelt nach einem Rezept, einem Zauberspruch, der diese unglückliche Situation aus der Welt schaffen möge. Es werden die unterschiedlichsten Helfer zu Rate gezogen bzw. wird ihnen das Problem zur Lösung überantwortet. Ich erlebe in meiner Praxis häufig, dass Eltern ihre Sprösslinge bei mir am liebsten zur „Reparatur" abgeben und ihr eigenes Erziehungsverhalten nicht reflektieren möchten. Ebenso werden Elternratgeber durchgeackert und Elternschulungen besucht, um schlussendlich festzustellen, dass gute Ratschläge und Tipps, wie man ein Problem lösen kann, in der eigenen Familie, beim eigenen Kind nicht fruchten.

Wie kommt das? Sie sind nun sicher sehr enttäuscht, wenn ich Ihnen sage, dass es kein Geheimrezept, keinen Zauberspruch gibt, der nur gefunden werden muss, wie der Stein der Weisen, um alle Probleme zu lösen?! Ich kann Sie dennoch beruhigen: Der Titel des Buchs wurde nicht aus Jux und Tollerei gewählt!

Es geht nur nicht darum, Ihnen Tipps zum besseren Umgang mit den kleinen und größeren Alltagskonflikten mit Ihrem Nachwuchs mitzugeben. Ich möchte Sie einladen, mit den Augen des Kindes die Welt neu zu entdecken und damit den Blick für das Wesentliche wieder zu schärfen.

Das Leben mit unseren Kindern kann lustvoll und bereichernd sein. Es gibt nichts, wofür es sich mehr lohnt zu leben als für die eigene Familie. Das Lachen eines Kindes, eine harmonische Begegnung von zwei Menschen, die so eng miteinander verbunden sind, ist das, was uns alle Mühsal vergessen lässt. Wir sollten jedoch nicht dem Irrtum unterliegen zu meinen, dass Elternschaft nur positive Seiten hat. Es geht auch darum, unseren Kindern verantwortungsbewusst gegenüberzutreten und sie auf ihrem Weg in diese sehr differenzierte und manchmal beängstigende Welt sicher zu begleiten.

Die Zauberkraft der Erziehung erschöpft sich nicht im Erlernen bestimmter Zauberformeln, die in bestimmten Situationen durchaus hilfreich sein können.

Die Zauberkraft der Erziehung liegt im Prozess des Werdens, der einerseits auf die spezifischen kindlichen Bedürfnisse und andererseits an der Besonderheit und Einzigartigkeit der Familie, in der es aufwächst, ausgerichtet sein muss.

Wenn Sie dennoch nach bestimmten Zauberformeln suchen, lassen Sie sich eines sagen: Was heute zählt, kann morgen schon verworfen werden! Ein Beispiel aus der jüngsten Vergangenheit: Vor wenigen Tagen habe ich mit Schrecken in den Nachrichten gehört, dass das allseits bekannte Wissen, welches unermüdliche Zahnfeen bereits unseren Kleinen im Kindergarten altersgerecht mitteilen – nämlich, dass das Zahnteuferl die Zähne kaputt macht, wenn sie nicht täglich zwei Mal geputzt werden –, bereits überholt sei und man herausgefunden habe, dass diese „Putzwut“ die Zähne mehr kaputt macht, als sie zu schützen. Haben Sie deshalb aufgehört, Ihre Zähne täglich zu putzen?

Ich halte es da lieber mit einer bekannten Nahrungsmittelkette, welche uns in der Werbung dazu auffordert, bei der Ernährung doch unseren Hausverstand einzuschalten. Benutzen Sie Ihren Hausverstand auch dann, wenn es um das Wichtigste und Schützenswerteste in Ihrem Leben geht: Ihre Kinder!

Neue wissenschaftliche Erkenntnisse sind gut und wichtig – ich werde Ihnen selbst einige aus den verschiedenen Bereichen vorstellen –, sollten jedoch stets der strengen Prüfung Ihres Hausverstands standhalten, bevor sie in vielen Kinderzimmern Unheil anrichten, das oft nur mehr schwer korrigierbar ist und zu viel Leid führen kann, wie uns die Vergangenheit immer wieder gezeigt hat. Ich verweise an dieser Stelle nur kurz auf die Fehler der antiautoritären Erziehung, die uns allen noch in Erinnerung sind.

Ähnlich verhält es sich bei der als „partnerschaftlich" verstandenen Erziehung, die in den letzten Jahrzehnten als „state of the art" galt, jedoch aus meiner Sicht sehr missbräuchlich angewandt wurde. Partnerschaftliches Erziehungsverhalten bedeutet nicht, das Kind auf die Partnerebene zu stellen, ihm Verantwortung für Entscheidungen zu übertragen, die es aufgrund seines Alters und Entwicklungsstands noch nicht in der Lage ist, übernehmen zu können, es möglicherweise mit Antworten auf Fragen zu konfrontieren, die es noch nicht einmal in der Lage war, zu stellen.

Kinder sind keine kleinen Erwachsenen! Viele Probleme, die wir heute mit unseren Kindern und Jugendlichen haben, resultieren aus dieser falsch verstandenen partnerschaftlichen Erziehung, die Kindern ihr Recht auf Schutz und Sicherheit durch reife Erwachsene, die aus Liebe zu ihren Kindern notwendige Grenzen setzen, ein konsequentes „Nein" ohne Schuldgefühle aussprechen können und ihren Kindern als Vorbild dienen, verwehrt hat.

Ein partnerschaftliches Miteinander bezeichnet eine gleichwertige Gemeinschaft zwischen Menschen, mit der Betonung auf Gleichwertigkeit und Gleichberechtigung der Partner, wodurch die Beziehung zu Kindern per se keine partnerschaftliche sein kann. Kinder auf die Erwachsenenebene zu heben, führt zu einer enormen Überforderung auf beiden Seiten, zu Kommunikations- und Beziehungsstörungen, zu Defiziten in der psychischen Entwicklung, zu Verhaltensauffälligkeiten bis hin zur Unfähigkeit, die geltenden gesellschaftlichen Normen und Werte zu übernehmen.

Erziehung hat sich an den altersspezifischen Bedürfnissen unserer Kinder zu orientieren. Jede Entwicklungsstufe hat ihre spezifischen Entwicklungsaufgaben, welche Kinder erfolgreich durchlaufen müssen, um sich den Aufgaben der nächsten Entwicklungsstufe ohne Überforderung widmen zu können. So, dass sie am Ende des Prozesses als gleichwertige Erwachsene, an der Seite ihrer Eltern gleichberechtigt, also als Partner, betrachtet werden können.

Da ich zutiefst davon überzeugt bin, dass Interventionen, die hauptsächlich auf der Verhaltensebene ansetzen, nur kurzfristige und sehr situationsspezifische Erleichterung schaffen, wie dies Erziehungsberatung im engeren Sinne tut, ist es mir ein Anliegen, betroffene Eltern zu einer Veränderung der Einstellung zum eigenen Erleben, Denken und Fühlen hinzuführen. Dies erfordert eine intensive Auseinandersetzung mit den eigenen Denk- und Handlungsmustern, der eigenen Einstellung zum Kind, den Zielen, die Eltern mit ihrer Erziehung verfolgen, der bewussten, aber auch unbewussten Rolle, die ihr Kind in ihrem Leben spielt, u.v.m.

Ich lade Sie ein, mich auf diesem Weg zu begleiten, und verspreche Ihnen, dass Sie spätestens am Ende des Buchs Ihre eigene Zauberkraft in der Erziehung Ihrer Kinder verspüren werden und sich viele Glitzersteine angesammelt haben, die Sie in Ihre ganz persönliche Schatztruhe legen konnten.

Noch ein Wort dazu: Schreiben Sie wichtige Sätze, die Ihnen beim Lesen einfallen, oder Bilder, die entstehen, sofort auf – wenn Sie möchten, zeichnen Sie diese – und legen Sie sie in die Truhe. Sie haben die Eigenschaft, leicht flüchtig zu sein, und das wäre schade!

Wenn Du helle Dinge denkst,
ziehst Du helle Dinge an Dich heran.
(PRENTICE MULFORD)

Was hat Erziehung mit später glücklichen Menschen zu tun?

Was ist Glück eigentlich? Dass Glück nicht käuflich ist, haben wir alle schon gehört. Bei verschiedensten Umfragen hat sich immer wieder gezeigt, dass reiche Menschen sich nicht glücklicher fühlen als Arme. Ich möchte Sie einladen, sich ein paar Minuten zurückzulehnen, es sich gemütlich zu machen und darüber nachzudenken, was Sie glücklich macht. Glück ist für jeden Menschen etwas anderes und dennoch sind es meist die kleinen Dinge des Lebens, die uns Glück empfinden lassen.

Ich fühle mich jedenfalls glücklich, wenn ...

- mein Sohn am Morgen in unser Bett krabbelt und sich zu uns kuschelt.
- meine Katze mit ihrem weichen, warmen Fell schnurrend auf meinem Schoß liegt.
- mich mein Mann liebevoll umfängt und einen guten Morgen wünscht.
- ich mit einem guten Gefühl meiner Arbeit nachgehen kann und weiß, dass meine Familienmitglieder sich ihrem Alltag zuwenden können.
- wir die drei Hauptmahlzeiten gemeinsam an einem geschmückten Tisch einnehmen.
- die Sonne scheint.
- der Tau auf den Gräsern im Wald glitzert.

- ich Zeit habe, um einmal nichts zu tun.
- wir ein schönes Familienfest feiern.
- ich von meiner Freundin, die ich nicht regelmäßig sehe, ein inniges „Drückerli" bekomme.
- wir mit anderen Familien gemeinsam Urlaube verbringen.
- ich erlebe, dass jeder in unserer Familie am Leben in seiner ihm angemessenen Art und Weise teilhaben kann.
- ich die Stille in meinem Garten genießen kann und es nach frisch gemähtem Gras riecht.
- ich mein Kind beobachte, wie es in der Hängematte liegt und den Wolken nachguckt.
- wir Zukunftspläne schmieden.
- wir unseren nächsten Urlaub planen …

Diese Liste wäre endlos erweiterbar. Allem gemeinsam ist, dass man dafür kein Geld benötigt. Einzig die Grundbedürfnisse eines jeden Menschen müssen gestillt sein, um sich dem Glück zuwenden zu können. Ein Kind, das Hunger leidet, wird sich nicht an einem Fußball erfreuen, der zu seinen Füßen liegt. Ein kranker Mensch wird sich nicht an lustvoller Aktivität erfreuen, wenn jede Bewegung schmerzt.

Die *Maslow'sche Bedürfnispyramide* ist vermutlich den meisten Menschen ein Begriff. Für all jene, denen sie nicht so geläufig ist, möchte ich sie hier kurz anführen, zumal sie auch als Grundlage dient, um einschätzen zu können, wie gefährdet ein Kind in seiner Entwicklung ist. Nach dem amerikanischen Psychologen Abraham Maslow müssen die ersten vier Stufen der Bedürfnispyramide befriedigt sein, damit man zufrieden ist und sich der sozialen Wertschätzung und Selbstverwirklichung zuwenden kann.

Die wichtigsten Grundbedürfnisse eines jeden Menschen sind:

Dem Bedürfnis nach Selbstverwirklichung kann erst nachgegangen werden, wenn die vier „Defizitbedürfnisse" ausreichend befriedigt sind. Fühlt sich eine Person in keiner Weise bedroht, so ist sie offen für neue Erfahrungen. Kinder, die in einem Angst erzeugenden Milieu aufwachsen, von Hunger bedroht sind, körperlicher und/oder psychischer Misshandlung, aber auch Verwahrlosung durch das Desinteresse der Bezugspersonen ausgesetzt sind – ich möchte hier auch die immer häufiger zu beobachtende Wohlstandsverwahrlosung mit hineinnehmen –, sind nicht offen für Erfahrungen, welche die kindliche Entwicklung fördern. Kindliche Entwicklung ist nur als und im Beziehungsprozess möglich. Diese Tatsache scheint Allgemeingut zu sein. Die dahinter verborgene Botschaft dringt jedoch kaum angemessen durch: Kindliche Entwicklung ist nur auf der Grundlage positiver, sozialer Beziehungen möglich! Kinder benötigen eine sichere Basis, um sich der Außenwelt zuwenden und notwendige Lernerfahrungen machen zu können.

Woran liegt es aber, dass sich viele Menschen, deren

Grundbedürfnisse ausreichend nach dem oben angeführten Schema befriedigt sind, dennoch nicht über die kleinen Dinge des Lebens freuen können?

Ich möchte hier das altbekannte Beispiel mit dem halb vollen bzw. halb leeren Glas anführen. Es gibt Menschen, die dem Leben insgesamt mit negativen Vorzeichen begegnen und es gibt Menschen, die in jeder Situation zuerst das Positive erkennen können. Es ist eine besondere Gabe, jedem Tag mit einem Lächeln begegnen zu können. Und: Wer dem Leben mit einem Lächeln begegnet, bekommt ein Lächeln zurück.

Ich habe einmal den Satz „Happiness is an inside job!" in einer Seminarausschreibung gelesen und mich in der Folge sehr intensiv mit dem „*Flowprinzip*" beschäftigt. Der amerikanische Psychologe Mihaly Csikszentmihalyi beschreibt in seinem Buch sehr eindrucksvoll, wie es sich anfühlt, über sich selbst zu verfügen, im Einklang mit sich und der Welt zu sein und sein Schicksal in die eigene Hand nehmen zu können – schlicht *flow* zu empfinden. Es ist ein ungeheuer befriedigendes Gefühl, in dieser Hochstimmung zu sein, weshalb Menschen, die dieses Gefühl erlebt haben, wie Süchtige immer wieder nach diesem Erlebnis suchen.

Glück ist also etwas, zu dem man bereit sein und das man kultivieren muss, etwas, das nicht von außen kommt, sondern in der Person selbst verankert ist. Manfred Stelzig spricht in seinem Buch „Keine Angst vor dem Glück" in diesem Zusammenhang sogar von einer Ureichung des Menschen und meint damit, dass der Mensch von Geburt an den Wunsch nach Liebe, Zuwendung und Geborgenheit, nach Glück verspürt.

Eltern und andere Bezugspersonen haben es in der Hand, Kinder von ihrer Grundstimmung her zu glücklichen oder unglücklichen Menschen zu machen.

Überall in der Landschaft finden wir Hinweise
auf das Feuer, das sie geformt hat.
Auch unser Leben enthält Feuerspuren,
die uns zu dem gemacht haben, was wir jetzt sind.
(ULRICH SCHAFFER)

Sätze, die jedes Kind hört – und was sie für später bedeuten

Ich möchte Sie wiederum zu einer kleinen Übung einladen: Setzen Sie sich ganz entspannt auf Ihren Stuhl, schließen Sie die Augen und lauschen Sie in sich hinein. Welche Sätze haben Sie in Ihrer Kindheit gehört, die Sie heute als feste Zuschreibungen für sich, als unverrückbar annehmen?

Kommen da Sätze wie:
„Du bist einfach ein Glückspilz!"
„Wenn du dir etwas vornimmst, schaffst du das auch!"
„Wir lieben dich so wie du bist!"
„Du bist unser Sonnenschein!" etc.

Oder kommen da Sätze wie:
„Du hast wohl immer das Pech auf deiner Seite!"
„Kannst du nie etwas ordentlich machen!"
„Du könntest dich schon mehr anstrengen!"
„Du bringst mich noch ins Grab!" etc.

Hand aufs Herz! Wie oft kritisieren wir Kinder, werten sie ab, überbewerten negative Verhaltensweisen, nörgeln an ihnen herum und tun alles, damit sich das Kind schlecht fühlt, weil wir uns gerade über es geärgert haben. Haben diese negativen, abwertenden und generalisierenden Aussagen jemals dazu geführt, dass unsere Kinder daraus etwas lernen konnten? Haben sie sich dadurch motivieren lassen, sich zu den Hausaufgaben zu setzen oder ihre schmutzige Wäsche in den dafür vorgesehenen Container zu geben?

Diese Aussagen führen dazu, dass sich Ihr Kind schlecht, minderwertig und unverstanden fühlt. Sie leiten kaum jemals eine Verhaltensänderung ein oder motivieren Ihr Kind dazu, das Gewünschte nächstes Mal besser zu machen. Je öfter Ihr Kind solche oder ähnliche Sätze von Ihnen als seiner geliebten Bezugsperson, der es vertraut, hört, desto wahrscheinlicher wird es selbst daran glauben und Ihre Sichtweise – die ja meist im Moment des Ärgers überzogen ist und eigentlich nicht der Wahrheit entspricht – zu seiner eigenen Sichtweise über sich selbst machen.

Solche Sätze wirken wie negative Zaubersprüche. Sie setzen sich im Unterbewusstsein fest und keimen dort. Jede weitere negative Zuschreibung fällt auf fruchtbaren Boden, nährt ihn und lässt die negative Saat aufgehen. Bekanntes wird vom Gehirn sofort erkannt, Unbekanntes nicht und daher wird das Negative immer mehr verstärkt.

Ihre Werte und Glaubenssätze, die Sie aufgrund Ihrer Lebenserfahrungen verinnerlicht haben, stellen unbewusste Filter dar, die Ihr Gehirn verwendet, um zu entscheiden, welche neuen Informationen für Sie bedeutsam sind und welche nicht. Das führt dazu, dass Sie von anderen dann immer nur die negativen Rückmeldungen als wahr akzeptieren und die positiven entweder nicht einmal bis zu Ihrem Herzen durchdringen lassen oder sie von Ihnen als unwahr bzw. als falsche Schmeichelei abgetan werden.

Das Schlimme daran ist, dass diese Verallgemeinerungen in das Selbstkonzept unserer Kinder eingebrannt werden und im Laufe der Entwicklung die Gesamtpersönlichkeit prägen, obwohl wir damit nur unseren Ärger ausdrücken wollten, diese Generalisationen aber im Tiefsten unserer Seele nichts mit unseren tatsächlichen Empfindungen unseren Kindern gegenüber zu tun haben. Diese negativen Zuschreibungen werden zur Realität des Kindes, da nur solche Informationen vom Kind als „wahr" erkannt werden, die das Selbstkonzept stützen.

Ein Beispiel: Ein Kind, das von seinen Eltern immer wieder gehört hat, es sei dumm oder einfach nicht so schlau wie andere Kinder, wird von sich mit der Zeit ein Konzept der Inkompetenz verinnerlichen und auch nach diesem handeln.

Es wird z.B. zu einer Prüfung mit der Angst im Nacken gehen, zu wenig zu können, nicht gut genug zu sein und sich vor allen zu blamieren. Diese Angst und Unsicherheit kann die Denkprozesse so sehr hemmen, dass es möglich ist, dass es bei dieser Prüfung tatsächlich nichts mehr reproduzieren kann. Die schlechte Note, die Enttäuschung des Lehrers, das Ausgespottetwerden durch Mitschüler und die darauf folgende Bestätigung durch die enttäuschten Eltern verstärken dann noch die Einsicht, dass man wohl wirklich so inkompetent ist, wie es einem immer gesagt wurde.

Es entwickelt sich ein Teufelskreis an negativen Erfahrungen, der die Realität des Kindes und sein Verhalten in dieser Realität formt. Immer wiederkehrende Sprechmuster wirken wie Hypnose auf das Unbewusste und programmieren es, wie wir dies von Dr. Milton Erikson, dem Begründer der Hypnotherapie, wissen. Die Werbung beispielsweise, wie auch geschulte Vertreter, bedienen sich dieser Methoden. Es handelt sich dabei um sogenannte „selbsterfüllende Prophezeiungen“.

Das Gute daran ist, dass sie jedoch auch in die andere, also die positive Richtung wirken! Überlegen Sie, was Sie an Ihrem Kind toll finden, was Sie verstärken möchten und geben Sie ihm Rückmeldung über das, was es gut macht oder worauf es stolz sein kann. Wenn Sie diesen Satz in regelmäßigen Abständen aus vollster Überzeugung Ihrem Kind mitteilen, wirkt er wie ein Zauberspruch. Z.B. „Du bist ein neugieriges Kind, du wirst schon deinen Weg gehen!“ oder: „Auf dich kann man sich verlassen; ich vertraue dir!“ oder: „Du bist ein guter Freund und hast es verdient, gute Freunde zu haben!“ Diese Glaubenssätze stärken Ihr Kind und werden es sein ganzes Leben begleiten.

Es ist auch Balsam auf der Seele Ihres Kindes, wenn Sie es trotz eines Vergehens, einer schlechten Note etc. mit etwas Positivem loben können, da sich die meisten Kinder ohnehin über ein Missgeschick ärgern. Z.B. „Ich bin trotz dieses kleinen Zwischenfalls stolz auf dich, dass du Schwächeren hilfst!“ oder: „Ich freue mich, dass du trotz der schlechten Note die Chance genutzt hast, einen Prüfungstermin zu vereinbaren!“ oder: „Das ist zwar nicht erfreulich, aber ich bin froh, dass du mir die Wahrheit gesagt hast!“

Denken Sie auch darüber nach, was und in welcher Form Sie von Ihrem Kind mit anderen Erwachsenen in seinem Beisein sprechen. Ich bin immer sehr erstaunt, wenn Eltern Geheimnisse, die sie mit den Kindern teilen, mit mir offen besprechen, ohne das Kind vorher um Erlaubnis zu fragen, oder aber in wirklich verletzender Art und Weise über das anwesende Kind schimpfen und kaum positive Dinge über es zu berichten wissen. Darauf angesprochen erklären Eltern des Öfteren, ihr Kind würde das ohnehin noch nicht verstehen, sei zu beschäftigt und höre nicht zu oder Ähnliches.

Liebe Eltern! Ich kann Ihnen versichern, dass Ihr Kind, das sich in Hörweite befindet und in ein Spiel vertieft scheint, dem Gespräch sehr wohl folgt, vor allem dann, wenn es seinen Namen hört oder merkt, dass die Eltern über es sprechen, und es tut weh, wenn die Eltern nur über Negatives berichten! Das Kind fühlt sich dann auf das, was es nicht so gut kann, reduziert, wodurch die Defizite sehr viel Raum gewinnen.

Ich habe einmal in einer Fortbildung, bei der es ums Lernen ging, den Satz gehört: „Wer die Stärken stärkt, schwächt die Schwächen!" Er ist mir bisher nicht mehr entfallen, da er für die gesamte Entwicklung des Kindes den Kern der Sache trifft. Wir sind mehr als unsere Schwächen. Jedes Kind hat Stärken, positive Seiten, die Eltern in den Vordergrund rücken könnten, wodurch die Schwächen an Übergewicht verlieren würden und ihnen wieder der angemessene Raum in der Gesamtpersönlichkeit des Kindes zukommen könnte.

Wie würde es Ihnen gehen, wenn Sie ständig nur auf Ihre Schwächen angesprochen und anderen nur Ihre Defizite geschildert werden? Würden Sie sich elend fühlen? Würden Sie versuchen, diese Person vom Gegenteil zu überzeugen? Würden Sie wütend werden und das Vertrauen in diese Person verlieren? Warum also nehmen wir Erwachsenen uns das Recht heraus, so mit unseren Kindern umzugehen?

Unsere eigenen kleineren und größeren Schwächen werden meist geschickt kompensiert, sodass sie nicht mehr so sehr im Mittelpunkt stehen. Wir suchen uns beispielsweise einen Beruf, in welchem unsere Schwächen nicht mehr so sehr zum Tragen kommen, organisieren uns eine Haushaltshilfe, wenn wir mit dem Haushalt überfordert sind, kleben den Kühlschrank mit „Post-its“ voll, wenn wir Schwierigkeiten haben, uns alle wichtigen Besorgungen zu merken, oder führen zwanghaft einen Timer überall mithin, um nur ja keinen Termin zu verpassen, wenn wir wissen, dass wir eine Organisationsschwäche haben.

Kinder müssen erst lernen, mit ihren Schwächen konstruktiv umzugehen, und benötigen Ihre Unterstützung dabei. Es ist also wesentlich hilfreicher, sich mit dem Kind geeignete Strategien zu überlegen, wie man das Problem besser in den Griff bekommen könnte, anstatt es abzuwerten, zu verunsichern und es an seinen Kompetenzen zweifeln zu lassen. Abwertungen und Verletzungen, die Eltern ihren Kindern zufügen, setzen sich fest. Kinder meinen oft, sie seien richtige Monster, an denen die Eltern verzweifeln oder erkranken. Sie meinen dann auch, nicht geliebt sondern lediglich geduldet zu werden.

Manche Kinder haben sogar den Eindruck, dass ihre Eltern besser ohne sie zurecht kommen und wählen selbst mitunter den Weg nach außen und bitten z.B. am Jugendamt um eine Unterbringung in einer betreuten Wohngemeinschaft. Negative Glaubenssätze können die Denkweise Ihres Kindes einschränken und ihm im Weg stehen, sich positiv zu entwickeln, wenn sie nicht verändert werden. Viele Menschen meinen, dass ihre Eltern sie nie geliebt haben, weil diese negativen Zauberformeln alles andere überdeckt haben, was an Liebe und Zuwendung bei ihren Eltern da war. Erst wenn diese Menschen in einer therapeutischen Beziehung ihre negativen Zuschreibungen, die sie an ihrer Weiterentwicklung hindern, reflektieren und mit den alltäglichen Erfahrungen in Verbindung setzen, erkennen sie, dass diese oft völlig überzogen waren bzw. ihre Gültigkeit im Laufe der Jahre verloren haben.

In diesem Zusammenhang möchte ich auch die Gelegenheit nutzen, anzumerken, dass Kinder mit ihren gut ausgebildeten Sensoren unterschwellig brodelnde Konflikte der Eltern spüren, auch oder vor allem dann, wenn die Eltern nicht miteinander darüber sprechen. Ich hatte vor nicht allzu langer Zeit ein zehnjähriges Mädchen mit psychosomatischen Beschwerden bei mir in der Praxis. Sie berichtete mir darüber, dass ihre Mutter sehr oft traurig sei und der Vater sehr oft abends ins Wirtshaus gehe. Wenn er nach Hause komme, sei er meist betrunken.

Ich dachte, dass das, was dieses Mädchen als belastend empfindet wohl die ständigen Streitereien seien. Doch weit gefehlt! Es erklärte mir, dass sie es als sehr belastend erlebe, dass die beiden dann nicht miteinander reden und dass sie nicht wisse, wie das weitergehen solle. Sie hatte die Befürchtung, dass ohnehin bereits alles zu spät sei und sich die beiden wohl trennen würden, weil sie nichts mehr miteinander zu besprechen hatten.

Ebenso belastend ist es jedoch auch, wenn Eltern in sehr geringschätziger Art und Weise miteinander sprechen, sich nicht mehr respektieren können und die Kinder in ihrer Integrität verletzt werden. Kinder vereinen immer das Bild beider Elternteile in sich und fühlen sich gedemütigt, wenn einer der Elternteile abgewertet wird. So werden sie in Loyalitätskonflikte gebracht. Sie wissen dann nicht, für wen sie Partei ergreifen oder wie sie sich aus dieser belastenden Situation heraus manövrieren sollen.

Sehr oft fallen auch Sätze wie: „Du bist genauso wie dein Vater!“ oder: „Von wem hat er das bloß! Das kann ja nur von dir kommen!“ oder: „Diese Art deiner Tochter kommt von deiner Familie! Das tut keiner von meiner Familie!“ Erwachsene registrieren zumeist gar nicht, dass sie ein negatives Bild über eine Person auf ihr Kind projizieren und dieses stellvertretend die negativen Gefühle abbekommt.

Sehr häufig passiert dies nach einer strittigen Scheidung, wenn getrennt lebende Elternteile tief verletzt sind, ihre Enttäuschungen aber nicht mehr dem, der sie verursacht hat, direkt mitteilen können. Das Kind, das dann das einzige Verbindungsglied zum anderen Elternteil ist, wird zum Sündenbock und kann sich aus dieser Position kaum noch selbst befreien. Alles, was dieses Kind in so einer Situation tut oder sagt, erhält vor diesem Hintergrund eine völlig andere Bedeutung.

Wie sollen dann aber negative Gefühle geäußert werden? Vor allem sollten Sie bei Rückmeldungen an Ihr Kind in der „Ich"-Form bleiben, also Ihre eigenen Gefühle und Gedanken, die Sie zur Zeit bewegen, mitteilen und dem Kind klar vermitteln, was Sie sich von ihm/ihr erwarten. Etwa in der Form: „Ich bin jetzt sehr müde und möchte, dass du dich ruhig beschäftigst!" oder: „Ich hatte heute Ärger in der Arbeit und muss mich erst sammeln, dann können wir spielen." Oder: „Ich bin jetzt so wütend, dass ich eine kurze Auszeit nehme und eine Runde spazieren gehe!" Dadurch werten Sie Ihr Kind nicht ab und Ihr Kind erhält die Möglichkeit, an Ihrem positiven Vorbild zu lernen.

Ich trete auch immer wieder dafür ein – selbst wenn es heute nicht mehr schick oder cool ist –, die eigenen Gefühle zu zeigen und sich nicht hinter einem „Pokerface" zu verschanzen. Denn Kinder benötigen nun einmal dringend eine direkte Rückmeldung von den Eltern, um abschätzen zu können, ob ihr Verhalten gutgeheißen wird oder aber aus Sicht der Eltern unangemessen war.

Dabei ist es notwendig, eine direkte und kongruente (deckungsgleiche) Rückmeldung zu bekommen, ohne zeitliche Verzögerung und nicht taktisch abgewogen!

Wenn wir die Bedürfnisse und Gefühle des anderen hören,
dann erkennen wir die Menschlichkeit,
die wir gemeinsam haben.
(Marshall B. Rosenberg)

Gefühle zeigen, sich „berühren"

In Beziehungen zu leben heißt, Gefühle zeigen. Freude, Leid, Trauer, Ärger direkt, ohne Filter erfahren zu dürfen und sich nicht kontrollieren zu müssen. Eine stabile Beziehung hält großen Gefühlen im positiven wie auch im negativen Sinne stand und lebt sogar von ihnen.

Es ist immer wieder schockierend, wie wenig sich Menschen, die zusammen leben, getrauen dem anderen seine Gefühle zu zeigen, obwohl zumeist alles mit großen Gefühlen begann. Viel seltener noch sind spontane Umarmungen und Körperkontakt im Allgemeinen. Es gibt Untersuchungen, die zeigen, dass sich der Körperkontakt im Laufe der Entwicklung vom Säugling bis zum jungen Erwachsenen kontinuierlich verringert, bis wir im Alter an Beziehungsarmut und Einsamkeit beinahe zugrunde gehen.

Wussten Sie, dass alte Menschen vor allem darunter leiden, nur noch mechanisch – für die tägliche Körperhygiene oder aus medizinischen Gründen –, jedoch nicht mehr liebevoll berührt zu werden? Wen wundert es dann, wenn in Arztpraxen überwiegend ältere Personen sitzen und geduldig auf ein kurzes Gespräch mit dem Herrn Doktor warten, der vielfach einer der wenigen ist, der sich, wenn auch nur bezahlt, kurz Zeit nimmt, um sich die Sorgen und Ängste seiner Patienten anzuhören?

Gleichzeitig mit dieser Entwicklung ist bei den Jüngeren auch der Wellnessboom ausgebrochen. Menschen bezahlen nun lieber dafür, sich von Fremden bei der Massage berühren zu lassen, setzen sich in den Whirlpool, um eine wohltuende taktile Wahrnehmung genießen zu können, missbrauchen den Friseur, um ihre Sorgen und Ängste abladen zu können u.v.m. Dabei könnten sie ihre Sorgen und Ängste mit den ihnen am nächsten stehenden Menschen teilen, alltägliche Zärtlichkeiten austauschen und mit allen Sinnen den anderen in sich aufnehmen und die gemeinsame Zeit genießen.

Für etwas zu bezahlen gibt einem das Gefühl, ein Recht auf Zuwendung zu haben und schützt vor zu viel Nähe, die viele von uns verunsichert und ängstigt. Für etwas zu bezahlen, gaukelt uns auch die Illusion von Unverbindlichkeit vor.

Wie weit eine Gesellschaft – in der die Hälfte aller Familien auseinanderbricht und die Beziehungsfähigkeit zunehmend verloren geht – kommt, in welcher gewachsene, stabile Beziehungen nur noch Seltenheitswert haben, hat mir das Gespräch mit einer Jugendlichen veranschaulicht, die in ihrer Herkunftsfamilie keine tragfähigen Beziehungen zur Verfügung hat, um ihre Fragen und Sorgen mit einer erwachsenen Bezugsperson zu besprechen.

Ich erkundigte mich bei ihr, ob es für sie eine Hilfestellung wäre, wenn ihr das Jugendamt eine Einzelbetreuerin zur Seite stellen würde, mit welcher sie ihre Probleme besprechen und die sie bei der Jobsuche unterstützen könnte. Die Jugendliche erwiderte mit Entsetzen, dass sie das ekelig finden würde, wenn man jemanden bezahlen müsste, damit er sich zu ihr setzt und ihr zuhört!

Nur die sich misstrauen, brauchen Normen zum Sein
und verteilen als Schuld, was sie sich selbst nie verzeihen.
Doch wie immer sie dich schuldig schreien,
nur Du hast das Recht, Dein Richter zu sein!
(Konstantin Wecker)

1001 Erziehungskonzepte und die Schuldfrage

Es gibt eine Vielzahl von Erziehungskonzepten. Vom autoritären Erziehungsstil bis hin zum Laissez-faire-Stil, der aus der 68er-Bewegung hervorging und als antiautoritär bezeichnet werden kann, haben wir alles hinter uns.

Derzeit erleben wir die Auswirkungen eines falsch verstandenen partnerschaftlichen Erziehungsverhaltens. Es ist nun an der Zeit, unser Planen, Handeln und Erziehen an den biologischen und psychologischen Phasen der menschlichen Entwicklung zu orientieren.

Ich höre in meiner Arbeit mit Familien oft sehr kluge Worte von sehr gebildeten Menschen, wenn es darum geht, deren Erziehungsfähigkeit zu überprüfen. Dann wieder erlebe ich Menschen, die große Schwierigkeiten haben, sich auszudrücken und das, was sie in der Erziehung von Kindern in ihrem Handeln leitet, mitzuteilen. Ich habe mir angewöhnt, die Menschen mehr nach ihrem Tun als nach ihren Worten einzuschätzen, nach dem, was aus dem Gespräch mit ihnen bei mir ankommt und welche Gefühle und Einsichten es bei mir auslöst. Im Endeffekt ist es ja auch das, was zählt, denn jemand, der nur über Dinge redet, ohne sie zu tun, wird kaum etwas bewegen. So ist beispielsweise eine aktive und liebevolle Gemeinschaft viel wertvoller als eine hochelitäre Ansammlung von Menschen, die zwar von zu Machendem sprechen, dieses jedoch nicht umsetzen oder auch nicht selbst leben.

Besonders deutlich wird das wohl am Beispiel der Nächstenliebe. Ich bin ein religiöser Mensch und hatte das Glück, in einer Kirchengemeinde aufzuwachsen, in der Armut an jeder Ecke spür- und riechbar war. Ich habe mit den Kindern dieser vom Leben benachteiligten Familien die Schulbank gedrückt und konnte dadurch die Alltagsprobleme von Familien des „Glasscherbenviertels" von Linz – wie es nicht immer liebevoll genannt wurde – hautnah miterleben.

Als Kinder und Jugendliche haben wir regelmäßig die Gottesdienste in unserer sehr einfachen und kargen Pfarre besucht und ich war mit meinen Freunden aktiv in der Jungschar tätig. Das Gotteshaus war Treffpunkt der Erwachsenen und der Jugend.

Wir hatten dort einen sehr kinderfreundlichen, aber auch zupackenden und im Leben stehenden Kaplan, der die Kindermesse so abgehalten und uns das Wort Gottes – eines liebevollen, fürsorglichen Vaters – so vermittelt hat, dass wir Kinder die Botschaft der Bibel mit unserem Herzen verstehen konnten. Ich war zu diesem Zeitpunkt eine aktive Christin. Nächstenliebe wurde gelebt, Nahrung, Kleidung, Zeit, Liebe und Erziehung wurden auf alle gleichmäßig verteilt, obwohl niemand im Überfluss gelebt hat, waren alle bereit, zu geben.

Umso mehr irritierte es mich, als ich selbst Mutter wurde und meinem Kind christliche Werte und eine Kirchengemeinschaft vermitteln wollte. Durch einen Umzug sah ich mich nach einer neuen Kirchengemeinde in unserer Wohngegend um. Die dortige Distanziertheit und Verschrobenheit der Sprache, welche in den meisten Gottesdiensten, die für Erwachsene abgehalten werden, üblich und welche kaum dazu geeignet ist, Kindern den

Glauben an einen liebenden, fürsorglichen Gott-Vater zu vermitteln, war nicht gerade ansprechend. Natürlich gibt es parallel zur Heiligen Messe auch Kinderstunden. Das war jedoch nicht jenes Miteinander, welches ich mir vorgestellt hatte.

Dieses Gotteshaus ist eines der prunkvollsten in Linz und hat einen wunderschönen Zubau bekommen, der leider die meiste Zeit unbenützt ist. Um in diesem Gotteshaus mit Kindern den Nachmittag verbringen zu können, müsste man bezahlen und es bestand vor ein paar Jahren nicht einmal die Bereitschaft, es entsprechend zu beheizen. Durch seine Größe und Bauweise ist es offenbar mehr für Wallfahrer und Präsentationszwecke geeignet, als um darin das Wort Gottes „Lasset die Kinder zu mir kommen!“ zu leben. Und genau das meinte ich damit, wenn ich darauf hinweise, die Taten und nicht die Worte zu würdigen – da hier oftmals eine viel zu große Diskrepanz besteht.

Bei meiner Arbeit mit Familien höre ich immer wieder: „Bin ich schuld, dass mein Kind solche Aggressionen zeigt?“ oder „Was habe ich falsch gemacht?“ Die Schuldfrage zu klären ist Eltern oft ein Anliegen, nach dem Motto: Wenn wir einen Schuldigen haben, ist er dafür verantwortlich. Man weiß dann aber auch, was man falsch gemacht hat und kann etwas verändern. So einfach ist das leider nicht. Zum einen geht es nicht darum, einen Schuldigen zu finden, da niemand wie in einem Gerichtssaal angeklagt werden soll. Es geht auch nicht darum, jemandem das Etikett „Schuldiger“ umzuhängen, nur damit die anderen sich besser fühlen können. Zum anderen entwickeln Kinder nicht aufgrund eines von den Eltern begangenen „Fehlers“ Verhaltensauffälligkeiten.

Vielmehr entwickeln Kinder Verhaltensauffälligkeiten, wenn ...

- sie in einem wenig förderlichen Milieu aufwachsen,
- die Eltern nicht dazu in der Lage sind, sich entsprechend abzugrenzen,
- sie sich in einer symbiotischen Beziehung verstricken, welche es den Eltern nicht mehr ermöglicht, auf kindliches Verhalten adäquat zu reagieren,
- Eltern ihre eigenen Wünsche und Bedürfnisse auf ihre Kinder übertragen und jene ihrer Kinder nicht wahrnehmen können,
- Kinder auf die Erwachsenenebene gehoben werden und ihnen Verantwortung übertragen wird, welche sie aufgrund ihres Alters und Entwicklungsstands noch nicht in der Lage sind zu übernehmen u.v.m.

Ein sehr wichtiger Begriff in diesem Zusammenhang ist jener der „Resilienz“, was so viel bedeutet wie „psychische Widerstandskraft“. Die Resilienzforschung, welche in den letzten Jahren zunehmend an Bedeutung gewonnen hat, beschäftigt sich mit der Frage, welche Stärken und Kompetenzen Kindern helfen, die Risiken in ihren Lebenswelten zu meistern und welche Maßnahmen die Widerstandsfähigkeit von Kindern stärken können.

Interessant dabei ist, dass Studien belegen konnten, dass selbst das angehäufte Zusammentreffen von Entwicklungsrisiken eine lineare Prognose für Entwicklungsauffälligkeiten nicht zulässt (das bedeutet, dass auch beim Vorhandensein vieler Risiken nicht „automatisch“ Auffälligkeiten auftreten)! Vielmehr kristallisierte sich heraus, dass vielfältige biologische, psychologische wie auch soziale Risikofaktoren einer Anzahl von Schutzfaktoren im Leben eines Kindes gegenüberstehen. Protektive, also schützende, Faktoren oder Prozesse helfen dem Kind oder Jugendlichen, sich trotz hohem Risiko normal zu entwickeln.

Diesen voran steht eine stabile, tragfähige Beziehung zu einer erwachsenen Bezugsperson. Das muss nicht zwingend ein Elternteil sein. Diese Rolle können auch Verwandte, Nachbarn oder andere „Mentoren“, die das Kind durch eine schwierige Lebenssituation emotional begleiten und stützen, übernehmen.

Sie als Eltern tragen die Verantwortung dafür, Ihrem Kind einen guten Start ins Leben mitzugeben, es entsprechend seiner Anlagen zu fördern, durch schwierige Entwicklungsphasen „hindurch zu tragen“ und es zunehmend in seine Autonomie zu entlassen. Ich denke, dass sich Eltern stets dessen bewusst sein sollten, dass die Entwicklung des Kindes immer in Richtung Autonomie und Verselbstständigung geht und daher alle kleinen Schritte des Kindes in diese Richtung zu verstärken, liebevoll zu begleiten und wenn nötig zu lenken sind.

Eltern, die diese Entwicklung behindern, die versuchen, ihre Kinder in Abhängigkeit zu halten, sie nicht anleiten, in sich selbst das Glück zu suchen, machen sich „mitschuldig“, an der Entwicklung eines abhängigen, unselbstständigen und unglücklichen jungen Menschen. „Mitschuldig“ deshalb, weil niemals nur die Eltern allein die „Schuld“ trifft, wenn die Entwicklung eines Kindes nicht optimal verlaufen ist.

Zum einen ist die Familie zumeist eingebunden in ein soziales Netz, das reagieren könnte, um die Familie zu unterstützen. Zum anderen gibt es in unserer Gesellschaftsstruktur sehr viele „Mit-Erzieher“ wie z.B. Kindergarten, Schule, Hort, das Fernsehen, die Peergroups, die im Laufe des Lebens für das Kind/den Jugendlichen wichtig werden und Teil seiner Sozialisation sind, wobei natürlich dennoch den Eltern die Hauptverantwortung in der Erziehung ihrer Kinder zukommt.

Die „Schuld“ am Versagen eines Kindes oder – besser gesagt – die Verantwortung für eine positive Entwicklung trifft daher natürlich in erster Linie die Eltern, in zweiter Linie aber auch die Gesellschaft, welche die geltenden Grundwerte vorgibt und vorlebt und in der Lage sein müsste, die schwächsten Mitglieder entsprechend zu schützen und zu fördern. Ich habe einmal gelesen: Ein Team ist nur so gut, wie es in der Lage ist, auch die schwächsten Mitglieder ans Ziel zu bringen! Ich habe mich sehr über die Nachricht gefreut, dass es ab dem Schuljahr 2009/2010 an einigen Schulen das Unterrichtsfach „Glück" geben soll. Ich halte dies für einen ersten Schritt in die richtige Richtung, da es bei der Sozialisation und Bildung unserer Kinder an den Schulen nicht ausschließlich um Wissensvermittlung gehen kann.

Ich würde mir wünschen, dass sich unsere Gesellschaft, besonders was die Verantwortung für unsere Zukunft betrifft, mehr als Team verstehen und die Regeln, die ein gutes Team ausmachen, befolgen würde. Dann würde es vielleicht auch Eltern leichter fallen, um Hilfe und Unterstützung zu bitten, wenn sie merken, dass sie in der Pflege und Erziehung ihrer Kinder überfordert sind. Weil es eben nicht um „Schuld" geht, sondern darum, die Verantwortung wahrzunehmen.

Wer nicht weiß, wohin er will,
darf sich nicht wundern,
wenn er ganz woanders ankommt.
(MARK TWAIN)

Welche Bedeutung haben sensible Entwicklungsphasen?

Ich möchte Ihnen an dieser Stelle eine Begebenheit aus meinem Leben schildern:

Als mein eigener Sohn etwa mit einem halben Jahr abends wieder einmal nicht schlafen wollte und ich mir vorher – da diese nächtliche Situation bereits mehrmals aufgetreten war – Literatur beschafft hatte („Jedes Kind kann schlafen lernen“), nach der ich diesmal vorgehen wollte, hielten wir – mein Mann und ich – uns an die darin beschriebenen Regeln.

Wir hielten uns daran, in einem genau vorgegebenen Rhythmus Nachschau zu halten, um ihn zu beruhigen und ihm zu zeigen, dass wir da sind und ließen ihn dann wieder für einige Minuten allein. Mein Mann und ich saßen vor dem Kinderzimmer wie auf glühenden Kohlen und litten mit unserem brüllenden Sohn mit. Ich fragte meinen Mann, ob das wirklich in Ordnung sei und ob wir damit nicht eine Störung unseres geliebten Kindes verursachen würden. Mein Mann erwiderte völlig erstaunt, ob ich annehme, dass unser Sohn uns später nachtragen würde, dass wir ihn am 10. 08. 1997 haben schreien lassen.

Nur so viel: Wir haben dieses Experiment sehr schnell abgebrochen, weil es nicht unserer Erziehungseinstellung entsprach. Unser Sohn versuchte bis vor Kurzem – er ist jetzt zwölf Jahre alt –, uns fast täglich davon zu überzeugen, dass es viel kuscheliger wäre, wenn er doch bei uns im Bett einschlafen könnte, was wir konsequent ablehnten. Dass er mitten in der Nacht noch fast täglich in unser Bett kam, störte uns beide nicht. Im Gegenteil, wenn er es ein paar Nächte hintereinander nicht tat, fragten wir uns, ob diese Zeit nun endgültig der Vergangenheit angehört.

Was ich damit sagen möchte, ist, dass nicht eine Situation – sofern es keine traumatisierende ist – zu einer Katastrophe in der Entwicklung des Kindes führt und man Erziehungskonzepte nur dann anwenden sollte, wenn der theoretische Hintergrund dem eigenen Hausverstand nicht widerspricht und man kognitiv wie emotional dazu in der Lage ist, diese Erziehungstipps umzusetzen. Ich hätte dieses straffe, mechanisch anmutende Verhaltensmuster, das mir empfohlen wurde, nicht umsetzen können. Zum einen, da ich nicht der Meinung bin, dass man ein so kleines Wesen mit seinem eigenen Kummer allein lassen sollte, zum anderen, da ich mich, hätte ich es durchgezogen, als schlechte Mutter gefühlt und es ohnehin nur einmal geschafft hätte.

Was jedoch auch gesagt werden muss, ist, dass nicht nur für die funktionelle Entwicklung des Gehirns, sondern auch für die Entwicklung des limbischen Systems, das für die Steuerung emotionaler Verhaltensweisen und für Lern- und Gedächtnisvorgänge wichtig ist, „sensible" Phasen oder auch „kritische Entwicklungszeitfenster" existieren, in denen es notwendig ist, entsprechende Erfahrungen zu machen, um eine „normale" Entwicklung zu gewährleisten.

Eine „sensible" Phase in der Entwicklung eines Kindes ist immer mit einer Überproduktion von Verzweigungen und Synapsen im Gehirn verbunden, die später, wenn sie nicht genutzt werden konnten, stark zurückgestutzt werden. Eine solche Überproduktion von Verzweigungen und

Synapsen ist in der frühen Kindheit ebenso zu beobachten wie in der Pubertät.

Ob es sich in der Pubertät jedoch um eine „sensible" Phase im üblichen Sinne handelt, ist wissenschaftlich noch nicht belegt. Fakt ist jedoch, dass die Pubertät und das frühe Erwachsenenalter eine Zeit großer Möglichkeiten ist, da sich das Gehirn in einer tief greifenden Umstrukturierung befindet.

Diese kritischen Zeitfenster sind jedoch nicht scharf definierbar, da sie in hohem Maße durch Umwelteinflüsse mitbestimmt werden. Man könnte sagen, dass die Gene dem Gehirn die Grundzüge seiner Entwicklung vorgeben, die Umwelt jedoch die Feinabstimmung vornimmt. Welche Fähigkeiten besser entwickelt werden und welche ungenutzt bleiben bzw. nach anfänglicher Förderung dennoch verkümmern, bestimmen die Erfahrungen, die das Kind/der Jugendliche machen darf.

Das kritische Zeitfenster der emotionalen Kontrolle beginnt etwa im letzten Drittel des ersten Lebensjahrs und endet mit fünf Jahren. In diesem Zeitrahmen sollten Kinder lernen, ihre Emotionen zu kontrollieren, da es später einfach schwieriger ist, Veränderungen in diesem Bereich dauerhaft zu fixieren.

Grundfunktionen müssen sehr, sehr häufig eingeübt werden, um sie zu festigen. Nur durch häufiges Wiederholen bestimmter Funktionen und Lerninhalte können breite Nervenbahnen und feste Verschaltungen gebildet werden, derer sich das Gehirn bei der Lösung unterschiedlichster Aufgaben rasch und sicher bedienen kann. Die Forderung der Pädagogen, sich Lerninhalte durch häufiges Wiederholen verfügbar zu machen, hat daher noch immer seine Gültigkeit.

Prinzipiell besitzt jedoch auch das erwachsene Gehirn zeitlebens ein gewisses Potenzial für „neuronale Plastizität" (Formbarkeit), versichern Neurobiologen immer wieder. Das ist auch gut so und sichert uns das Überleben, wenn wir uns in einer neuen Umwelt zurechtfinden müssen oder nach einem Schlaganfall erst wieder lernen müssen zu sprechen, zu gehen etc.

Dass im Jugendalter noch einmal eine Zeitspanne mit erhöhtem Synapsenwachstum zur Verfügung steht, ist möglicherweise auch eine Absicherung der Natur. In dieser Zeitspanne können neue Erfahrungen Defizite in bestimmten Bereichen ausgleichen. In manchen ist das jedoch nicht möglich. Vernachlässigte und misshandelte Kleinkinder können zeitlebens ihre „Skripts" im Erleben und Verhalten auch unter guten sozialen Bedingungen nicht vollständig überschreiben. Der emotionale Dauerstress in der frühen Kindheit führt zu einer veränderten Entwicklung im limbischen System, der Hormonausschüttung etc.

Damit Entwicklung stattfinden kann, braucht es die aktive Auseinandersetzung des Kindes/Jugendlichen, aber auch Erwachsenen, mit den Herausforderungen des Lebens. Durch diesen Lernprozess, der zeitlebens erfolgt, erwerben wir Kompetenzen und Fertigkeiten. Jede Entwicklungsphase hat ihre ganz speziellen Entwicklungsaufgaben.

Deshalb ist es wichtig, dass sich Eltern über Entwicklungsphasen, welche ihr Kind/Jugendlicher durchläuft, Informationen holen, da Kinder/Jugendliche, die in einer bestimmten Entwicklungsphase „hängen bleiben", d.h. die in diesem Zeitraum notwendigen Erfahrungen nicht machen können und dadurch in ihrer Entwicklung Defizite ansammeln, Schwierigkeiten bekommen, mit den Anforderungen der nächsten Phase konstruktiv umzugehen.

Sorgsam beobachtende Eltern erkennen an der selektiven Wahrnehmung ihres Kindes, wenn es für ganz bestimmte Dinge besonderes Interesse zeigt und bestimmte Handlungsabläufe immer wieder vollführt oder immer wieder zu ganz bestimmten Spielen greift, welche Entwicklungsaufgaben zu welcher Zeit im Vordergrund stehen.

Die Kenntnis über einzelne Entwicklungsphasen sowie die spezifischen Entwicklungsaufgaben in diesen sehe ich als Basis, um erzieherisches Handeln an dem Ziel, die kindliche Entwicklung zu fördern, ausrichten zu können. Das vorliegende Buch soll Ihnen dabei helfen, sich grundlegende Kenntnisse über die verschiedenen Entwicklungsphasen von Kindern und Jugendlichen anzueignen.

Die Aufgabe von Eltern ist es, die im Kind grundgelegten positiven Anlagen zur Entfaltung zu bringen, es anzuleiten, sich selbst wertzuschätzen, Vertrauen in sich und seine Umgebung aufzubauen, sich in die Gesellschaft zu integrieren und sich als wertvoller Bestandteil dieser erleben zu können. Basis dafür ist eine sichere Bindung des Kindes an die Eltern.

Die menschliche Entwicklung verläuft immer zwischen den beiden Polen Abhängigkeit und Autonomie. In den verschiedenen Entwicklungsphasen dominiert einmal das Bindungssystem (Abhängigkeit) mehr, dann wieder das Explorationssystem (Autonomie). In manchen Phasen laufen beide parallel, in anderen Entwicklungsphasen (Trotzalter, Pubertät, Midlife-Crisis) wiederum nähern sich beide an, wodurch Spannungen entstehen, die jedoch Neues ermöglichen. Sicher gebundene Kinder „wissen“, wann sie die „Explorationstüre“ öffnen bzw. wann sie sie schließen müssen. Sicher gebundene Menschen „hanteln“ sich an den beiden Strängen gleichmäßig entlang. Stagniert eines der beiden Systeme, stagniert auch die Entwicklung.

In späteren Kapiteln möchte ich auf die verschiedenen Bindungstypen und die damit verbundene Störanfälligkeit näher eingehen. In den einzelnen Entwicklungsabschnitten hemmende Beziehungserfahrungen bzw. Traumatisierungen haben unterschiedliche Folgen für die Störungsentstehung und entsprechende Veränderungen der Selbststruktur.

Es sei jedoch wiederum darauf hingewiesen, dass nicht eine einzelne hemmende Beziehungserfahrung eine Störung auslöst, sondern, dass die Gesamtheit der gemachten Beziehungserfahrungen der Entwicklung des Kindes förderlich ist oder aber eine gewisse Anfälligkeit für Störungen bewirkt. Ausgenommen davon sind natürlich schwere Traumatisierungen.

Genetische Veranlagungen können zwar nicht verändert, durch das familiäre und soziale Umfeld jedoch verstärkt oder gemildert werden, je nach Erfahrungen, die das Kind oder der Jugendliche, macht.

Man kann zwischen Entwicklungsaufgaben unterscheiden, die alterstypisch für die Mehrheit der Menschen sind und solchen, die durch bestimmte kritische Lebensereignisse wie z.B. den Tod eines Elternteils, die Scheidung der Eltern, Missbrauchserfahrungen oder Ähnliches an die Person herangetragen werden.

Während ich mich in ersteren Kapiteln den „normativen“ Entwicklungsaufgaben verstärkt widme, werden im Kapitel „Wenn die heile Welt zerbricht“ ausgewählte „non-normative“ Entwicklungsaufgaben und deren Auswirkungen auf die kindliche Entwicklung besprochen.

Gelegentlich stolpern Menschen über die Wahrheit,
aber sie richten sich auf und gehen weiter,
als sei nichts geschehen.
(Sir Winston Churchill)

Wie lernt man richtiges Erziehen?

Während manche Eltern die Erziehungsleitbilder von Freiheit und Selbstständigkeit als die Abwesenheit von Grenzen und Regeln missverstehen, suchen Kinder mehr denn je nach klaren und festen Leitfiguren, an denen sie sich orientieren, reiben und messen können. Wenn Erwachsene das Grenzenziehen in ihrer eigenen Kindheit als Niederlage, Erniedrigung und Verzweiflung erlebt haben, fällt es ihnen schwer, später zu Handlungen zu stehen, die Grenzen ziehen.

Die Probleme unserer Zeit haben aus meiner Sicht sehr stark damit zu tun, dass Eltern heute aufgrund ihrer eigenen Geschichte dazu neigen, die Selbstentfaltung als das größte menschliche Gut zu verherrlichen und auch ihre Kinder dazu anhalten, der Spaßgesellschaft zuzugehören, welche sich längst überholt hat. Es ist an der Zeit, neue Werte für die eigene Lebensplanung zu finden oder aber auf alte, bewährte zurückzugreifen. Sich selbst und die eigenen Kinder zu begrenzen, ist in einer Zeit, da alles möglich ist und man im Prinzip alles haben kann, eine entscheidende Fähigkeit, zumal nicht die Quantität unser Leben bereichert, sondern die Qualität!

In einer schnelllebigen Zeit ist es wichtig, das Tempo zu reduzieren, von der Autobahn des Lebens hin und wieder abzufahren und die verschlungenen, manchmal nicht besonders gut ausgebauten Nebenstraßen zu nehmen, die einen vielleicht nicht auf schnellstem Weg zum Ziel führen, jedoch das Leben bereichern, bunt und lebendig machen.

Es könnte auch passieren, dass Sie auf den Nebenpfaden verweilen möchten, Sie in dieser Beschaulichkeit für sich und ihre Familie neue Ziele entdecken und die Richtung wechseln. Innezuhalten und das eigene Leben, die festgefahrenen Pfade aus einer anderen, vielleicht erhöhten Perspektive aus zu betrachten, bringt uns bisweilen schneller voran als die Abkürzung über die Autobahn. „Wenn Du es eilig hast, so gehe langsam!", ist ein altes chinesisches Sprichwort, das den Kern der Sache sehr gut trifft.

Wenn zwei Menschen Eltern werden, tun sie gut daran, sich mit der eigenen Lebens- und Familiengeschichte auseinanderzusetzen, um Kinder nicht als Partnerersatz zu missbrauchen. Um sie nicht zu Objekten und Projektionsflächen zu machen, die jene Anteile ausleben müssen, die ihren Eltern verwehrt blieben, oder gar in einer symbiotischen Beziehung mit dem eigenen Kind zu verschmelzen und dieses nicht mehr als eigenständige Persönlichkeit erleben zu können.

Die unsichtbaren Bindungen an die Ursprungsfamilie haben prägende Kräfte, die umso nachhaltiger wirken, je weniger der Einzelne die Ablösung, das Loslassen, die Trennung vom Elternhaus oder den elterlichen Traditionen bewusst vollzieht. Das „Beste" für das eigene Kind zu wollen, heißt auch, sich ein Stück weit von ihm abzugrenzen, ihm als Erwachsener Grenzen zu setzen und damit Ordnung, Sicherheit und Geborgenheit zu vermitteln. Wer keine Grenzen setzt, macht sich handlungsunfähig.

Als ich anfing, dieses Buch zu schreiben, gab es diese Weltwirtschaftskrise noch nicht – zumindestens konnte man damals das Ausmaß ihrer Wirkung noch nicht einschätzen. Es gab lediglich dieses dumpfe Gefühl des Unbehagens in meinem Inneren, das mir sagte, dass etwas ganz und gar schief läuft, ohne fassbar machen zu können, was es genau war. Ich zweifelte sehr stark an meiner eigenen Wahrnehmungsfähigkeit und so führte ich viele Gespräche mit ganz unterschiedlichen Menschen mit völlig verschiedenen Bezugssystemen und konnte feststellen, dass diese innere Unruhe auch von ihnen empfunden wurde. Wie wir Menschen so sind, versuchen wir diese negativen Gefühle, die uns deutlich auf etwas hinzuweisen versuchen, vorerst zu verdrängen, bis sie wie Lettern einer bunten Leuchtreklame nicht mehr zu übersehen sind.

Die Weltwirtschaftskrise ist nicht nur eine Krise auf unseren Bankkonten oder in unseren Geldbörsen. Sie weist uns auch deutlich darauf hin, dass wir uns in einer Krise unseres Wertesystems, unserer moralischen Einstellung, befinden. Schnelles Geld zu machen, unsere Wohnzimmer mit den neuesten Flat-TVs und allen auf dem Markt befindlichen elektronischen Spielkonsolen auszustatten, schien lange Zeit alles andere in den Schatten zu stellen. Sogar zwischenmenschliche Beziehungen neigten dazu, schneller ausgetauscht zu werden als unser fahrbarer Untersatz.

Seit die Weltwirtschaftskrise manchen von uns den Job gekostet hat, das Geld knapper und die finanziellen Sorgen größer werden, bemerke ich bereits ein Zusammenrücken in den Familien, das ich als sehr wohltuend erlebe und das die Hoffnung keimen lässt, dass Familie als Wert und die Qualität zwischenmenschlicher Beziehungen wieder eine neue Bedeutung in unseren Köpfen und Herzen erhält. Nur so nämlich, meine ich, können wir die Krise, in der unsere Jugend und damit letztendlich auch wir alle derzeit stecken, positiv bewältigen.

Schauen wir daher genau hin, was derzeit schiefläuft,

lassen wir uns nicht von jenen blenden, die meinen, mit ein wenig Veränderung da und ein wenig Zudecken dort die globalen Probleme lösen zu können. Es ist wichtig, achtsam hinter die Kulissen zu gucken, um das Wesentliche entdecken zu können – auch in der Erziehung gilt dieses Prinzip!

Wie ein guter Zauberer ist es notwendig, sich erst mit den Gesetzmäßigkeiten auseinanderzusetzen, um dann einen persönlichen Weg zu finden, Wünsche wahr werden zu lassen! Dann können Sie Ihren Zauberstab jederzeit schwingen und sich Ihre Wünsche erfüllen, soweit die Umsetzung dafür in Ihrer Macht steht.

Wie Sie Ihr Leben gestalten, liegt weitgehend in Ihrer Hand! Warten Sie nicht darauf, dass ein anderer für Sie lenkt! Schon Wolfgang Ambros hat einmal in einem mir sehr wichtigen Lied gesungen: „Die Freiheit, die man sich wünscht, muss man sich nehmen. Die Freiheit, nach der wir uns alle sehnen, hat nur der, der für sich selber denkt!"

Begleiten Sie mich auf diesem Weg. Ich habe Ihnen etwas zu zeigen!

Mit ungeheurer Beständigkeit ist die Sonne jeden Tag wieder da,
hinter Wolken, als wolle sie uns schützen,
oder hell und direkt, wie sichtbares Glück.
Jeder Tag kann ein Neubeginn sein.
In unseren Haltungen muss nichts endgültig sein.
(Ulrich Schaffer)

VON ANFANG AN GEBORGEN

Wenn ein Paar keine eigenen Kinder bekommen kann und es sich dazu entschließt, ein Adoptiv- oder Pflegekind aufnehmen zu wollen, muss es sich einer hinreichend genauen Überprüfung seiner Motivation, eigener Bilder zum Thema Elternschaft, persönlicher Erziehungskompetenzen etc. unterziehen und einer Schulung zur Vorbereitung auf diese „spezielle" Form der Elternschaft beiwohnen.

Wenn ein Paar sich mehr oder weniger dazu entschließt, von der Partnerschaft zur Familie mutieren zu wollen, geschieht dies oft ungewollt, ungeplant, unter weniger guten Bedingungen, in einer sehr frühen Phase des Kennenlernens, mitunter durch einen „One-Night-Stand", manchmal kalkuliert, um das eigene Lebenskonzept durchzuführen, bestenfalls aber durch eine reifliche Reflexion des Paars.

Meine langjährige Arbeit mit Familien – leiblichen Eltern, Pflege- und Adoptiveltern, Stief- und Patchworkfamilien und Teilfamilien – Alleinerziehenden, Großeltern etc. hat mich zur Überzeugung gebracht, ohne dabei pathetisch wirken zu wollen, dass die erste sensible Phase im Leben eines Menschen bereits jene ist, in welcher er in den Köpfen seiner potenziellen Eltern „zum Leben erwacht".

Das familiäre Umfeld, in das ein Mensch hineingeboren wird, ist für seine gesamte Entwicklung prägend. Es ist nicht unwesentlich, ob ein kleines, schutzloses Wesen, wie es ein Säugling nun einmal ist, in eine Familie geboren wird, die ihm Liebe, Schutz, Geborgenheit, angemessene Bindungs- und Bildungsangebote, ein Halt gebendes soziales Umfeld, klare Strukturen, hinreichende Erziehungskompetenzen und alles, was ein junger Mensch benötigt, um sich positiv entwickeln zu können, bieten kann, oder ob die notwendigen Ressourcen fehlen.

All die Hoffnungen, Wünsche und Sehnsüchte, die Menschen dazu veranlassen, sich für ein Leben mit Kindern zu entscheiden, sind zudem prägend, da diese dem Kind wie eine unsichtbare „zweite Haut" übergestülpt werden. Viele von uns haben vermutlich am eigenen Leib erfahren, was es heißt, mit den oft unreflektierten und unbewussten Bedürfnissen der eigenen Eltern aufzuwachsen, deren unrealistischen und mitunter viel zu hoch gesteckten Zielen entsprechen zu müssen, ihren unangemessenen Bindungsansprüchen – vor allem in der Pubertät – nicht mehr gerecht werden zu können und diese entwicklungshemmende und einengende „zweite Haut" wie eine sich häutende Schlange abstreifen zu müssen, um sich als eigenständige Persönlichkeit erleben zu können. Dies ist mitunter nur durch eine – auf beiden Seiten – sehr schmerzhafte und vielfach krisenhafte Ablösung zu schaffen.

An dieser Stelle sei daran erinnert, dass viele Erwachsene diese Ablösung nie oder nur unvollständig, also bruchstückhaft vollziehen können, ihr Leben der Erfüllung elterlicher Ziele und Bedürfnisse widmen und das eigene Selbst nicht spüren und noch viel weniger leben können. Nicht wenige von uns begeben sich, wenn die Abwehrmechanismen dem innerseelischen Druck nicht mehr standhalten und sich Symptome zeigen, die ein Verharren in alten Mustern nicht mehr möglich machen, auf eine mitunter lange Reise nach dem verschütteten Ich in einer Psychotherapie.

Wir können nicht ein Leben lang in den „Fußstapfen unserer Eltern" gehen, ohne dabei zu ermüden, mürrisch und unzufrieden uns selbst untreu zu werden. Es ist so auch nicht möglich, den Kontakt zum eigenen Ich aufrechtzuhalten. Wer in den Fußstapfen eines anderen geht, darf sich nicht wundern, wenn er ganz woanders ankommt, als er selbst gerne möchte.

Jeder von uns hat einen eigenen Bauplan mit eigenen

Bausteinen und muss lernen, sich mit diesen auf seine ganz persönliche Art und Weise in der Welt zurechtzufinden, den eigenen Weg zu suchen und ihn in seinem eigenen Tempo zu gehen. Als Eltern dürfen wir diese Eigenbestimmtheit unserer Kinder nicht aus den Augen verlieren, weshalb es mir ein besonders Anliegen ist, an dieser Stelle darauf hinzuweisen, nicht einer romantischen Vorstellung von Elternschaft zu erliegen, die Sie selbst wie auch Ihr Kind in großes Leid zu stürzen vermag.

Wenn Sie also nun den Zauberstab schwingen und sich wünschen, Sie mögen gute, reflektierte Eltern werden, sollten Sie sich zuerst mit folgenden Fragen auseinandersetzen:

- Bin ich bereit und in der Lage, mit meinem Partner, im schlimmsten Fall aber auch ohne diesen, ein Kind mit allem Notwendigen – finanzielle wie auch psychische Ressourcen – zu versorgen?
- Welche Beziehung habe/hatte ich zu meinen eigenen Eltern? Welche Bindungserfahrungen habe ich?
- Wie war Ihr Erziehungsstil? Was war hilfreich/weniger hilfreich für mich als Kind?
- Was sehe, was empfinde ich und welche Bilder kommen in mir hoch, wenn ich daran denke Mutter/Vater zu sein? Sind diese realistisch oder unterliege ich einer romantischen Vorstellung?
- Was heißt es für mich, Mutter/Vater zu sein? Welche Bedürfnisse möchte ich damit befriedigen?
- Welche Erziehungserfahrungen/-konzepte habe ich? Was möchte ich von meinen eigenen Eltern übernehmen, wovon distanziere ich mich?
- Kann ich mich meinem Kind bedingungslos zuwenden, ein „Klima des Angenommenseins" schaffen, für seine Wünsche und Bedürfnisse meine eigenen für einige Zeit zurückstellen?

- Welche Erziehungsziele habe ich? Was möchte ich meinem Kind vermitteln? Was soll es aus der Beziehung zu mir für sein späteres Leben mitnehmen können?
- Wie ist mein soziales Umfeld, mein soziales Netz? Wer kann mich in meiner Aufgabe unterstützen? Aber auch: Vor wem muss ich mein Kind schützen?

Sie können sich natürlich auch noch viele weitere Fragen stellen und diese Auseinandersetzung gedanklich fortführen.

Bei der Abklärung der Eignung von Pflege- und Adoptiveltern werden diese u.a. mit solchen Fragen konfrontiert. Hier gilt es für ein bestimmtes Kind, die bestmöglichen „Ersatzeltern" zu suchen, wodurch eine Eignungsüberprüfung notwendig und auch im Allgemeinen akzeptiert ist. Warum sollten sich nicht auch Menschen, die planen, eine Familie zu gründen, diese notwendigen Fragen im Vorfeld einer Entscheidung, die schließlich das eigene Leben und das von mindestens einem anderen betrifft, stellen?

Ich bin immer wieder tief betroffen über die geballte Naivität und egozentrische Sichtweise mancher Kandidaten und Kandidatinnen laufender Talkshows im Nachmittagsprogramm, wenn es um das Thema Elternschaft im Allgemeinen, aber auch im Teenageralter geht, und bin geneigt anzunehmen, dass diese für ihre Aussagen bezahlt werden.

Die Beantwortung der obigen Fragen setzt sicherlich ein hohes Maß an Reflexionsfähigkeit und den Willen, sich mit der eigenen Geschichte auseinanderzusetzen, voraus, wird Ihnen jedoch wichtige Erkenntnisse über die Beweggründe liefern, die den Wunsch nach einem eigenen Kind und der Erweiterung der Partnerschaft zur Elternschaft und Familie aufkommen ließen.

Sie können dadurch feststellen, ob Sie Ihr Kind in erster Linie als jemanden sehen, der zur Befriedigung Ihrer Bedürfnisse, zur Erfüllen Ihrer Wünsche, zum Verwirklichen Ihrer Interessen beizutragen hat. Welche Art der Beziehung Sie zu Ihren eigenen Eltern hatten und haben, wie sich das Bindungsangebot Ihrer Eltern auf Ihre Art mit anderen Menschen und sich selbst gegenüber in Beziehung zu treten ausgewirkt hat. Es soll Sie dazu anregen, sich über Ihre Erziehungskompetenzen Gedanken zu machen und damit für sich die Frage klären: Bin ich reif, um Mutter/Vater zu werden?

Das Morgen wird im Heute gemacht.
(unbekannt)

Die Schwangerschaft

Die Zeit der Schwangerschaft ist für werdende Eltern zumeist mit großer Vorfreude, aber auch mit Unsicherheit erfüllt. Es gibt unzählige Elternratgeber, die versuchen, der werdenden Mutter Anregungen zu geben, wie sie diese Zeit für sich, die Partnerschaft und das in ihr entstehende Leben besonders effektiv nützen kann. Diese Bücher wenden sich vor allem an die werdende Mutter, da diese in den meisten Fällen jene ist, die nach Informationen sucht.

Man gewinnt mitunter die Vorstellung, dass Schwangerschaft und Geburt keine natürlichen, zum Leben der Frau gehörenden Stadien der Entwicklung sind und sich Frauen nicht auf ihr natürliches Empfinden verlassen können. Ich erlebe sehr häufig, dass sich durch die Fülle an Information erst recht eine große Verunsicherung breit macht, da die meisten Mütter nichts falsch machen möchten und aufgrund der unüberschaubaren Anzahl an Ratschlägen und Tipps schier überfordert sind.

Es ist natürlich wichtig, alle Vorsorgeuntersuchungen machen zu lassen, sich gesund zu ernähren, Stress, wenn möglich, zu vermeiden, ausreichend Bewegung an der frischen Luft zu machen, auf Alkohol, Nikotin und Drogen zu verzichten und dergleichen. Kurz gesagt: Ein „normales“, gesundes Leben zu führen, da die pränatale Entwicklung für die weitere Entwicklung des Kindes prägend ist. Ob Sie diese oder jene Creme verwenden, diesen oder jenen Kräutertee trinken, sich für die Schwangerschaftsgymnastik A oder B entscheiden, ist für Ihr Baby jedoch zweitrangig. Die intensive Beschäftigung mit diesen – eher unwesentlichen – Fragen führt Frauen nur weg von dem, was in dieser Zeit viel wichtiger wäre:

Die Zauberkraft im persönlichen Rückzug zu suchen, in sich hineinzuhören, auf die eigene innere Stimme und die des heranwachsenden Kindes. Ein altes chinesisches Sprichwort sagt: „In der Stille liegt die (Zauber-)Kraft!"

Die Frage ist nicht, was der Firma XY gut tut, sondern: Was tut mir als werdender Mutter und meinem Kind gut? Was heißt es für mich, Mutter zu werden? Im Rückzug, in der stillen „Zwiesprache" zwischen Mutter und Kind lässt sich zuverlässiger feststellen, was gerade gebraucht wird, als in den diversen Zeitschriften und Ratgebern.

Wenn Sie sich wünschen, ein gesundes, vitales Kind zur Welt zu bringen, sollten Sie Ihren Zauberstab schwingen und folgende Erkenntnisse aus der Embryonalforschung auf sich wirken lassen:

Die psychische Entwicklung eines Menschen beginnt – wenn man einmal von den vorhin beschriebenen prägenden Einflüssen absieht – mit der Zeugung, wenn Ei- und Samenzelle miteinander verschmelzen und die Erbanlagen und somit die Grundbausteine der Entwicklung dieses Kindes festgelegt werden. Die biologischen und sozialen Bedingungen, die Lebensumwelt, in welche das Kind hineinwächst, wirken sich von diesem Zeitpunkt an auf seine Entwicklung aus.

Eine Mutter, die sich darüber Gedanken macht, was für dieses noch sehr zarte, nur durch sie selbst geschützte, werdende Leben in der vorgeburtlichen Phase wichtig ist, ist daher auch in der Lage, eine positive Entwicklung zu fördern. Da das ungeborene Kind durch die Nabelschnur mit dem Organismus der Mutter direkt verbunden ist, werden alle Wirkstoffe und Substanzen, welche diese konsumiert, ungefiltert an das Kind weitergegeben. Im Embryonalstadium, das bis zur zwölften Lebenswoche geht, bilden sich vor allem die Körperstrukturen, inneren Organe und das Zentrale Nervensystem (ZNS) aus. Der Hirnforscher Gerald Hüther konnte feststellen, dass das Kind während der Embryonalzeit 1/3 mehr Gehirnzellen hat als bei seiner Geburt.

Nikotin, Alkohol, Drogen, aber auch eine Fehlernährung der Mutter wirken sich in den ersten drei Lebensmonaten schädigend auf die Organentwicklung aus. In einem seiner Vorträge hat er beispielsweise beschrieben, dass Föten von Frauen, die in der Schwangerschaft Alkohol konsumieren, ihre vitalen Funktionen während des Tages stark herabsetzen, um die schädigende Wirkung des Alkohols zu reduzieren. Dafür aber ist das Kind in der Nacht aktiver und holt sich ab Mitternacht die notwendigen Nährstoffe, die es zum Überleben benötigt. Diese Babys sind nach der Geburt zumeist nachtaktiv und haben einen verschobenen Schlaf-/Wachrhythmus. Der Embryo entwickelt gegen Ende dieser Phase auch bereits eigene Aktivitäten, berührt beispielsweise mit der Hand das Gesicht.

Im Fötalstadium sind die Organe des Kindes bereits ausgebildet und nehmen ihre Funktion auf. Das Gehirn unterliegt großen Wachstumsschüben und das Zentralnervensystem differenziert sich weiter aus. Vorgeburtlich determinieren vor allem genetische Faktoren den Verlauf der Gehirnentwicklung, während vom Zeitpunkt der Geburt an die Komplexität der erfahrbaren Umwelt eine stärkere Rolle übernimmt.

Zwischen der 23. und 37. Schwangerschaftswoche findet die Verschaltung zwischen Gehirn und Sinnesorganen statt. Ruhe- und Aktivitätsphasen im Tagesrhythmus sind feststellbar. Ab der 28. Lebenswoche ist der Reifegrad der Sinnesorgane, der Motorik und des ZNS so weit erreicht, dass das Kind im Falle einer vorzeitigen Geburt überlebensfähig wäre. Acht Wochen vor der Geburt sind auch die Sinne ausgeprägt und funktionsfähig. Der Fötus kann nun Musik wahrnehmen und reagiert darauf. Er kann das Licht von außen, das auf den Bauch der Mutter fällt, wie auch das Streicheln des Mutterbauchs wahrnehmen.

In der pränatalen Phase gibt es, ebenso wie nach der Geburt, sensible Phasen, beispielsweise für das Gehirn, die Organe und Körperfunktionen. Schädigende Einflüsse führen in dieser Zeit sehr schnell zu einer gestörten Entwicklung. Die Anfälligkeit für bestimmte Krankheiten, wie etwa koronare Herzerkrankungen, Diabetes und Fettsucht werden von Nathanielsz bzw. Geuter auf Störungen in sensiblen Phasen der Schwangerschaft zurückgeführt. So werde der Organismus des Fötus auf einen niedrigen Kalorienverbrauch eingestellt, wenn die Schwangere sich nicht ausreichend ernährt. Ein späterer Überfluss an Nahrung führt demnach leicht zur Dickleibigkeit.

Nicht nur die Organe und Körperfunktionen werden in den sensiblen Phasen der intrauterinen Entwicklung nachhaltig programmiert. Die Psychotherapeutin Barbara Findeisen spricht davon, dass in dieser Lebensphase, aber auch in den ersten Lebensmonaten, die „seelische Grundmelodie“ für das weitere Leben entsteht. Diese Symbolik gefällt mir besonders gut, da sie ausdrückt, dass es sich hierbei um eine „fließende Grundstimmung“ handelt, die ein Kind durch die Erfahrungen in den ersten Lebenswochen im und außerhalb des Mutterleibs erfährt.

Traumatische Erfahrungen vor der Geburt sind zwar der direkten Erinnerung nicht zugänglich, da sie in die präverbale Phase der Entwicklung fallen und das Kind noch keine sprachliche Symbolisierung hat, sie wirken jedoch als „Grundmelodie“ nach und haben das Erleben und Verhalten des Fötus bereits geprägt. Ob das Lebensgefühl durch Liebe und Schmerz, Verbundenheit und Isolation geprägt ist, entscheidet sich – laut Findeisen – bereits in dieser Lebensphase.

Es gibt viele Untersuchungen, die belegen, dass Stress, Ängste und Depressionen in der Schwangerschaft zu vielfältigen Irritationen beim Kind führen, häufig vorzeitige Wehen auslösen und sich nachhaltig in Regulationsstörungen des Neugeborenen und Säuglings manifestieren. Es besteht auch ein erhöhtes Risiko für neurologische Ausfälle. Die Ängstlichkeit von Müttern während der Schwangerschaft verursacht dem ungeborenen Kind emotionalen Stress, wodurch es sich mehr im Mutterleib bewegt und das Herz schneller schlägt.

Eine interessante Entdeckung machte die Psychologin Bea van den Berg (nachzulesen im Buch von Geuter) bei ihrer Langzeitstudie. Sie stellte fest, dass vor allem männliche Nachkommen von Müttern, die in der Schwangerschaft sehr ängstlich waren, im Alter von 8 oder 9 Jahren mehr Aufmerksamkeitsprobleme als die Jungen „nichtängstlicher" Mütter hatten. Die holländische Psychologin Anja Huizink (ebenfalls im Buch von Geuter nachzulesen) fand wiederum heraus, dass Kinder von Müttern, die sich sehr vor der Geburt gefürchtet hatten, später geistig und körperlich hinter den Kindern weniger ängstlicher Mütter zurückgeblieben waren. Lange anhaltender Stress hatte ähnliche Auswirkungen.

Stress wird als ebenso schädigend auf die Entwicklung des Ungeborenen gesehen wie Nikotin-, Drogen- oder Alkoholkonsum und es wird sogar diskutiert, ob die Zunahme von Aufmerksamkeitsstörungen mit dem vermehrt erlebten Stress Schwangerer zu tun haben könnte. Dass eine dauerhafte Stressbelastung das Risiko für eine Frühgeburt erhöht, ist bekannt. Dass diese Kinder aber auch kleiner sind und später auch vermehrt Probleme mit dem Schlafen und Füttern zeigen, hat der kanadische Psychiater Thomas Verny (siehe Buch von Geuter) festgestellt.

Dies sind nur einige von vielen Untersuchungen, die uns zeigen, dass die Schwangerschaft eine für das Kind äußerst prägende Entwicklungsphase darstellt, welche eine große Störanfälligkeit aufweist. Werdende Eltern wähnen ihr Kind in Sicherheit, meinen, es könne ihm im schützenden Mutterleib nichts wirklich Schlimmes zustoßen. Das Gegenteil ist der Fall. Körperliche Behinderungen, spätere Erkrankungen, Bindungsstörungen, Verhaltensauffälligkeiten, emotionale Störungen, wie auch die Grundtönung der Stimmung haben hier ihren Ursprung.

Für die werdende Mutter ist es daher besonders wichtig, diese Lebensphase in Ruhe und Besonnenheit anzugehen, sich auf die Bedürfnisse ihres Kindes wie auch ihre eigenen einzulassen, emotionale Anspannung, Stress und Hektik zu vermeiden.

Die Hirnforschung gibt uns klare Hinweise, dass die menschliche Großhirnrinde, deren Strukturen sich vom dritten Schwangerschaftsmonat bis in die ersten Lebensjahre hinein bilden, für ihre Entwicklung vor allem Ruhe benötigt! Gerald Hüther postuliert, dass Störungen des emotionalen Gleichgewichts das Schlimmste sind, was einem Hirn passieren kann, wenn es komplexe Verschaltungsmuster aufbaut. Das menschliche Gehirn strukturiert sich zudem weniger komplex unter Stressbelastung!

Die Schwangerschaft wie auch die ersten Lebensjahre im Leben eines Kindes sollten daher so weit wie möglich stressfrei und frei von Belastungen verlaufen. Es ist die Phase im Leben, in der man sich mit der eigenen Geschichte, den eigenen Eltern und der Beziehung zu ihnen auseinandersetzen sollte, um für sich selbst ein Bild zu entwerfen, wie man als Eltern sein möchte, was einem wichtig und unwichtig ist, welche Entwicklung Sie sich für Ihr Kind wünschen u.v.m.

„Wer keine Ziele hat, darf sich nicht wundern, wenn er woanders ankommt!“, dieser Spruch gilt auch hier. Es ist die Zeit, um sich in Ruhe auf einen neuen Lebensabschnitt einzustellen und auf eine neue Rolle als Eltern einzudenken.

Wenn Sie also den Zauberstab schwingen und sich wünschen, Ihr Baby möge Ihre Liebe und Zuwendung spüren, um sich geborgen zu fühlen, dann sollten Ihre Gedanken vor allem bei Ihrem Baby sein können, um die Bindung zwischen sich und Ihrem Kind aufzubauen.

Das Baby erkennt sehr bald Ihre Stimme, es bewegt sich dorthin, wo Ihre Hand den Bauch berührt und lässt sich durch leise Musik oder Ihr Singen beruhigen. Der Fötus spürt bereits in seinen ersten Lebenswochen, ob er gewollt, geduldet oder aber abgelehnt wird. Abgelehnte Kinder gehen für gewöhnlich in den Rückzug, das zeigt sich von der Aktivität bis zur Emotion. Sie reduzieren ihre Wünsche und Bedürfnisse und legen ihr Gefühlsleben still, um einerseits die Ablehnung nicht spüren zu müssen und andererseits um die Mutter mit ihrem Leben nicht noch mehr zu belasten und sich damit zumindest das Überleben zu sichern. Dieses Verhalten wird auch nach der Geburt fortgesetzt und gefestigt.

Gewünschte und geliebte Föten zeigen bereits im Mutterleib spontane Reaktionen auf das Berühren des Mutterleibs. Es bewegt sich, wenn sich die Mutter ausruht und mit ihm spricht. Das Berühren des Bauchs und das Spüren der Bewegungen des Fötus „berührt“ auch emotional und fördert so das langsame Hineinwachsen der Eltern in ihre neue Rolle. Man wird nicht über Nacht Eltern, man wächst in einem neun Monate dauernden Prozess in diese neue Form des Zusammenlebens hinein – wenn man diesen Zeitraum dafür nützt.

Manchmal steckt in unseren Tränen
ein direkterer Weg zum Glück
als in unseren Gedankengebäuden.
Grenzerfahrungen machen uns weit.
(ULRICH SCHAFFER)

Die Geburt und die ersten 12 Wochen

Vom richtigen Zeitpunkt

Wenn der Fötus keinen Platz mehr im Uterus hat und entsprechend ausgereift ist, schüttet der Körper Hormone aus, welche die Geburt einleiten. Diese Leistung vollbringt ein gesunder Körper ganz von selbst. Es besteht keine Notwendigkeit, den Zeitpunkt der Geburt von außen zu bestimmen und diese einzuleiten.

In Amerika wird der Zeitpunkt der Geburt jedoch zumeist von Eltern und Ärzten gemeinsam festgelegt und die Geburt über Kaiserschnitt einer natürlichen Geburt vorgezogen – auch dann, wenn es medizinisch keinen Grund dafür gibt. Diese Vorgangsweise beginnt auch in Europa immer mehr um sich zu greifen. Dabei muss gesagt werden, dass diese Praxis mehr dem Denken entspricht, dass alles planbar sein soll und Arzt wie auch Eltern den für sie „besten“ Zeitpunkt wählen möchten.

Wenn Sie den Zauberstab schwingen möchten, um für Ihr Baby den richtigen Zeitpunkt der Geburt zu wählen, gehen Sie davon aus, dass es für alles im Leben einen „richtigen“ Zeitpunkt gibt, der nicht unbedingt von äußeren Gegebenheiten und Gelegenheiten bestimmt wird, sondern mehr von inneren Reifungskriterien abhängig ist.

Überlassen Sie dem kleinen neuen Erdenbürger die Entscheidung, wann der „richtige“ Zeitpunkt da ist, um diesen wichtigen Entwicklungsschritt der ersten Abnabelung zu starten. Natürlich gilt das nur unter der Prämisse, dass keine Gefahr für Leib und Leben der werdenden Mutter oder des Fötus besteht und keine medizinischen Gründe die Einleitung der Geburt notwendig machen!

Der menschliche Körper ist so genial konzipiert, dass er seit Tausenden von Jahren ganz ohne unser Zutun die Geburt von Mensch und Tier einleiten und durchführen kann und sogar für das werdende Leben in einem gewissen Rahmen Schutzfunktionen zur Verfügung stellt, damit nichts Gravierendes passiert, wenn etwas nicht optimal läuft. So werden z.B. Hormone ausgeschüttet, um das Kind vor den überflutenden Erfahrungen des Geburtstraumas zu schützen. Auch eine kurzfristige Unterversorgung des Gehirns mit Sauerstoff kann ohne gravierende Schäden überstanden werden, da sich das Gehirn des Säuglings bis zum dritten Lebensmonat regeneriert und noch einmal einem Gehirnwachstumsschub unterliegt. Gehirnforscher haben festgestellt, dass sich in den ersten drei Lebensjahren die Synapsen mit unglaublicher Geschwindigkeit bilden und viel mehr Gehirnzellen gebildet als gebraucht werden. Kurzfristige Beeinträchtigungen können daher in dieser Entwicklungsphase wieder ausgeglichen werden.

Wenn Sie also Ihren Zauberstab schwingen und sich eine möglichst angstfreie, entspannte Geburt und eine intime, beziehungsförderliche Atmosphäre für die erste Begegnung mit Ihrem Kind wünschen, sollten Sie sich folgende Dinge überlegen:

Möchte ich zu Hause mit einer gut geschulten Hebamme oder in einer Einrichtung mein Baby zur Welt bringen – oder wähle ich den „Mittelweg“ einer ambulanten Geburt? Wenn es sich um keine „Risikogeburt“ handelt, sind Sie sicher auch bei einer Hebamme in guten Händen.

Möchten Sie jedoch nicht auf den Komfort, die ärztliche und medizinische Fachkompetenz verzichten und gibt Ihnen die Möglichkeit, jederzeit in einem Notfall kompetente Hilfe in Anspruch nehmen zu können, mehr Sicherheit, so sollten Sie sich möglichst bald nach einer Einrichtung Ihres Vertrauens umsehen.

Sie haben jederzeit die Möglichkeit, die Säuglingsstation zu besichtigen und sich Ihre Fragen beantworten zu lassen. Suchen Sie sich eine Einrichtung für diese wichtige Startphase Ihres Lebens als Familie, die es Ihnen ermöglicht, Ihren Partner oder eine andere wichtige Bezugsperson zur Geburt Ihres Kindes mitzunehmen, die Ihnen verschiedene Möglichkeiten bereitstellt, wie Sie sich in dieser Situation am besten entspannen können, die Ihnen vom Ambiente ein „Wohlgefühl" erzeugt und Ihnen die Sicherheit eines fachlich kompetenten Teams vermittelt.

Für mich ist es wichtig zu wissen, dass Stillberatung der Einrichtung wichtig und wirklich in den Herzen der dort tätigen Personen verankert ist. Als absolutes „must have" sehe ich die Möglichkeit, das Neugeborene rund um die Uhr im Zimmer haben zu können, da für mich persönlich eine Trennung von Mutter und Kind in dieser frühen Entwicklungsphase, und sei es „nur" über Nacht, kein Thema ist.

Ein zeitweises Übergeben des Neugeborenen an das Pflegepersonal sehe ich nur dann als förderlich für die Mutter-Kind-Beziehung, wenn die Mutter Ruhe und Schlaf benötigt, um sich von den Strapazen der Geburt zu erholen. Dies alles jedoch immer unter der Voraussetzung zu verstehen, dass dem keine medizinischen Gründe entgegenstehen!

Geben fängt zu Hause an.
(Lee Iacocca)

Physiologisches und psychisches Überleben

Nach der Geburt Ihres Kindes bis etwa zum dritten Lebensmonat steht vor allem sein physisches und psychisches Überleben im Vordergrund. Wie bereits angesprochen, kommen wir als physiologische Frühgeburt zur Welt und bedürfen extrauterin, also nach der Geburt, der Nachreifung. Ihr Neugeborenes wäre ohne Ihre liebevolle Pflege nicht überlebensfähig. Neben dem physischen Überleben geht es für Ihr Kind aber auch bereits darum, psychisch überleben zu können! Das Neugeborene muss eingebettet sein in einen sozialen Rahmen, den wir alle zeitlebens benötigen, um überleben zu können, denn der Mensch ist ein soziales Wesen.

Wenn Sie den Zauberstab schwingen und für Ihr Baby physisches und psychisches Überleben sichern möchten, ist es wichtig zu wissen, dass sich die psychische Entwicklung Ihres Kindes „im Spiegel" seiner ihm nächsten Bezugspersonen vollzieht.

Was ich damit meine, ist Folgendes: Die zwischenmenschlichen Beziehungen, in welche Ihr Kind eingebettet ist, bilden eine wesentliche Voraussetzung für sein körperliches Gedeihen, die Wahrnehmung der eigenen Gefühle, die Entwicklung seiner inneren Bilder über die eigene Person, die Menschen um es herum, die Welt als Ganzes und seine Stellung in dieser Welt. Es kommt zwar mit einem genetisch festgelegten „Bauplan" zur Welt, der seinen biologischen, kognitiven und psychischen Rahmen grob absteckt. Wie es sich jedoch innerhalb dieses Rahmens entwickelt, hängt davon ab, wie die Lebensumwelt mit diesem „Bauplan" interagiert, welche Beziehungserfahrungen es machen darf, ob seine Anlagen entsprechend gefördert werden, welchen Zugang zu Bildungseinrichtungen es vorfindet, in welchem sozialen und kulturellen Lebensumfeld es aufwächst u.v.m.

Das Erste, das der Mensch im Leben vorfindet,
das Letzte, wonach er die Hand ausstreckt,
das Kostbarste, was er im Leben
besitzt, ist die Familie.
(Adolph Kolping)

Aufbau des Urvertrauens

Neben der Sicherung des Überlebens sind auch der Aufbau und die Verfestigung des Urvertrauens eine wesentliche Entwicklungsaufgaben dieser Phase.

Wenn Sie also nun den Zauberstab schwingen und sich wünschen, Ihr Baby möge sich mit einer ganzen Menge an Urvertrauen die eigene Person, seine Mitmenschen und die Welt erschließen, so seien Sie über folgende Erkenntnisse informiert:

Das Urvertrauen entwickelt sich in der zwischenmenschlichen Interaktion. Die emotionale Bindungsfähigkeit ist, neben dem aufrechten Gang und der Wortsprache, welche bereits Portmann als arteigene Merkmale bezeichnete, dem Menschen vorbehalten und kann nur im sozialen Kontakt ausgebildet werden. Es ist faszinierend, wenn man bedenkt, dass durch die Ausschüttung des Bindungshormons auf beiden Seiten in den ersten Stunden des Zusammenseins zwischen Mutter und Kind eine Bindung aufgebaut wird, die für das ganze Leben bestehen bleibt.

All diese Schutzfunktionen laufen ohne unser Zutun ganz spontan ab und dienen dazu, dem kleinen Wesen den Start ins Leben gut und geschützt zu ermöglichen.

Der Irritation des Säuglings, der aus einem ihn umschließenden, warmen, wattig-weichen Milieu heraustritt und sich plötzlich völlig anderen Sinneswahrnehmungen ausgesetzt fühlt, wird weitgehend von biologischer Seite entgegengewirkt: Das viel zitierte „Kindchenschema" veranlasst Sie als Mutter dazu, sich des Säuglings anzunehmen, ihn zu tragen, zu halten und zu umschließen, um ihm wieder ein annähernd ähnliches Milieu zu bieten. Der Schrei des Neugeborenen wiederum aktiviert Sie, sich um das Baby zu kümmern und notwendige Handlungen zu setzen, um den Bedürfnissen Ihres Kindes nachzukommen.

Nach dem Ansturm der ersten überwältigenden Gefühle – die Geburt ist ein absolut unvergessliches Erlebnis für alle daran Beteiligten – ist es wichtig, sich und dem Baby Ruhe zu gönnen, Hautkontakt zuzulassen, dem Baby durch sanfte Streicheleinheiten zu vermitteln, dass es willkommen ist und angenommen wird. Der Stress der Geburt kann dadurch am leichtesten abgebaut werden. Ein liebevoller Körperkontakt, wie auch sanfte Babymassage, ist für das Neugeborene wichtig, um das Gefühl des Angenommenseins entwickeln zu können. Gönnen Sie daher sich und Ihrem Baby unmittelbare Berührungserfahrungen, legen Sie sich das Baby so oft und so viel wie möglich auf die nackte Haut, streicheln Sie es sanft und suchen Sie nach Blickkontakt. Beobachtungen zeigen, dass Frühgeborene schneller zunehmen und früher aus der Spitalspflege entlassen werden können, wenn sie ausreichend Körperkontakt bekommen.

Da sich das Neugeborene in einer reizüberfluteten Umgebung erst zurechtfinden muss, sollte die Betreuung in den ersten Wochen nur durch die beiden Hauptbezugspersonen erfolgen. Neben dem liebevollen Körperkontakt benötigt Ihr Baby in dieser Zeit auch Regelmäßigkeitserfahrungen und eine klare Strukturgebung durch Sie, um sich sicher und geborgen zu fühlen.

Eine frühe Trennung zwischen der Mutter und dem Neugeborenem sollte in dieser Phase möglichst vermieden werden, um erste Bindungserfahrungen nicht zu gefährden und die Entstehung von Regulationsstörungen zu vermeiden. Eine Trennung von Mutter und Kind wird z.B. wegen Geburts- oder Wochenbettkomplikationen notwendig. In diesem Falle ist es wichtig, dennoch so oft und unmittelbar wie möglich den Kontakt zwischen Mutter und Kind sowie natürlich auch Vater und Kind zu gewährleisten.

Wenn Sie den Zauberstab schwingen und sich wünschen, mit Ihrem Baby in eine wechselseitig befriedigende Interaktion zu kommen, müssen Sie Folgendes wissen:

Ihr Säugling kommt mit einer Grundausstattung von Emotionen zur Welt: Freude, Interesse, Überraschung, Trauer, Furcht, Ekel, Wut und Scham. Diese „Grundemotionen" differenzieren sich im Laufe der Jahre bei entsprechender Förderung immer weiter aus, bis sich die Fähigkeit entwickelt, die eigene Person besser verstehen und im zwischenmenschlichen Kontakt auf die Gefühle anderer entsprechend empathisch reagieren zu können. Dabei helfen uns auch die Spiegelneuronen, die ebenfalls von Geburt an in einem genetisch festgelegten Ausmaß vorhanden sind und dem Säugling erste Spiegelungsaktionen mit den Bezugspersonen ermöglichen.

Bereits wenige Stunden bis Tage nach der Geburt kann Ihr Säugling beim richtigen Abstand Ihren Gesichtsausdruck imitieren, wodurch ein wechselseitiges Spiel möglich wird und sich ein festes Band, eine Bindung, entwickelt. Wenn Sie als Eltern dazu bereit sind, sich auf dieses wechselseitige Spiegeln der Gefühle einzulassen, passiert in dieser Phase etwas sehr Bewegendes, Zauberhaftes – um bei unserer Terminologie zu bleiben.

Sie können in eine wechselseitige „Kommunikation“ mit Ihrem Baby treten, welche vor allem über Mimik, Gestik, Körperkontakt, aber auch über die Sprache der Bezugsperson und erste Lallversuche des Babys verläuft. Es beginnt schon sehr früh, den Klang Ihrer Stimme, das rhythmische Auf und Ab der Töne zu imitieren.

Ihr Baby ist auf den Austausch mit Ihnen und ein entsprechendes Beziehungsangebot von Ihrer Seite angewiesen, um seine neurobiologisch festgelegte Bindungsbereitschaft aktivieren zu können. Machen Sie ihm dieses nicht und erhält es dieses auch nicht durch andere Bezugspersonen, verkümmert es!

Wenn Sie nun den Zauberstab schwingen und sich wünschen, Ihr Baby möge all seine genetisch angelegten Ressourcen bestmöglich nützen können, so sei dazu Folgendes gesagt:

Neurobiologen, wie Gerald Hüther, Joachim Bauer und Manfred Spitzer, die ich sehr schätze und die meine Denk- und Arbeitsweise in den letzten Jahren durch ihre Beobachtungen sehr erweitert haben, zeigen immer wieder, dass Beziehungserfahrungen und Lebensstile einen enormen Einfluss auf die Regulation der Genaktivität sowie die Mikrostrukturen des Gehirns haben (Literaturempfehlungen im Anhang).

Die genetische Ausstattung allein ist jedoch noch keine Garantie zur Entfaltung einer Fähigkeit! Es bedarf der sozialen Interaktion, um die genetischen Anlagen entsprechend entwickeln zu können und möglichst fein strukturierte, vielfältige Verschaltungen im Gehirn auszubilden. Die Vorstellung eines „sozialen Gehirns“, die Gerald Hüther erstmals ins Leben rief, hat mich in seiner Symbolhaftigkeit sehr berührt und mir verdeutlicht, wie notwendig es ist, Eltern mitzuteilen, dass es wesentlich wichtiger ist, ein Kind in einer liebevollen Familie aufwachsen zu lassen, als es schon sehr früh optimal zu fördern.

Ich erlebe es sehr häufig, dass Eltern, die den Wunsch haben, ihr Kind bestmöglich zu fördern, meinen, sie müssten dies mit bestimmten Materialien tun und möglichst viele Mutter-Kind-Gruppen besuchen. Das Gegenteil ist der Fall: In diesem sehr frühen Stadium der Entwicklung, aber auch später, ist vor allem das liebevolle, warmherzige Klima in der Familie der optimale Nährboden, auf dem Entwicklung möglich wird.

Das Wesentliche im Umgang miteinander
ist nicht der Gleichklang,
sondern der Zusammenklang.
(Ernst Ferstl)

Die Reifung physiologischer Regulationsprozesse

Wie bereits erwähnt steht in den ersten drei Monaten vor allem die Reifung physiologischer Regulationsprozesse im Vordergrund und das Neugeborene/der Säugling kann seinem Unbehagen nur durch Schreien Ausdruck verleihen.

Wenn Sie nun den Zauberstab schwingen und sich wünschen, Ihr Baby bei der Regulation seiner physiologischen Prozesse und seiner Affekte unterstützen zu können, sei Folgendes gesagt:

Eltern sind mitunter sehr gefordert, wenn es darum geht, die Bedürfnisse des Neugeborenen zu „verstehen“, um darauf entsprechend reagieren zu können. Zudem kommt das Neugeborene bereits mit einer bestimmten Grundausstattung, z.B. einem bestimmten Temperament, seiner ganz spezifischen Affektsteuerung etc. und seinen

Vorprägungen und/oder Vorschädigungen aus der intrauterinen Phase seiner Entwicklung zur Welt.

Es muss seine Nahrungsaufnahme, seine Verdauung, seinen Wärmehaushalt, seine immunologische Anpassung, seinen Schlaf-Wach-Rhythmus und seine innere emotionale Anspannung regulieren lernen und dieser neuen Umwelt anpassen.

Diese Regulation erfolgt in permanentem Austausch mit der Hauptbezugsperson, meist der Mutter, durch Mimik, Gestik und Stimme, wodurch sie dem Neugeborenen Unterstützung bietet. Eine mit dem Neugeborenen gut abgestimmte Mutter meldet diesem seine Gefühle authentisch zurück, hilft ihm, sich neuen Situationen in einem emotional erträglichen Ausmaß zu stellen, sich zu entspannen und neue Erfahrungen zu integrieren. Das Wechselspiel von Aktivierung und Entspannung/Ruhe braucht eine gut abgestimmte Balance, um die kindlichen Regulationsmöglichkeiten nicht zu überfordern. Den Bezugspersonen des Neugeborenen kommt hier eine wichtige Aufgabe zu. Sie sind aufgefordert, die Signale des Neugeborenen zu „encodieren" und darauf zu achten, dass das Neugeborene nicht einer es überfordernden Reizüberflutung ausgesetzt ist.

Das Baby benötigt die Rückmeldung, angenommen und in seiner Bedürftigkeit wahrgenommen zu werden, um Sicherheit und Vertrauen in zwischenmenschlichen Beziehungen wachsen zu lassen – auch so entsteht Urvertrauen. Dieses Wechselspiel und der Balanceakt zwischen Aktivierung und Entspannung zieht sich im Übrigen wie ein roter Faden durch die gesamte kindliche Entwicklung und wird uns später wieder begegnen. Kommt es zu einem Missverhältnis zwischen diesen aktivierenden und entspannenden Prozessen, bilden sich Fehlanpassungen, Symptome aus. Man nennt sie Regulationsstörungen. Zu den frühkindlichen Regulationsstörungen in den ersten drei Monaten zählen: exzessives Schreien („Schreibabys"), Probleme des Schlaf-Wach-Rhythmus und Ernährungsstörungen.

Wenn Sie alles versucht haben, um die Signale Ihres Kindes richtig zu „verstehen" und darauf entsprechend zu reagieren, jedoch dennoch das Gefühl haben, dass bei der Interaktion mit Ihrem Baby etwas schiefläuft, möchte ich Sie dazu motivieren, fachliche Hilfe und Unterstützung bei einem Kinderpsychologen oder in speziell dafür eingerichteten Beratungsstellen wie dem „Iglu" (in OÖ) in Anspruch zu nehmen.

Warum es wichtig ist, diesen frühkindlichen Regulationsstörungen gezielt durch fachliche Beratung und Schulung der Eltern entgegenzuwirken, ist leicht erklärt: Können Eltern für die Signale ihres Neugeborenen sensibilisiert werden, sodass sie diesen entsprechend zu begegnen verstehen, können frühkindliche Regulationsstörungen in diesem Entwicklungsabschnitt zumeist rasch und dauerhaft behoben werden. Ist dies nicht der Fall, so entstehen dysfunktionale Beziehungsmuster, die sich auf die Selbstentwicklung des Kindes und die Beziehung zwischen den Eltern und ihren Kindern in der Folge negativ auswirken. Es kommt zu einem Teufelskreis, aus dem der Ausstieg immer schwieriger wird. Die Beratung und Schulung der Eltern ist in diesem Zusammenhang sehr wichtig.

Bei meiner Arbeit mit Kindern, Jugendlichen und deren Familien stelle ich über meine routinemäßigen Fragen zur Anamnese der Kinder zumeist bereits Auffälligkeiten in den ersten Lebenswochen fest, welche sich in der Folge immer mehr manifestieren, bis sich die Beziehung zwischen Eltern und Kindern zunehmend verschlechtert und immer mehr Verhaltensauffälligkeiten im Laufe der Jahre hinzukommen. Es dauert oft sehr lange, bis Eltern und Kinder mit ihrer Überforderung psychologische Hilfestellung in Anspruch nehmen. Die Eltern-Kind-Beziehung ist jedoch zu diesem Zeitpunkt zumeist bereits sehr belastet.

So haben Studien von Wurmser und Papoušek gezeigt, dass es Zusammenhänge gibt zwischen exzessivem Schreien in den ersten Lebensmonaten und späteren Verhaltensauffälligkeiten wie Fütterproblemen im ersten und zweiten Lebensjahr, Schlafstörungen im zweiten und dritten Lebensjahr sowie erhöhter Ängstlichkeit im Alter von 15 Monaten und täglichen Trotzanfällen im Alter von drei Jahren. Das heißt, dass frühkindliche Regulationsstörungen, wenn sie ein normales Maß überschreiten und nicht gegengesteuert wird, Kommunikations- und Beziehungsstörungen und in späterer Folge Verhaltensauffälligkeiten nach sich ziehen. Interessierten Eltern sei an dieser Stelle weiterführende Literatur von Papoušek empfohlen.

In der vollkommenen Stille
hört man die ganze Welt.
(Kurt Tucholsky)

Stillen

Für viele Mütter ist es ein großer Wunsch, ihre Babys stillen zu können. Sie haben jedoch Angst, dass es damit nicht sofort klappen und das Baby zu wenig Milch bekommen könnte.

Wenn Sie nun den Zauberstab schwingen und sich wünschen, die Füttersituation möge für Sie und Ihr Baby eine befriedigende werden, sei Folgendes gesagt:

Sich in diesen ersten Stunden Ruhe zu gönnen, ist ganz besonders wichtig, wenn es mit dem Stillen klappen soll. Stillen hat eine besondere Qualität in der Mutter-Kind-Beziehung und sollte aus meiner Sicht der Fläschchenernährung unbedingt vorgezogen werden, da dabei Glückshormone ausgeschüttet werden und ein unmittelbarer Körperkontakt gegeben ist. Tipps und Anregungen, was Sie tun sollten, um das Stillen zu ermöglichen, auch wenn es nicht so leicht klappt, erhalten Sie bei Hebammen, Stillberaterinnen und dem Verein La Leche (siehe Anhang).

Abgesehen davon, ob gestillt werden kann oder nicht, kommt es jedoch mehr darauf an, *wie* die Füttersituation gestaltet wird. Wichtig dabei ist vor allem, dass Sie sich voll und ganz Ihrem Baby zuwenden können, mit ihm über Augenkontakt in Verbindung stehen, mit leiser Stimme die wahrgenommenen Gefühle verbal begleiten, Wärme, Sicherheit und Geborgenheit vermitteln. Dieses Matching zwischen Ihnen und Ihrem Kind ist für den Säugling immens wichtig, um sich – über eine kongruente Spiegelung durch Sie als Mutter – seiner eigenen Gefühle gewahr zu werden. Spürt der Säugling Ihre innere Abwesenheit, irritiert ihn das und reagiert er mit Unruhe. Wird die Zeit des Stillens bzw. der Fütterung über das Fläschchen von Ihnen wiederholt nicht dazu genützt, dem Kind Aufmerksamkeit zu schenken, wird dem Baby signalisiert, dass es der Beachtung nicht wert ist. Diese wiederholten Frustrationen führen mitunter dazu, dass sich Säuglinge in sich selbst zurückziehen und nicht mehr auf eine adäquate Reaktion von der Mutter hoffen. So kann es zu einer frühen Bindungsstörung kommen, welche sich später in einer gestörten Beziehung zu anderen äußert.

Die Füttersituation ist eine für die Mutter und das Neugeborene vorerst ungewohnte und manchmal auch schwierige Situation, in welcher sich zum einen die Fähigkeit der Mutter, sich auf das Kind einzustellen, andererseits aber auch die Lernfähigkeit des Kindes zeigt. Beide gewinnen durch Übung an Sicherheit! Wenn es mit dem

Stillen nicht sofort klappt, stressen Sie sich nicht selbst, holen Sie sich Hilfe und Unterstützung, aber lassen Sie sich auch nicht sofort davon abbringen. Stillen ist für das Baby nach wie vor die beste Form der Ernährung. Zudem steht sie jederzeit zur Verfügung, bietet dem Baby den besten Schutz vor Infektionskrankheiten und ermöglicht einen optimalen Kontakt zwischen Mutter und Kind.

Die Natur hat uns Menschen
für das Zusammenleben geschaffen.
(Michel de Montaigne)

Die Paarbeziehung

Männer und Frauen gehen mit völlig unterschiedlichen Erwartungen in diese neue Lebensphase. Bedeutet die Geburt des ersten Kindes für die Frau vor allem eine viel stärkere Auseinandersetzung mit der eigenen Gefühlswelt, der Beziehung zum Kind und dem Partner und dem eigenen Rollenbild als Mutter, so bedeutet die Geburt des ersten Kindes für den Mann vor allem das Ende seiner „Freiheit", die Übernahme von Verantwortung, Pflicht, Weitergabe von Tradition u.v.m. Die Geburt ist ein elementares Erlebnis, das bewusst werden lässt, dass man spätestens ab diesem Ereignis erwachsen ist. Aus einem Paar werden Eltern, womit sich auch die Werte in der Beziehung verschieben.

Wenn Sie nun den Zauberstab schwingen und sich wünschen, neben einer beglückenden Beziehung zum Kind auch eine ebensolche Partnerschaft aufrechterhalten zu können, sei Folgendes dazu gesagt:

Frisch gebackene Eltern berichten sehr oft über extrem starke Glücksgefühle, eine starke Verbundenheit mit dem Partner, aber auch über das Gefühl der Überforderung und den emotionalen Druck, nun möglicherweise den selbst gesetzten oder auch von außen herangetragenen hohen Erwartungen nicht gerecht werden zu können. Es würde den Rahmen dieses Buchs sprengen, würde ich die Bedeutung, ein Kind zu haben, aus der Sicht von Mann und Frau kritisch beleuchten.

Ich hatte das Glück, Julia Onken bei einem ihrer zahlreichen Vorträge persönlich kennen gelernt zu haben und möchte den interessierten Leser/die interessierte Leserin dazu motivieren, sich tiefer in diese Thematik einzulassen und auf der Homepage von Frau Onken (www.juliaonken.ch) nachzuschlagen. Auch vor der Geburt des Kindes relativ unbelastete Paare berichten immer wieder, dass es in den ersten Monaten nach der Geburt des Kindes zu einer Verschlechterung der Paarbeziehung aufgrund der völlig neuen Situation, aber auch aufgrund von kindlichen Regulationsstörungen gekommen ist. Lassen Sie sich dadurch also nicht entmutigen! Viele Paare vor Ihnen hatten die gleichen Probleme und haben es geschafft, ihrer Beziehung eine neue Grundlage zu geben und trotz Elternschaft die Paarbeziehung nicht zu vergessen.

Konflikte zwischen den Eltern wirken sich in allen Entwicklungsstufen negativ auf die kindliche Entwicklung aus. Kinder aus konfliktbelasteten Familien haben ein deutlich höheres Risiko, eine externalisierende Störung wie z.B. Aggression und dissoziales Verhalten auszubilden, wie auch an einer internalisierenden Störung zu erkranken wie z.B. sozialem Rückzug, Ängsten, Depressionen, psychosomatischen Beschwerden.

Mein Tipp:

- Geben Sie sich Zeit und versuchen Sie, für sich herauszufinden, was Sie in dieser schwierigen Phase Ihres Lebens benötigen, um sich gut zu fühlen.

- Sprechen Sie mit Ihrem Partner über Ihre Vorstellungen, Wünsche und Träume und seien Sie offen für die Andersartigkeit der Gefühls- und Erlebenswelt Ihres Partners.
- Nehmen Sie jede Hilfe an, die Sie bekommen können, stellen Sie sich und das Baby in den Mittelpunkt, aber:
- Vergessen Sie nicht, was Sie sich als Paar bedeuten. Ihr Partner kann und sollte für Sie in dieser Zeit eine emotionale Stütze sein, geben Sie ihm die Chance!
- Versuchen Sie, qualitativ hochwertige Zeit miteinander zu verbringen – ohne das Baby.
- Versuchen Sie auch, langsam in diese triadische Beziehung hineinzuwachsen.

Es fühlt sich anfangs sicher ungewohnt an, nun in einer „Dreierbeziehung“ zu leben. Wenn Sie sich aber bewusst machen, dass Sie als Eltern nun für einen längeren Zeitabschnitt eine Einheit bilden, um dieses Kind gemeinsam auf seinem Weg zu sich, zu den anderen und schließlich in die Welt hinaus zu begleiten und dann wieder als Paar eine neue Entsprechung finden müssen, kann Ihnen das hilfreich sein, diese neue Form des Zusammenlebens und In-Beziehung-Tretens nicht als bedrohlich zu erleben. Es kann Sie vor einer allzu symbiotischen Beziehung zu Ihrem Kind, falsch verstandener Partnerschaftlichkeit, vielfach beobachtbarer Rollenumkehr und einer sehr schädlichen Verschmelzung mit Ihrem Kind bewahren.

Wenn Sie darüber mehr erfahren möchten, kann ich Ihnen M. Winterhoffs „Warum unsere Kinder Tyrannen werden!“ empfehlen. Er beschreibt hier zwar ein „Worst-Case“-Szenario, regt aber dazu an, über den emotionalen Missbrauch an unseren Kindern, der uns täglich begegnet, nachzudenken.

Wenn wir bereit sind zu staunen
und uns nicht hinter unserem Wissen verstecken,
oder von Regeln beherrschen lassen,
beginnen wir die Welt neu zu sehen.
(Ulrich Schaffer)

DIE ERFAHRUNG DES SELBST UND DER FÄHIGKEITEN DES ICH

Am Horizont geht die Sonne auf –
Wer Du heute sein wirst, ist nicht festgelegt.
Dein ganzes Leben ist eine große Tür.
Das Abenteuer beginnt.
(Ulrich Schaffer)

Die ersten Lebensjahre

Die ersten Lebensjahre bis hin zur Schulreife sind geprägt von der zunehmenden Erfahrung, ein eigenständiges Selbst zu sein sowie der Entwicklung basaler menschlicher Fähigkeiten.

Mit etwa drei Monaten sollten sich die anfänglichen Probleme mit der Nahrungsaufnahme und dem Schlaf-Wach-Rhythmus gelegt und sich allmählich ein annähernd reibungsloser Tagesrhythmus eingestellt haben. Der Säugling zeigt nun eine gute Lernbereitschaft und kann seine Affekte ein Stück weit selbst kontrollieren. Papoušek spricht in diesem Zusammenhang von einem ersten „biopsychosozialen Schub", der die Regulation auf einer neuen Integrationsebene ermöglicht.

Ihr Baby kann bereits längerfristig Blickkontakt halten, seine Bezugspersonen – etwa mit zwei Monaten – anlächeln und zeigt mit seinem freudigen Vokalisieren Resonanz auf das, was es wahrnimmt. Es kann nun in eine soziale Kommunikation mit seinen Bezugspersonen einsteigen. Hierbei wird von einer vorsprachlichen Kommunikation gesprochen, da Ihr Baby zwar eindeutig mit seinen Bezugspersonen kommuniziert, jedoch noch keine Sprache hat, um sich zu verständigen. Er zeigt mimisch eine hohe Aufmerksamkeit, positive wie auch negative affektive Erregung, je nachdem, ob die Situation angenehm oder unangenehm erlebt wird. Auch mimische und stimmliche Signale der Zustimmung oder Ablehnung, durch immer differenzierteres und nachahmendes Lallen, werden in die zwischenmenschliche Interaktion eingebracht.

Je älter man wird,
desto ähnlicher wird man sich selbst.
(MAURICE CHEVALIER)

Die Entwicklung des ICH – die Bindung an die Hauptbezugspersonen

Sie fragen sich, wie der Aufbau der Bindung an die Bezugspersonen mit der Entwicklung des Selbst in Verbindung steht?

Wenn Sie nun den Zauberstab schwingen und sich wünschen, Ihr Baby möge eine sichere Bindung an Sie aufbauen, mit seiner Gefühlswelt in gutem Kontakt stehen und ein solides Selbstgefühl entwickeln, dann sollten Sie sich mit Folgendem auseinandersetzen:

Die Grundbausteine des Selbstbilds des Babys bilden sich in der Auseinandersetzung mit seiner spiegelnden, emotional verfügbaren – responsiven – Mutter heraus. Ich gehe hier der besseren Lesbarkeit halber davon aus, dass die Mutter – natürlich neben dem Vater, der jedoch zumeist tagsüber weniger verfügbar ist – die Hauptbezugsperson des Babys ist. Natürlich kann diese Rolle im Leben des Babys auch eine andere Person spielen, welche die Pflege und Erziehung übernimmt und sich auf die Entwicklung einer Beziehung zum Kind einlässt.

Ich möchte hier jedoch keinesfalls die Wichtigkeit der Interaktion des Kindes mit dem Vater auch bereits im ersten Lebensjahr schmälern. Seine Responsivität, aber vor allem seine „Spielfeinfühligkeit“ ist ein wichtiger Prädikator für die soziale und emotionale Entwicklung des Kindes. Dennoch ist es in den meisten Familien Realität, dass vor allem die Mutter die Hauptbezugsperson des Kindes in den ersten Lebensmonaten darstellt. Ihr kommt daher eine wichtige Funktion bei dessen Selbstentwicklung zu.

Winnicott hat bereits 1967 die wichtige Spiegelfunktion, die das Gesicht der Mutter für die Entwicklung des Selbst des Kindes erfüllt, beschrieben. Das Spiegeln verläuft in beide Richtungen: vom Kind zur Mutter und von der Mutter zum Kind. Dadurch wird das Selbst des Kindes bereichert und es entdeckt gleichzeitig seine Bedeutung in der Welt. Die Mutter animiert so das Kind, in die Welt zu blicken. Auch Stern sprach davon, dass das „Spiegeln“ der Mutter das Selbstgefühl, die Konturierung des Selbst und eine positive Intimität stärkt.

Was bedeutet nun „Spiegeln“ konkret? Es bedeutet, dass Sie als Elternteil versuchen zu „verstehen“, was Ihnen Ihr Baby durch seine Lautäußerungen, Mimik und Gestik mitteilen möchte. Sie reagieren zumeist ganz spontan auf diese Kommunikation des Babys mit Ihnen, indem Sie dem Baby, was auch immer es auszudrücken versucht, in der gleichen Art und Weise mit Mimik und Gestik, aber auch mit Ihren Worten zu verstehen geben, dass Sie es verstanden haben und auch entsprechend reagieren. Die meisten Eltern tun dies instinktiv. Sie lächeln zurück, wenn ihr Baby lächelt, sie verziehen schmerzlich das Gesicht, wenn das Baby sein Unwohlsein ausdrückt, weil es Blähungen hat. Sie vermitteln so dem erwachenden Selbstwertgefühl Ihres Babys Bedeutung. Ihr Säugling nimmt wahr, wie Sie als Mutter wahrnehmen.

In ihrem 2008 erschienenen Buch „Spiegelbilder“ beschreibt P. Kernberg dies in Anlehnung an Stern folgendermaßen: „Die Art und Weise, wie die Mutter als menschlicher Spiegel ihr Erleben als Mutter, ihre Interaktionen mit dem Kind und mit der äußeren Welt verarbeitet, prägt das Selbsterleben des Kindes, seine Beziehung zur Mutter und seine Beziehung zur Außenwelt."

Das Selbst des Kindes ist also die Summe der Erfahrungen, die es im zwischenmenschlichen Kontakt mit seiner Hauptbezugsperson macht. Diese Erfahrungen verdichten sich im Laufe der Jahre zu Konzepten, die Menschen über sich, ihre Beziehungen zu anderen und dem eigenen Stehen in der Welt haben. Man spricht dann auch über das „Selbstkonzept" einer Person. Es ist daher wichtig, dem Baby konstante und eindeutige Interaktion („Matches") zu ermöglichen, die in Ihrem Kind das Bild reifen lassen, eine wertgeschätzte Person zu sein, die eigene Bedürfnisse und Interessen und ein eigenes emotionales Empfinden haben darf.

Wenn das Baby in den ersten fünf Monaten keine adäquaten „Matches" von seiner Hauptbezugsperson erhält, kann das Gehirn die Hormonproduktion für die an sich neurobiologisch festgelegte Bindungsbereitschaft einstellen. Das Kind kann dann nur sehr schwer Vertrauen in andere Personen aufbauen und verfügt nicht über diese „positive Grundmelodie" und das Urvertrauen, von dem eingangs gesprochen wurde. Da das Baby in dieser „präverbalen Entwicklungsphase" noch keinen sprachlichen Ausdruck für das, was ihm widerfährt, hat, sind emotionale Verletzungen auf dieser Entwicklungsstufe der Sprache nicht zugänglich, prägen aber die Persönlichkeitsstruktur wesentlich.

Emotionale Verletzungen in dieser Entwicklungsphase sind daher auch tiefgreifender und überdauernder als Störungen, die später, in der verbalen Phase der Entwicklung, stattfinden. Existenz- und Vernichtungsängste (Urangst), Psychosen, Autismusspektrumstörungen und Suchtverhalten haben nach Hufnagel und Fröhlich-Gildhoff u.a. in dieser Entwicklungsphase ihre Wurzeln.

In den ersten Monaten taucht beim Säugling bereits eine erste Vorstellung von seinem Selbst auf, die sich bis zum neunten Lebensmonat in einem sogenannten „Kernselbst“ verdichtet. Das Baby kann im Laufe der Monate immer deutlicher zwischen unterschiedlichen Handlungsakteuren unterscheiden und nimmt wahr, dass es mit seinem Verhalten (Schreien, Lächeln, Lallen, ...) bei der Hauptbezugsperson etwas bewirken sowie dass es seine Affekte damit weitgehend kontrollieren kann.

Mit einem Jahr hat das Baby erste „innere Arbeitsmodelle“ durch die vielfältigen Interaktionserfahrungen mit seiner Bindungsperson ausgebildet. Es weiß, „wie der Hase läuft“, wie seine Bindungsperson, seine soziale Umwelt und es selbst „funktionieren“. Es hat Erwartungen bezüglich zukünftiger Interaktionen mit seiner Hauptbezugsperson. Die Erfahrung, dass eigene Handlungen zu gewünschten Effekten führen, Affektsteuerungsversuche wirksam sind und von den Hauptbezugspersonen auch unterstützt werden, ist für Ihr Baby in dieser Phase wichtig.

Diese Entwicklungsphase wird auch die frühkindliche narzisstische Phase genannt, weil das Baby aufgrund seiner Erfahrungen mit der Hauptbezugsperson, die im besten Fall stets verfügbar ist und für die Befriedigung seiner Bedürfnisse sorgt, annimmt, es könne alles und jeden steuern. Bis dahin genießt es absolute Autonomie. Zwischen dem 9. und 18. Lebensmonat bildet sich beim Baby die Gewissheit, ein eigenständiges Selbst zu sein, heraus. Man spricht hier von einem „Subjektiven Selbst“.

Die auftauchende Erkenntnis, dass die Hauptbezugsperson eine von ihm getrennte Person mit eigenen psychischen Zuständen und Interessen ist, löst vielerlei innerseelische Konflikte aus. Man spricht in diesem Zusammenhang häufig von einer „8-Monatsangst“, wenn das Baby „fremdelt“. Störungen in dieser Entwicklungsphase können laut Hufnagel und Fröhlich-Gildhoff zu narzisstischen- bzw. Selbstwertstörungen, Depressionen und schizoiden Störungen führen und sind mitunter Wurzeln für Hysterie.

Kernberg bringt die schwierige Situation für das Kleinkind besonders gut zum Ausdruck, wenn sie schreibt, dass das Kind zuerst das „Einssein“ verliert (Symbiose mit der Mutter) und dann die „Wir-heit“. Es ist aber im „Du“ und im „Ich“ noch nicht sicher verankert. Objektbild und Selbstbild sind nach wie vor austauschbar, was einerseits Faszination, andererseits Angst auslöst.

Am Ende dieser Phase kann es zwischen sich und den anderen unterscheiden und seine Affekte zu sich gehörend erkennen. Dies erfordert von den Eltern Einfühlungsvermögen in die kindliche Befindlichkeit und ein großes Maß an Empathiefähigkeit.

Zwischen dem 18. und 24. Lebensmonat setzt beim Kleinkind allmählich das Selbsterkennen ein. Mit 18 Monaten kann es noch nicht zuverlässig zwischen sich und der Mutter unterscheiden, obwohl es sich der Getrenntheit bewusst ist. In diesem Alter können Kinder, die ihr Spiegelbild im Spiegel sehen, beispielsweise nicht sagen, ob sie sich oder die Mama erblicken.

Das Kind nimmt sich letztendlich als eigenständige Person bewusst wahr und zeigt empathisches Verhalten. Dies ist eine Grundvoraussetzung in der Sprachentwicklung. Ihr Kleinkind benötigt jetzt auch eine klare verbale elterliche Sprache, eine möglichst klare verbale Begriffsabstimmung mit Ihnen als Eltern, die Unterstützung entwicklungsangemessener Begriffsbildung und die elterliche Unterstützung bei der Bewältigung erster sprachgebundener, intrapsychischer Konflikte. Das aktuelle Erleben kann nun auch zunehmend sprachlich symbolisiert werden, wenn Sie Ihrem Baby eine Sprache für sein Empfinden geben.

Das, was in der vorsprachlichen Entwicklungsphase im Selbstkonzept verankert wurde, bekommt nun mit der Erweiterung der Sprache auch eine „versprachlichte Symbolisierung“. Man spricht dann auch von einem „Verbalen Selbst“. Das Kind nennt sich mit etwa zwei Jahren selbst beim Namen. Es spricht von sich allerdings noch in der dritten Person. Störungen in dieser Entwicklungsphase können nach Hufnagel und Fröhlich-Gildhoff zur Verweigerung sprachgebundener Interaktion (Mutismus), einer Tendenz zu depressivem Rückzug, begrifflich „fehlerhaft“ kanalisierten Ängsten (Phobien), extremer Anpassung und auch psychosomatischen Störungen führen.

Erst wenn das Kind mit etwa drei Jahren ein eigenes, von anderen Personen unabhängiges Selbstkonzept entwickelt oder eine Selbstrepräsentanz verankert hat, kann es von sich sagen: „Das bin ich!“ Das, was sich als ICH des Kindes herauskristallisiert, ist die Summe der Selbsterfahrungen über die Beziehung zu Ihnen als Eltern. Die in das Selbstkonzept integrierten Erfahrungen können nicht von den Beziehungserfahrungen losgelöst betrachtet werden. Sie sind ein Teil davon!

Die Bindungserfahrungen, die Ihr Kind in den ersten Jahren macht, sind für die gesamte Persönlichkeitsentwicklung prägend. Die inneren Bilder eines Menschen, die ersten Ideen, sind das Fundament seiner Persönlichkeitsstruktur. Sie können die weitere Entwicklung einschränken, aber auch schützen. Das innere Arbeitsmodell vom eigenen Selbst enthält Vorstellungen darüber, wie akzeptabel man in den Augen seiner Bezugspersonen ist. Erfährt das Kind Ablehnung und Zurückweisung, wenn es versucht seine Pläne umzusetzen und wird es dafür mit Liebesentzug bestraft, setzt sich das Bild fest, für andere nicht liebenswert zu sein, wenn man eigenen Wünschen und Bedürfnissen nachgibt.

Schaffen es Eltern, ihrem Kleinkind durch wertschätzende Erfahrungen in diesen ersten Jahren ein stabiles Selbstbild der eigenen Person entwickeln zu helfen, so ist dieser junge Mensch bereits gegen vielerlei Störungen, die in der weiteren Entwicklung auf ihn treffen könnten, geschützt. Das innere Arbeitsmodell des Kindes macht das Verhalten der eigenen Bezugspersonen einschätzbar. Diese Arbeitsmodelle beeinflussen unser späteres Bindungsverhalten in der Partnerschaft und zu den Familienangehörigen, Freunden und eigenen Kindern. Das primäre innere Arbeitsmodell zur Bindungsgestaltung legt fest, inwieweit jemand Nähe und Sicherheit erwartet, aber auch Nähe zulassen kann und sich selbst der Zuwendung, Liebe und Aufmerksamkeit anderer wert fühlt.

Entwickelt sich eine sichere Bindung an die Eltern, können Kinder in einer emotional verunsichernden Situation, wenn das Bindungssystem aktiviert ist, Zuflucht, Sicherheit und Nähe bei den Bezugspersonen suchen und ihre Gefühle offen mitteilen. Sicher gebundene Kinder haben in der Regel einen besseren Zugang zu den eigenen Gefühlen, können eine direkte, offene Kommunikation führen, sind beziehungsorientiert, haben eine realistische, soziale Wahrnehmung und ein positives Selbstbild. Das Kind ist in der Lage, befriedigende und weniger störanfällige Beziehungen zu Gleichaltrigen aufzubauen, kann sich in eine Gruppe integrieren und Konflikte eigenständig lösen. Ihre Liebe, Zuwendung und Aufmerksamkeit für die Bedürfnisse Ihres Babys/Kleinkindes tragen hier reiche Ernte. Wichtig dabei ist jedoch, dass Sie ganz genau hinschauen, nicht nur mit den Augen, sondern mit Ihrem ganzen Herzen und sich immer wieder ins Gedächtnis rufen, auf welcher Entwicklungsstufe Ihr Kind derzeit steht, was es schon kann, was es in Begriff ist zu lernen und wo Sie es noch begrenzen müssen.

Wenn Du weißt, was Du tust,
kannst Du tun, was Du willst.
(Kalender der Firma MEDITEC *2009)*

Die Entwicklung des eigenen Planens und Wollens

Das Baby kann noch nicht verstehen, wenn Sie ihm ein klares „Nein“ sagen und ihm damit zu verstehen geben, dass Sie sein Explorationsverhalten hier einschränken möchten, weil es sich unter Umständen selbst verletzen könnte oder Ähnliches. Es passt sich Ihren elterlichen Forderungen nur deshalb an, um die emotionale Bindung an Sie nicht zu verlieren, Sie nicht „böse“ zu machen. Es erwartet sich dann jedoch Ihre liebevolle Zuwendung, welche Sie ihm auch unbedingt geben sollten.

Für das Baby ist es wichtig, das Gefühl zu bekommen in seinen Gefühlszuständen verstanden und angenommen zu werden, um Vertrauen zu bekommen, dass die eigenen Gefühle sein dürfen, es eigene Interessen und Bedürfnisse haben darf, dass aber auch die Eltern bestimmte Werturteile hinsichtlich seines Verhaltens haben. Je konsequenter Sie auf ein bestimmtes Verhalten Ihres Kindes reagieren, desto leichter kann sich Ihr Kind mit Ihren Werten und Normen identifizieren und sein Verhalten als „richtig“ oder „falsch“ erkennen.

Wenn das Kind sich mit drei Jahren als eigenständige Persönlichkeit erkennt und ein erstes Konzept seines ICH gebildet hat, beginnt es auch mit der zunehmenden Entwicklung der Sprache, sein eigenes Tun zu planen. Mit dieser Erkenntnis ist jedoch auch die Bewusstwerdung eigener

Wünsche und Bedürfnisse verbunden und das Kleinkind versucht nun, seinen eigenen Willen dem der Umwelt entgegen zu setzen. Landläufig wird von „Trotzalter“ gesprochen, weil aus dem Blickwinkel der Eltern das Verhalten des Kindes eigensinnig wirkt. Die bereits gut eingespielten Regeln des Alltags werden vom Kind plötzlich infrage gestellt, es wehrt sich gegen die Bevormundung durch die Eltern und möchte seine eigenen Pläne durchsetzen.

Da das Kind in dieser Entwicklungsphase mit Frustrationen noch nicht so gut umgehen kann, seine Bedürfnisse noch nicht aufzuschieben vermag, entstehen über den Tag verteilt gehäuft Konfliktsituationen, die wiederum der Sensibilität der Eltern bedürfen, um daraus keine Machtspielchen entstehen zu lassen. Die teilweise heftigen Gefühlsausbrüche in Einkaufszentren, auf dem Spielplatz etc. sind uns allen sicher bekannt. Es ist wesentlich einfacher, es von vornherein nicht zu einem Trotzanfall kommen zu lassen, als diesen wieder in den Griff zu bekommen!

Wenn Sie nun den Zauberstab schwingen und sich wünschen, Ihr Baby möge Lust am eigenen Planen und Wollen entwickeln und erste positive Erfahrungen in der Selbststeuerung machen, sollten Sie bedenken:

Dieses erste Wollen und Planen ist der erste und wichtigste Schritt in der Entwicklung der Selbststeuerung. Wägen Sie daher vorsichtig ab, ob Sie das Wollen Ihres Kindes in der speziellen Situation tatsächlich begrenzen müssen. Versuchen Sie, einen praktikablen Weg zu finden, der es Ihnen ermöglicht, wichtige und notwendige Begrenzungen gegenüber Ihrem Kind in liebevoller Art und Weise durchzusetzen und es andererseits Entscheidungen, die es für sich treffen kann, als solche zu akzeptieren, wenngleich Sie eine andere Lösung bevorzugt hätten.

Lassen Sie mich das kurz erläutern: Wenn sich Ihr Kind in Gefahr begibt, ist Ihre klare und eindeutige Begrenzung als Erwachsener notwendig. Ohne Wenn und Aber! Wenn Ihr Kind sich jedoch dafür entscheidet, an einem warmen Sommertag ein Winterkleid anzuziehen und sich auch nach Ihren Erklärungen, warum dies nicht so gut sei, nicht davon abbringen lässt, lassen Sie Ihr Kind ruhig die Erfahrung machen. (Vielleicht nehmen Sie passende Kleidung mit.) Oder wenn Ihr Kind beim Spielen ist und Sie einen Termin einzuhalten haben, machen Sie Ihr Kind rechtzeitig darauf aufmerksam, dass es nun langsam Zeit ist, das Spiel zu beenden und aufzuräumen, weil Sie in zehn Minuten gehen müssen.

Versuchen Sie mit Ihrem Kind Vereinbarungen zu treffen, die ihm zeigen, dass Sie seine Gefühle und sein eigenes Planen verstehen und auch seinen Unmut respektieren, jedoch gemeinsam ein Weg der Lösung gefunden werden muss. Verzichten Sie dabei jedoch auf langwierige Erklärungen, beschränken Sie Ihre Informationen auf – für das Kind – klar verständliche Aussagen.

Und eines schönen Tages spürst Du genügend Kraft,
Mut und Zuversicht, um Dich von den Fesseln des Zögerns
und der Angst zu befreien und etwas Neues zu beginnen.
(Jochen Mariss)

Die Entwicklung der Autonomie

Wenn Sie nun den Zauberstab schwingen und es Ihnen wichtig ist, dass Ihr Kind nach Autonomie strebt, bedenken Sie:

Bereits im ersten Lebensjahr ist es sehr wichtig, dem Baby die Möglichkeit zu geben, erste „Urheberschaftserfahrungen“ machen zu können und seine Autonomiebestrebungen zu unterstützen! Es muss erleben können, dass es selbst mit seinem Verhalten etwas bewirken kann und der Auslöser für bestimmte Reaktionen seiner Umwelt ist.

Ihr Baby braucht Ruhe und Stimulation mit neuen Reizen in einem ausgewogenen Verhältnis. Babys sind hier sehr verschieden. Sie zeigen jedoch zumeist sehr deutlich, wenn sie müde sind und Ruhe benötigen. Werden diese Signale von Ihnen nicht richtig gedeutet, so beginnt es zu quengeln und versucht sich durch eindeutige Körperbewegungen selbst aus dieser misslichen Lage zu befreien, indem es sich abwendet.

Wenn Ihr Kind mobiler wird und beginnt, seine Umwelt zu erkunden, schwankt es zwischen dem Bedürfnis nach Autonomie und Abhängigkeit und benötigt von Ihnen als Eltern die Unterstützung autonomer Impulse bei zugleich liebevoller Zuwendung, wenn das Kind Schutz und Sicherheit, also einen „sicheren Hafen" sucht.

Reagieren Sie mit der nötigen freudvollen mimischen und verbalen Reaktion, wenn Ihr Baby/Kleinkind etwas Neues eigenständig zusammengebracht hat und unterstreichen Sie es mit eindeutiger Gestik, sodass es sich über das, was es geschafft hat, im Spiegel Ihrer Gefühle freuen kann! Ebenso wichtig ist es, seine Autonomiebestrebungen positiv zu verstärken, indem Sie ihm Ihre Freude darüber zeigen, es aber auch wieder liebevoll in den „sicheren Hafen" aufnehmen, wenn es Zuwendung benötigt. Daneben sollte nicht übersehen werden, dass Ihr Kind nun auch damit beginnt, sich gegenüber seinen Mitmenschen abzugrenzen und seine Affekte angemessen selbst zu kontrollieren. Es braucht darin Ihre Unterstützung und Ihre Begrenzung. Es sollte weder zu einer Unter- noch einer Überstimulierung mit Reizen kommen.

Das zweite und dritte Lebensjahr Ihres Kindes ist geprägt durch das Schwanken zwischen Autonomie und Abhängigkeit von den Bezugspersonen. Die Selbststruktur Ihres Kindes festigt sich und es hat ein klares inneres Arbeitsmodell von den Beziehungen zu seinen Bezugspersonen. Es hat seine motorischen Fähigkeiten ausgebaut und differenziert sie immer weiter. Es hat bereits vielfältige Erfahrungen gesammelt und in sich „symbolisch repräsentiert". Durch seine angeborene Neugierde exploriert es zunehmend seine Umgebung und erprobt seine eigenen Handlungsspielräume.

Entwicklung vollzieht sich immer zwischen den Polen: Wachsamkeit – Schläfrigkeit, Erregung – Beruhigung, Orientierung – Habituation, Zuwendung – Abwendung, Annäherung – Rückzug, Exploration – Rückversicherung bei der sicheren Basis, Selber-Machen-Wollen – Hilfesuche, Autonomie – Bindung.

Wenn Sie als Eltern diese einfachen Regeln befolgen, auf die Signale Ihres Kindes aufmerksam achten und darauf entsprechend reagieren, kommt es wesentlich seltener zu den negativen Regulationskreisläufen, wie sie jeder von uns kennt. Unterstützen Sie liebevoll und konsequent jegliches Autonomiebestreben Ihres Kindes und geben Sie ihm Vertrauen in die eigene Selbstwirksamkeit. Unterliegen Sie nicht der Versuchung, nur weil es schneller geht und das Ergebnis perfekter ist, die Bemühungen Ihres Kindes nach Eigenständigkeit zu untergraben, indem Sie für es Dinge tun, die es bereits selbst kann! Loben Sie Ihr Kind für sein Bemühen, geben Sie ihm klare Aufgaben vor, die es bewältigen kann, ohne es dabei zu über-, noch zu unterfordern. Wie bereits erwähnt, kommt es auf die richtige Dosierung an, um ein Flow-Erlebnis zu produzieren.

Ich bin nur verantwortlich für das,
was mir bewusst ist.
Aber ich bin verantwortlich dafür,
dass mir immer mehr bewusst wird …
(Ulrich Schaffer)

Die Entwicklung des Gewissens

Wenn Sie nun den Zauberstab schwingen und sich wünschen, Ihr Kind beim Aufbau seines Gewissens und der Kontrolle seiner Emotionen bestmöglich zu unterstützen, möchte ich Sie daran erinnern:

Je konsequenter Sie Ihrem Kind im vierten und fünften Lebensjahr Ihre in der Familie festgelegten Werte und Normen vermitteln, desto leichter fällt es ihm, die elterlichen Werthaltungen zu übernehmen, da die sensible Phase der ersten Gewissensbildung in diesem Zeitfenster liegt.

Das Kind verfügt von seinen Anlagen her über destruktive, aggressive Potenziale ebenso wie über konstruktive, prosoziale, welche sich in der Wechselwirkung mit der Umwelt, den vielfältigen Erziehungseinflüssen herausbilden. Durch eine die positiven Potenziale des Kindes fördernde Umwelt entwickelt das Kind eben diejenigen verstärkt, welche es ihm ermöglichen, sich kompetent mit den inneren und äußeren negativen Impulsen auseinanderzusetzen.

Sie als Eltern nehmen bei der Ausbildung des Gewissens eine zentrale Rolle ein. Das Baby und Kleinkind ist anfangs noch nicht in der Lage, mehrere Faktoren einer Situation miteinander in Beziehung zu setzen. Seine Erfahrungen werden auf der Grundlage von sensorischen und sensomotorischen Erlebnissen gemacht, die aber erst später in ein logisches System integriert werden können. Man spricht hier auch von einer Eindimensionalität des Denkens beim Kleinkind. Es erkundet die Welt als körperlich Handelnder, das heißt, das Kleinkind versucht über Probehandeln sich Lösungswege zu erschließen („trial and error“).

In den ersten Jahren lernt Ihr Kind durch Ihre positive Verstärkung seines Verhaltens oder aber durch Ihr ablehnendes Verhalten auf sein Tun und Unterlassen, was Sie als gut und richtig empfinden bzw. was Sie als schlecht und falsch erachten. Anfangs tut das Kind das, was Sie möchten, um Ihre Liebe und Zuwendung nicht zu verlieren. Erst wenn es allmählich der Sprache mächtig wird, kann das Vorschulkind Probleme zunehmend auch über die Kombination sprachlicher Konzepte lösen und Zusammenhänge erkennen.

Später kommen subtilere Bekräftigungsformen dazu und es kann zu einem bestimmten Teil schon die Konsequenzen seines Tuns und Unterlassens abschätzen. Das Kind lernt zunehmend, seine Emotionen zu kontrollieren und seine Bedürfnisse zumindest kurzfristig zurückzustellen, wenn Sie ihm verdeutlichen, dass Sie seine Bedürfnisse wahrgenommen haben und diese auch nicht übergangen werden, selbst dann nicht, wenn es jetzt im Moment nicht möglich ist, ihnen entsprechend nachzukommen.

Um das Kind zu befähigen, seine Impulse zu kontrollieren muss es lernen, seine Handlungen zu planen und die Folgen seines Handelns abzuschätzen. Der Grundstein dafür wird in den ersten Lebensjahren gelegt, indem gemeinsam mit dem Kind Entscheidungen getroffen werden und es darin unterstützt wird, innerseelische Konflikte zu lösen. Die gemeinsame Entscheidungsfindung und mitunter auch Konfliktregelung sollte nie Ihre Beziehung zum Kind infrage stellen! Liebesentzug ist kein adäquates Erziehungsmittel, weil ein Vertrauensverlust die Folge ist.

Im Kindergarten lernt Ihr Kind auch von den gleichaltrigen Spielkameraden, welche Modell- und Vorbildfunktion ausüben. Deren Werthaltungen sind für das Kind wichtige Orientierungshilfen. Dabei ist die Verinnerlichung des „Gewissens“ abhängig von den Umwelteinflüssen, wie auch den kognitiven Strukturen, die sich im Laufe der Entwicklung zunehmend differenzieren.

Ich habe bereits erwähnt und möchte an dieser Stelle noch einmal darauf hinweisen, wie wichtig es ist, dass Sie als Eltern Ihrem Kind Hilfestellung bei der Lösung innerseelischer Konflikte geben, indem Sie diese verbal begleiten und so dem Kind zunehmend für seine Gefühle Worte geben.

Wir sind umgeben vom Mysterium.
In unserem Unverständnis und Staunen
begreifen wir die Welt auf einer
tieferen Ebene.
Wir ahnen ihre Weite.
(Ulrich Schaffer)

Die Entwicklung der Fantasie – das magische Denken des Kindes

Da mir die Förderung der Fantasie als eine innere Kraftquelle, die den Intellekt bereichert, ein wichtiges Anliegen ist, möchte ich auch darauf kurz zu sprechen kommen.

Wenn Sie nun also den Zauberstab schwingen und sich wünschen, Ihr Kind möge sich eine innere, nie versiegende Kraftquelle – die Fantasie – erschließen, sollten Sie Folgendes wissen:

Das Kleinkind hat, wie oben beschrieben, am Beginn seiner Entwicklung nur sich selbst als Bezugspunkt. Es kennt nur seine eigenen Gefühle, Wünsche und Bedürfnisse und kann die Welt nur aus seiner subjektiven Warte aus betrachten. Es kann sozusagen noch nicht objektiv Zusammenhänge erkennen. Es schließt von sich auf die Umwelt und meint dadurch, dass die Umwelt die Dinge so erlebt, wie es selbst. Es kann auch noch nicht zwischen Lebendigem und Leblosem unterscheiden.

Wenn es regnet, weint der Himmel, wenn das Kind sich an einem Gegenstand weh getan hat, ist dieser „böse“. Auch die Puppe oder der Teddy sind für das Kind lebendig und wenn die Puppe ein Bein verliert, ist dies eine Katastrophe für Ihr Kind. Die Puppe muss dann mit liebevoller Zuwendung und ärztlichem Geschick wieder geheilt werden.

Das Vorschulkind ist auch noch ganz im magischen Denken verhaftet. Es hat auch kein Verständnis für naturwissenschaftliche Zusammenhänge und hat seine eigene Fantasie darüber, wie die Dinge funktionieren. Das Vorschulkind kann aufgrund seiner Denkprozesse, die einer ganz bestimmten Entwicklung unterworfen sind, nur magischen Erklärungsmodellen folgen. Dadurch haben Sagen und Märchen, die sich dieser Erklärungsmodelle bedienen und in der Sprache von Symbolen unbewusste Inhalte ansprechen, auf das Vorschulkind immer schon einen bestimmten Zauber ausgeübt. Es fühlt sich von ihnen verstanden und bekommt eine seinem Alter entsprechende Antwort auf seine Fragen. Sie sprechen unser Bewusstes und Unbewusstes an und überlassen es der Fantasie des Kindes, ob es das, was das Märchen als Botschaft bereithält, auf sich selbst beziehen will.

Menschen fühlen sich immer nur von Geschichten und Erklärungsmodellen angesprochen, die den eigenen Gedankengängen, dem eigenen Bild der Welt entsprechen und dieses ein Stück weit bestätigen. Das gibt uns Sicherheit und führt nicht zu einer Destabilisierung unseres Wertesystems, was in uns Bedrohung auslösen würde. Daher finden wir auch immer wieder Erklärungsmodelle, die unser Denken und Handeln bestätigen, wenngleich es möglicherweise ebenso viele Theorien und Erklärungsmodelle geben würde, die diesen widersprechen.

Eine Geschichte hat daher auch nur dann therapeutischen Wert bzw. regt zur Veränderung der eigenen Sichtweise an, wenn sie den Leser dort abholt, wo er gerade steht, seine Sprache spricht und sich seines Denksystems bedient. Das Thema sollte jedoch nicht direkt angesprochen, sondern über Bilder und Metaphern beschrieben werden. Märchen, Metaphern oder therapeutische Geschichten erzählen dem Kind etwas über sein Problem, ohne es direkt anzusprechen und vermitteln ihm implizit, dass es mit dem Problem nicht allein ist. Eine für das Kind wertvolle Geschichte zeigt ihm Möglichkeiten der Lösung des Problems auf, die nicht dem persönlichen Verhaltensmuster des Kindes entsprechen.

Beim Vorlesen von Märchen, Sagen, therapeutischen Geschichten (z.B. „Märchen, die den Kindern helfen") ist jedoch darauf zu achten, nicht der Versuchung zu erliegen, dem Kind zu erklären, warum es von der einen oder anderen Geschichte so fasziniert ist und welche Botschaft es enthält, da Sie dadurch den Zauber der Geschichte zerstören. Der Inhalt der Geschichte spricht das Unbewusste an und wird durch solche Erklärungen jäh ins Bewusstsein gebracht, wodurch Widerstand entsteht und das Märchen seine Wirkung nicht mehr entfalten kann.

Dies gilt generell: Stellen Sie bei Ihrem Kind, wenn es im Spiel eigene Problembereiche bearbeitet, keinen Bezug zur Realität her! Das Kind befindet sich in einer intensiven Spielphase in einem leichten Trancezustand. Es kann im Spiel Probehandlungen setzen, die es im täglichen Leben auf der bewussten Ebene nicht setzen würde. Erst wenn diese in das Selbsterleben des Kindes integriert werden konnten, können sie auch auf der realen Handlungsebene umgesetzt werden. Zudem gilt auch hier wieder das Gesetz der Selbstwirksamkeit: Wir wachsen nur an selbst erfassten und gelösten Problemen, nicht wenn andere sie uns erklärt haben! Eine therapeutische Geschichte, wie auch das Märchen, würdigt die Gefühle, Ängste und Sorgen der Kinder, ohne sie ins Licht der Realität zu zerren und sie kognitiv bearbeiten zu wollen.

Dem interessierten Leser sei an dieser Stelle das nach wie vor berührende Plädoyer Bruno Bettelheims „Kinder brauchen Märchen“ als Nachschlagewerk empfohlen, wenn man sich eine psychoanalytische Sichtweise zum Thema Märchen erschließen will.

Machen Sie mit Ihrem Kind Fantasiereisen, Entspannungsübungen, Imaginations- und Vorstellungsübungen. Lesen Sie mit ihm verschiedenste Kinderliteratur von Anekdoten bis Zaubersprüche, besprechen Sie Bildergeschichten, erfinden Sie gemeinsam ein Endlosmärchen, das Sie fortsetzen können, verschaffen Sie ihm die Möglichkeit, seinen inneren Bildern Gestalt und Farbe zu geben. Assoziieren Sie zu den verschiedenen Gerüchen, Farben oder Tönen. Ihren Ideen sind dabei keine Grenzen gesetzt. Machen Sie Ihrem Kind die verschiedensten Angebote! Es wird Ihnen schnell zu verstehen geben, welche Geschichten es ansprechen und welche nicht, welche Materialien und welche Sinnesebene es bevorzugt.

Glitzerstaub und Funkelperlen, Truhen voller Piratenschätze und Seemannsabenteuer sind nach wie vor der Nährboden kindlicher Träume! Alice im Wunderland und Dornröschen, Dagobert Duck und Robin Hood sind noch immer kindliche Identifikationsfiguren. Wichtig ist nur, dass Sie das, was von Ihrem Kind kommt, niemals bewerten und damit ent- oder überbewerten. Das was es ist, ist es. Nicht mehr und nicht weniger.

Jeder Mensch entwickelt im Laufe seines Lebens sein eigenes Bild von der Wirklichkeit, in der er lebt sowie seine eigenen Fantasien und Gefühle. Es gibt daher kein Richtig oder Falsch. Wenn Ihr Kind seine Wiese rot malt, so ist sie rot und wir müssen uns erst dann Gedanken darüber machen, wenn es grundsätzlich lieber bei Rot als bei Grün über die Kreuzung gehen möchte.

Was ich damit sagen möchte, ist, dass eine Deutung von Zeichnungen niemals nur auf der Grundlage einer einzigen Zeichnung erfolgen darf, sondern, wie es beim Klinischen Psychologen der Fall ist, die kindliche Zeichnung nur ein Diagnoseinstrument unter vielen ist, welche ein Bild von der Gesamtpersönlichkeit des Kindes beim erfahrenen Diagnostiker entstehen lässt. Zudem sollte optimalerweise die Diagnostik prozessorientiert erfolgen, was so viel heißt wie: Ein differenziertes Bild über die Persönlichkeit eines Kindes/Jugendlichen kann ich mir seriöserweise nur durch eine längere Arbeit mit ihm machen. Rasch erstellte Befunde – wie sie leider oft üblich sind – bilden eine Momentaufnahme der Verfassung einer Person ab und bergen immer die Gefahr, vieles nicht oder unzureichend erfasst zu haben.

Da sich viele Pseudofachleute bereits dazu berufen fühlen, Kinderzeichnungen zu interpretieren, möchte ich Sie als interessierte und verantwortungsbewusste Eltern dafür sensibilisieren, allzu leichtfertig erstellten „Diagnosen" über Ihr Kind zu misstrauen.

Nichts wiederholt sich im Leben, auch wir nicht.
Wir tragen eine Fülle von Möglichkeiten in uns,
die realisiert werden wollen.
(ULRICH SCHAFFER)

Die Entwicklung der Sinne, der Bewegung und der Sprache

Ich habe eingangs von sensiblen Phasen in der Entwicklung von Kindern gesprochen. In diesen Phasen zeigt das Kind eine große Sensibilität zum Erwerb bestimmter Fähigkeiten. Es ist besonders interessiert und motiviert und rückt jene Dinge mehr ins Blickfeld, welche ihm die speziellen Lernerfahrungen, die es benötigt, um anstehende Entwicklungsaufgaben zu bewältigen, ermöglichen.

In den ersten Lebensjahren, etwa bis zur Schulreife, steht die Entwicklung der Sinne, der motorischen Fähigkeiten und der Sprache im Vordergrund und das Kind ergreift jede sich ihm bietende Möglichkeit, diese zu trainieren. Es sind daher drei große sensible Phasen, die in dieser Phase der Entwicklung unterschieden werden können.

Wenn Sie also Ihren Zauberstab schwingen und sich wünschen, Ihr Kind möge seine Sinne, seine motorischen Fähigkeiten und seine Sprache voll entwickeln, so lesen Sie hier weiter:

Zeigen Sie Ihrem Kind die Welt und lassen Sie sich von Ihrem Kind die Welt zeigen! Auch hier gilt, dass es sich um eine wechselseitige Interaktion handelt. Eltern müssen feinfühlig darauf achten, ihr Kind einerseits sanft zu stimulieren, es aber auch nicht zu überfordern und einer Reizüberflutung auszusetzen. Wenn Ihr Baby deutliche Signale zeigt, dass es müde ist, sollten Sie diese jedenfalls respektieren.

In meiner Praxis erlebe ich immer wieder Babys und Kleinkinder, die eine regulatorische Unterstützung vonseiten der primären Bezugspersonen nicht ausreichend erhalten haben bzw. das Verhalten des Babys fehlgedeutet wurde und dies zu massiven Schwierigkeiten in der Selbstregulation führte. Daraus entsteht leider sehr häufig ein negativer Teufelskreis zwischen den Bezugspersonen und dem Kind, welcher wiederum dazu führt, dass diese ohnehin bereits „dysregulierten" Babys die intuitive regulatorische Unterstützung bei der Bewältigung der vielfältigen Anpassungsaufgaben weiterhin entbehren müssen. Nicht selten erlebe ich diese Kleinkinder stark ausagierend, mit geringer Frustrationstoleranz, die eigenen Körpersignale kaum wahrnehmend, bis hin zu massiven selbstbegrenzenden und damit auch selbstschädigenden Verhaltensweisen, z.B. Aufbäumen, massives Schreien, Beißen der Eltern, Schlagen des Kopfes gegen die Wand oder den Fußboden. Dem Säugling ausreichend die Möglichkeit zu Ruhe und Schlaf zu geben, ist daher ebenso wichtig, wie ihn im Zustand der Wachheit entsprechend mit angemessenen Reizen zu versorgen.

Für das Neugeborene ist der Körperkontakt wie auch die liebevolle Stimme der Bezugspersonen vorerst die einzige Möglichkeit, sich im Raum zu orientieren und Eindrücke von außen wahrzunehmen, da das Sehen sich anfangs mehr auf die Hell-Dunkel-Wahrnehmung beschränkt. Vertraute Umrisse werden jedoch mit größerer Neugierde verfolgt als andere. Das Gesicht der Mutter wie auch deren Stimme erkennt der Säugling schon nach wenigen Tagen. Stimmliche Äußerungen der Hauptbezugspersonen werden auch schon sehr früh vom Säugling durch eigene Lautbildungen nachgeahmt. Auch motorische Resonanzreaktionen auf körperliche Bewegungen sind schon sehr früh beobachtbar, wie auch verschiedene Geruchsempfindungen bereits kurz nach der Geburt nachgewiesen werden konnten. Auch hier kann der Säugling zwischen dem Geruch der Mutter und jenem von anderen Personen deutlich unterscheiden.

Säuglinge können schon sehr früh auf Reize reagieren, die keiner einzelnen Sinnesqualität zugeordnet werden. Gleichzeitigkeit, räumliche Nähe, Intensität, Dauer und Rate des Auftretens sowie Rhythmus gibt es beim Sehen, Hören und Tasten. Spitzer nennt sie supramodale bzw. amodale Eigenschaften, welche vom Säugling bereits mit wenigen Monaten beachtet werden. Mit der zunehmenden Weiterentwicklung des Gehirns werden aus der einfachen Intensität komplexe Eigenschaften der Welt.

In den ersten sechs Lebensmonaten konkretisieren sich die Reaktionen des Säuglings auf verschiede Sinnesreize und er erschließt seine Umwelt ganzheitlich. Er integriert seine Eindrücke des Sehens, Riechens, Hören, Schmeckens und Tastens. Spitzer vergleicht diesen Prozess mit dem Formatieren der Festplatte, welche mit Inhalten gefüllt wird. Mit diesen kann das Kind dann arbeiten.

In der zweiten Hälfte des ersten Lebensjahrs nimmt die Aktivität des Kindes zu. Die motorische Entwicklung verläuft nach Schenk-Danzinger vom Greifen, über das Halten des Gleichgewichts bis hin zum Gehen. Es zeigt spontanes Neugierdeverhalten, spontane Zuwendung zu neuen Reizen und eine aktivere Kontaktaufnahme.

Motorische Nachahmungsleistungen sind sehr stark mit der neurophysiologischen Reifung verbunden. Das Gehen kann beispielsweise erst dann erlernt werden, wenn die neuromuskuläre Reifung einen bestimmten Grad erreicht hat. Mit etwa sechs Monaten kann das Baby frei sitzen und beginnt zu krabbeln, um sich fortbewegen zu können. Rund um den ersten Geburtstag machen die meisten Kinder ihre ersten Schritte. Die mit den ersten Formen der Fortbewegung gemachten Raumbewegungserfahrungen fördern wiederum die Raumorientierung und die kognitive Entwicklung des Kindes. Das Kind ist dadurch immer besser in der Lage, sich seine Umwelt über die Sinne erfahrbar zu machen, was für das soziale und emotionale Lernen wichtig ist. Im Alter von drei bis sechs Jahren werden die bereits gemachten Lernschritte vervollkommnet und weiter differenziert. Durch die Aktivitäten entwickelt sich auch zunehmend Bewusstsein.

Die psychische und physische Entwicklung verlaufen also Hand in Hand und sind miteinander untrennbar verbunden, was im Übrigen für das gesamte Leben gilt. Der Mensch ist eine biopsychosoziale Einheit! Auch für den Erwerb motorischer Fähigkeiten gibt es sensible Entwicklungsphasen. W. Stangl-Taller beschreibt beispielsweise, dass Erwachsene, wenn sie versuchen, das Fahrradfahren zu erlernen, wesentlich größere Schwierigkeiten haben als Kinder. Der Grund dafür ist laut Stangl-Taller, dass Radfahren eine kontraintuitive Bewegungskontrolle erfordert.

Ähnlich wie bei der motorischen Entwicklung verhält es sich auch beim Erlernen der Sprache: Anfangs absorbiert der Säugling die Sprache und setzt das Gehörte in Beziehung zu dem, was er dazu wahrnimmt, was ihm durch die primären Bezugspersonen dazu gezeigt wird. Der Gehörsinn wie auch die Fähigkeit, Beziehungen zu erfassen, sind mit einem bestimmten Reifegrad der Sprechmuskulatur am Ende des ersten Lebensjahrs die Voraussetzung dafür, dass erste Wörter gebildet werden können. Dennoch, die Reifung allein reicht nicht aus, sie schafft nur die Voraussetzung für den Erwerb der Sprache.

Gelernt werden kann Sprache nur in der Beziehung zu anderen Menschen und auch nur dann, wenn diese ihre Sprache so auf den Entwicklungsstand des Kindes abstimmen, dass Kinder diese erfassen und entsprechend nachahmen können. Das Hören und Sehen spielt beim Erlernen der Sprache eine wesentliche Rolle. Die verschiedenen Wahrnehmungsmodalitäten werden sehr früh im Wahrnehmungsprozess in Beziehung zueinander gesetzt. Übrigens: Zu viele Nebengeräusche, Lärm und Dauerbeschallung durch Fernsehen und Radio machen Kindern das Sprachenlernen schwer, da sie hierbei vor allem durch das Zuhören lernen! Bis zum Schuleintritt können Kinder neben der Muttersprache mühelos noch eine weitere Sprache erlernen, was später doch mit einiger Anstrengung verbunden ist.

Das absolut kritische Zeitfenster zum Erlernen der Sprache liegt etwa zwischen zehn und zwölf Jahren. Ab diesem Zeitpunkt ist es Kindern kaum mehr möglich, sich das Regelsystem der Grammatik anzueignen, wenn sie bis dahin keinen Zugang zu Sprache hatten. Diese Grenzen gelten laut dem „Handbuch Kindheit" der Uni Bremen auch für die Artikulation. Dort wird vermerkt, dass jemand, der vor dem zwölften Lebensjahr in eine fremde Sprachumgebung kommt, relativ akzentfrei lernt, diese Sprache zu sprechen, während später eine fremdartige Betonung bleibt.

Das Kind benötigt viele unterschiedliche Reize, um seine Gehirnzellen zu aktivieren und möglichst viele Verschaltungen herzustellen. Dabei ist es wichtig, alle Sinneskanäle anzusprechen. Auch hier zeigt sich, dass sich die Entwicklung im ersten Lebensjahr in der sozialen und emotionalen Interaktion mit seinen Bezugspersonen vollzieht.

Was der Mensch in den ersten Lebensjahren nicht nützt, geht verloren und kann später nur mit großer Anstrengung gelernt werden. Das Sprichwort „Use it or lose it!" kann als Grundregel unserer Gehirnentwicklung bis ins hohe Alter gelten. Das menschliche Gehirn ist ein Organ, das sich „benutzerdefiniert" entwickelt. Welche Teile stärker entwickelt werden, bestimmt zum einen die Kultur, in der das Kind aufwächst (bei Asiaten sind beispielsweise andere Gehirnareale stärker ausgeprägt als bei Europäern), zum anderen die Förderung, die das Kind erhält.

Neurophysiologisch betrachtet hat das Kind zwischen dem dritten und sechsten Lebensjahr die meisten synaptischen Verbindungen aufzuweisen. Dies sagt jedoch noch nichts über die Leistungsfähigkeit aus. Vielmehr dürfte die Funktionstüchtigkeit der einzelnen Verbindungen zwischen den Nervenzellen über die Leistungsfähigkeit entscheiden. Beobachtungen der Wissenschaftler legen nahe, dass sich die Arbeitsweise der Synapsen bei Lernvorgängen verändern, dass sie sich dabei verdicken und der Informationsfluss dadurch intensiviert wird. Lernen bedeutet für Manfred Spitzer demgemäß die „Modifikation synaptischer Übertragungsstärke".

Die Aktivierung der Sinne sowie die Förderung der sensomotorischen Erfahrungen ist neben der Förderung der sprachlichen Ausdrucksfähigkeit eine wichtige Aufgabe der Eltern in dieser Entwicklungsphase, da das kindliche Bewusstsein und seine Selbstwahrnehmung darüber geprägt werden. Über die zunehmende sprachliche Kommunikationsfähigkeit entwickelt sich ein sprachlich dominiertes Denken. Wen verwundert es, dass Kinder, die einer differenzierteren Sprache mächtig sind, ein wesentlich differenzierteres Denken und eine differenziertere Persönlichkeitsstruktur aufweisen?

Sprechen Sie die Sinne Ihres Kindes möglichst vielfältig im Alltag an. Das Beherrschen eines Musikinstruments muss beispielsweise schon sehr früh erlernt werden, will man herausragende Leistungen erzielen. Trauen Sie Ihrem Kind auch etwas zu und ermutigen Sie es vor allem bei jenen Dingen, die es nicht so gerne tut, auch diese auszuprobieren. Zumeist liegt nämlich gerade in diesem Bereich eine Schwäche vor. Wir alle tun lieber die Dinge, die uns leicht fallen und in denen wir gut sind und uns profilieren können.

Nehmen Sie lieber Rückschläge in Kauf und sehen Sie über Schwächen beim fertigen Produkt großzügig hinweg, als dass Sie es akzeptieren, dass Ihr Kind niemals versucht, ein Bild zu zeichnen, mit der Schere etwas auszuschneiden, eine Tonfigur herzustellen, auf einen Baum zu klettern, sich die Hände schmutzig zu machen, ein Lied zu singen, ...

Beobachten Sie Ihr Kind genau und fragen Sie fachlich geschulte Personen, ob Ihnen im Umgang mit Ihrem Kind etwas auffällt, wenn Sie den Verdacht haben, dass Ihr Kind in bestimmten Bereichen Defizite hat. Nicht jede Meinung ist hilfreich, hören Sie jedoch häufiger bestimmte Dinge, die anderen auffallen – z.B. der Kindergärtnerin oder der Kinderärztin –, so versuchen Sie, diese Informationen in Ihrem Kopf zusammenzufügen und ein Bild in sich entstehen zu lassen.

Viel zu oft erlebe ich bei Eltern, dass solche Informationen, die Eltern generell sicher nicht gerne hören bzw. sie auch beunruhigen abgetan und ins letzte Eck verdrängt werden, bis sie leider so offensichtlich sind, dass es sich nicht mehr um kleine Schwächen, sondern bereits um große Defizite handelt, die dann behandelt werden müssen. Lassen Sie sich nicht immer wieder beruhigen und damit abspeisen, wenn Ihnen gesagt wird, dass sich Vieles „auswächst“ und Sie das Kind durch eine eingehende Diagnostik „stigmatisieren“. Besser einmal zu viel beobachtet, als immer wieder weggeschaut, was leider viel häufiger passiert als Ersteres. Je früher Sie Wahrnehmungsstörungen, fein- und/oder grobmotorische Defizite, Lese-/Rechtschreibschwächen oder eine Rechenschwäche erkennen und mit gezielten Übungen entgegensteuern können, umso leichter sind diese zu beheben oder abzuschwächen.

Menschen lernen am leichtesten über erlebnisorientierte Methoden, da hierbei alle Sinne, die Gefühle und auch das Tun angesprochen werden. Zudem ist das Lernen hier in einen zwischenmenschlichen Kontakt eingebettet. Wenn wir also mit unserem Kind in den Wald gehen, wir ihm die dort verborgenen Schätze zeigen, die Kühle auf der Haut spüren, den Tannengeruch einatmen, den verschiedenen Vogelstimmen lauschen und wir dann die gesammelten Beeren naschen, bekommt unser Kind ein ganzheitliches Bild zum Thema Wald. Wenn wir dann noch gemeinsam Holz sammeln, ein Lagerfeuer machen, gemeinsam singen oder auch eine Nacht im Zelt verbringen, wird es dieses Erleben für den Rest seines Lebens abrufbar haben, weil die Übereinstimmung von Innen und Außen gegeben ist.

Lernen geschieht optimal über das Erfassen mit allen Sinnen, in Bewegung und über zwischenmenschliche Kontakte. Wenn ich daran denke, dass sich in vielen Bereichen bereits das einsame Lernen über den Computer beginnt durchzusetzen, macht mich das sehr unruhig, zumal eindeutig bewiesen ist, dass Lernen nur über Beziehung und am effizientesten durch die Nutzung verschiedener Erlebnisebenen erfolgen kann. Bildschirmerfahrungen stellen eine extreme Verarmung der Erfahrungen des kleinen Kindes dar, stellt auch M. Spitzer fest und geht so weit zu behaupten und wissenschaftlich zu belegen: „Ein Fernseh- oder Video- oder Computerbildschirm ist auch dann für Kinder schädlich, wenn die tollste Kindersendung grade läuft, der schönste Tierfilm oder das intelligenteste Lernprogramm."

Ich möchte Sie an dieser Stelle wiederum daran erinnern, Ihrem Bauchgefühl zu vertrauen, sollte es in den nächsten Jahren wissenschaftliche Untersuchungen geben, die eindeutig belegen, dass wir wesentlich aufnahmefähiger sind, wenn wir zu Hause in der Stille und Einsamkeit mit unserem Laptop kommunizieren!

Den Puls des eigenen Herzens fühlen.
Ruhe im Inneren, Ruhe im Äußeren.
Wieder Atem holen und lernen.
Das ist es.
(Christian Morgenstern)

Die Entwicklung der Konzentration und Aufmerksamkeit

Als Aufmerksamkeit bezeichnet man den Grad der allgemeinen Wachheit. Es ist auch ein Maß für die Gesamtheit der gerade zur Verfügung stehenden geistigen Leistungsfähigkeit. Wenn das Kind seine Aufmerksamkeit auf ganz bestimmte Stimuli richtet, bezeichnet man dies als selektive Aufmerksamkeit. Konzentrationsfähigkeit ist die Fähigkeit, sich auf wichtige Reize zu konzentrieren und unwichtige auszublenden. Die Aufmerksamkeitsspanne des Kindes – seine Wachheit – ist, abhängig vom jeweiligen Entwicklungsstand, noch sehr begrenzt. Wie das Kind die Welt wahrnimmt ist untrennbar mit seiner Fähigkeit, seine Aufmerksamkeit zu bündeln, verbunden.

Der Säugling heftet seinen Blick auf alles, was seine Aufmerksamkeit erregt. Er hat, so Spitzer, eine Rückkehrhemmung. Mit zwei Monaten kann der Säugling sich schnell orientieren und sich einem Reiz zuwenden, kann jedoch seinen Blick nicht mehr davon lösen. Wenn das Baby müde ist, kann es sich nicht so gut konzentrieren. Achten Sie daher darauf, Ihr Kind nur dann zu stimulieren und ihm neue Reize anzubieten, wenn es ausgeschlafen ist.

Wenn das Kind wach ist, sucht es jedoch zunehmend nach Erfahrungen.

Die selektive Aufmerksamkeit führt dazu, dass genügend Kapazität vorhanden ist, sich wichtigen Reizen zuzuwenden, und die Konzentrationsfähigkeit erleichtert es, frühere Erfahrungen in Form innerer Strukturen zur gezielten Steuerung von Wahrnehmen und Denken zu verwenden. Kleine Kinder können sich aufgrund der noch nicht ausgereiften Strukturen ihres Frontalhirns nicht so gut konzentrieren wie ältere Kinder und Jugendliche. Sie sind daher leicht ablenkbar. Es bedarf der Feinabstimmung von Umwelteinflüssen, hormonaler Prozesse und genetischer Faktoren, um seine Aufmerksamkeit bündeln und sich gut konzentrieren zu können.

Das Gehirn ist nicht unbegrenzt aufnahmefähig und daher ist es wichtig, darauf zu achten, worauf sich seine Leistungen richten sollen. Diese Auswahl müssen Sie als Eltern vornehmen, da Ihr Kind diese Selektionsfähigkeit noch nicht hat. Ihr Kind würde, wenn Sie ihm die Möglichkeit geben, Stunden mit diversen Konsolenspielen verbringen, wenn Sie es nicht daran hindern.

Warum das so ist, erklärt vereinfacht Folgendes: Wenn Ihr Kind sich intensiv mit einem Konsolenspiel beschäftigt, befindet es sich in einem hochgradigen Erregungszustand, dabei steigen die Hormonspiegel von Adrenalin und Cortisol. Spielt Ihr Kind stundenlang, ist der Spiegel der Hormonausschüttung langfristig erhöht und das Gehirn des Kindes gewöhnt sich allmählich daran. Es wird süchtig danach und verlangt immer mehr nach dieser „Droge“. Fragen Sie Kinder, ob sie beim Computerspiel Stress empfinden – diese Frage wird sicher durchgängig mit „Nein“ beantwortet. Im Gegenteil, sie meinen, sie würden sich beim Spielen entspannen.

Das ist weit gefehlt, wie neuere Untersuchungen bestätigen! Kinder nehmen die Stressbelastung als solche nur nach einiger Zeit nicht mehr wahr! In Fachkreisen wird bereits davon ausgegangen, dass Computerspiele für das Kleinkind wie auch, über Stunden am Tag genossen, für das Schulkind und den Jugendlichen, eine Art der Körperverletzung darstellen.

In meiner praktischen Arbeit mit Kindern und Jugendlichen nehme ich diese bedenkliche Entwicklung in unseren Familien mit großer Besorgnis wahr. Ich erlebe immer wieder Kinder, die sich mit übermäßigem Konsum von Fernsehen und Computerspielen über mehr Stunden des Tages hinweg beschäftigen als mit anderen Freizeit- und Lernmöglichkeiten. Eltern können, wenn ich sie darauf anspreche, ihre eingeschränkte Erziehungsfähigkeit durch das Erlauben dieser Tätigkeiten zumeist nicht nachvollziehen. Zu sehr haben sie ihre Freizeitaktivitäten, aber auch beruflichen Notwendigkeiten, auf diese Medien abgestimmt und können die Schädigung ihrer Kinder durch diese nicht nachvollziehen.

Dass Kinder erst ihre „Festplatte" formatieren müssen und dies nur durch das Lernen in der dreidimensionalen, angreifbaren, interagierenden, realen Welt können, ist ihnen zumeist nicht klar. Umso wichtiger ist es mir, Sie dafür zu sensibilisieren.

Kinder müssen klare, interne Strukturen erst aufbauen, um die äußere Welt für sich strukturieren zu können. Sie können das, was sie am Bildschirm sehen, noch nicht aufgrund von Vorerfahrungen ergänzen! Bildschirme liefern dem Kind weniger Struktur als die Realität, wodurch Spitzer zu der Aussage kommt, „dass ein substanzieller Konsum von Bildschirm-Medien (...) eine geringere bzw. unklarere Strukturierung des kindlichen Gehirns und damit wiederum der kindlichen Erfahrungswelt nach sich zieht".

Auch hier – wie bei der Entwicklung vom ICH zum DU – verläuft der Prozess von innen nach außen!

Spitzer führt in seinem Buch Untersuchungen an, die zeigen, dass die Wahrscheinlichkeit, dass ein Kind in der Grundschule an einer beeinträchtigten Aufmerksamkeit leidet, umso größer ist, je mehr Zeit diese Kinder im Kleinkindalter (1;8 bis 3;8 Jahre) vor dem Fernseher verbrachten. Diese Kinder sahen im Alter von 1;8 Jahren durchschnittlich 2,2 Stunden fern; die Kinder im Alter von 3;8 Jahren 3,6 Stunden. Ich kenne Familien, in welchen diese Fernsehzeiten überschritten werden!

„Vielsehen“ ist keine, wie Eltern zumeist annehmen, harmlose Freizeitbeschäftigung. Sie führt dazu, dass Kinder laut Spitzer und Myrtek in ihren Schulleistungen nachhaltig beeinträchtigt werden, ihre verbale Ausdrucks-, Lese- und Schreibfähigkeit deutlich hinter der anderer Kinder zurückbleibt, sie sich zumeist schlechter ernähren, sich zu wenig bewegen und zu Fettleibigkeit neigen, was ihre Gesundheit insgesamt beeinträchtigt, die emotionalen Reaktionen, das Denken und die Sicht der Dinge nachhaltig verändert.

Ein ADHS-Kind konnte während seiner Entwicklung weniger klare Strukturen in sich aufbauen und leidet zusätzlich an mangelnder Strukturierungs- bzw. Konzentrationsfähigkeit. Es ist unschwer zu erkennen, welche Probleme aufmerksamkeitsgestörte Kinder haben, sich in unserer Welt zurechtzufinden. Es soll hier jedoch auch nicht unerwähnt bleiben, dass ADHS eine psychische Erkrankung ist, an der die genetische Veranlagung, Sauerstoffmangel bei der Geburt, Umweltgifte und Nahrungsmittelallergien maßgeblich beteiligt sind.

Auch an dieser Stelle möchte ich Sie dazu ermuntern, auf Ihren Hausverstand und Ihr Bauchgefühl zu vertrauen, da diese Sie wesentlich zielsicherer daran erinnern, was für die Entwicklung Ihres Kindes gut ist oder nicht. Sie werden Ihnen auch dabei helfen, weniger den Argumenten mancher Medienpädagogen und Werbefirmen zu vertrauen, die, um ihre Sendungen oder Produkte an den Konsumenten zu bringen, schlichtweg zu unlauteren Strategien und im Notfall auch zu Lügen greifen, um Sie von der Richtigkeit Ihrer Wahl zu überzeugen. So wird Gewalt im Fernsehen und den Computerspielen noch immer nicht eindeutig mit der allerorts zu beobachtenden zunehmenden Gewaltbereitschaft in Verbindung gebracht. Sogar Säuglinge und Kleinkinder werden unreifen Teenies überantwortet, um die Zuseherquoten zu erhöhen, und das alles passiert unter dem Deckmantel der fachlichen Begleitung! Wie es diesen Kindern mit den „Ersatzeltern" ergeht, ist jedoch fraglich. In besagter Sendung werden sogar die Eltern interviewt, die angeben, sie möchten damit bewirken, dass ihr Kind dadurch lernt, sich von ihnen abzugrenzen! Wahnsinn – und die Nation sieht dabei zu!

Eine glückliche Kindheit ist
das schönste Geschenk,
das ein Vater zu vergeben hat.
(PETER E. SCHUMACHER)

Die Entwicklung der Spielkompetenz

Wenn das Baby beginnt, sich aktiver mit seiner Umgebung auseinanderzusetzen, es seine Umwelt durch Greifen „begreift" und erste Ansätze von Spiel beobachtbar sind, ist die Zeit der Väter angebrochen.

Hier ist nun die väterliche „Spielfeinfühligkeit" gefragt, welche eine wichtige Rolle für die Entwicklung sicherer Explorationsstrategien des Kindes bei Herausforderungen spielt. Grossmann & Grossmann beschrieben dies so: „Sie ermöglicht Selbstvertrauen in die eigenen Fähigkeiten, weil sich das Kind auf die Unterstützung eines ‚Stärkeren und Weiseren' verlassen kann, falls es der Herausforderung nicht gewachsen ist."

Das Spiel ist laut Mogel die zentrale Tätigkeitsform des kindlichen Lebens und ebenso wie Essen und Trinken für das Leben des Kindes existenziell. Es ist nach Zulliger „die eigentliche Sprache des Kindes". Über das Spiel erfährt es eine ständige Auseinandersetzung mit sich selbst und der Umwelt. Es findet permanent Identitätsentwicklung statt.

Die kindlichen Spielräume bestimmen das Ausmaß der Persönlichkeitsentwicklung, weshalb Kinder genügend Freiräume benötigen, um diesem existenziellen Bedürfnis nach Kreativität und Spiel nachkommen zu können, und eine „gut ausgestattete", dem Entwicklungsstand des Kindes entsprechende Spielumwelt. Dabei geht es nicht um die Menge des vorhandenen Spielmaterials als vielmehr um die Möglichkeit, das Leben insgesamt über das Spiel zu erfahren und sich die Welt, in der das Kind lebt, erschließen zu können.

Zu früh geschenktes Spielzeug verliert an Spielwert, frustriert Kinder und Eltern gleichermaßen. Science Fiction ist hier ebenso entbehrlich wie die Teletubbies, die mit der realen Lebensumwelt des Kindes nichts zu tun haben. Auch die meisten Konsolenspiele haben nichts mit der realen Lebenswelt des Kindes zu tun. Nicht alles, was sich Kinder aufgrund der permanent überflutenden und Bedürfnisse erzeugenden Werbung wünschen, bringt positive Effekte für ihre Entwicklung.

Spielzeug sollte mehr zum Tun und kreativen Gestalten anregen, als vorgefertigt in die Hände des Kindes gelegt werden, das dann nur noch ein Knöpfchen drücken muss. An solchermaßen gestaltetem Spielzeug verlieren Kinder schnell ihr Interesse, zumal sie damit nicht kreativ auf das Spiel einwirken können. Spielzeug hat dann hohen Bildungs- und Erziehungswert und macht Freude, wenn es die Entwicklung der Bewegung, der kreativen und sozialen Fähigkeiten unterstützt, das Gefühlsleben und Denken des Kindes anregt, das Verständnis für Werte sowie die Sprachentwicklung fördert und Freude am Lernen weckt.

Im Spiel findet Interaktion zwischen Familienmitgliedern, Gleichaltrigen und Freunden statt. Der gemeinsame Erlebnisraum im Eltern-Kind-Spiel stellt einen wichtigen Schutz- und Entwicklungsfaktor dar. Im Spiel können Kinder, wie auch Eltern, gemeinsam neue Erfahrungen sammeln, ihr Durchhaltevermögen, ihre Frustrationstoleranz etwa beim Verlieren trainieren, ihre soziale Kommunikationsfähigkeit und ihr Konzentrationsvermögen schulen, neue Konfliktlösungsstrategien erproben und vieles mehr. Im Spiel findet Kompetenz- und Selbstwertsteigerung ohne äußeres Feedback statt. Es ist zwar schön, wenn Eltern das Spiel ihres Kindes mit Lob und Anerkennung kommentieren, um eine positive Rückmeldung zu bekommen, aber nicht zwingend notwendig.

Wenn Kinder ihr fertiges Werk, z.B. aus Ton, Plastilin, Lego, Holz, Tannenreisig etc., betrachten, spricht dieses Erleben für sich, es benötigt keine zusätzliche Verstärkung durch Außenstehende. Hans Mogel beschreibt noch eine andere Dimension, die des „Probehandelns“ mit folgenden Worten: „In der Gegenwart, im Hier und Jetzt inszeniert das Kind seine in der Vergangenheit gemachten Erfahrungen und nimmt zukunftsweisendes Probehandeln vor.“

Das Spiel hat auch spannungsregulierende Eigenschaften und bietet laut Schmidtchen lustvolle Spannung auf einem mittleren Aktivitätsniveau. Dieses Niveau ist die optimale Voraussetzung für ablaufende Lernprozesse. Spannungsregulierung wird durch ständige Variationen der Spielhandlungen erreicht, was kein Zeichen für Ziellosigkeit ist!

Spiel ist auch für Erwachsene eine Möglichkeit, sich zu entspannen, mit anderen in lustvollen Kontakt zu kommen, für einige Zeit aus dem oft engen Korsett des Alltags auszubrechen und Energie zu tanken. Das Spiel ist demnach eine Miniaturausgabe unseres täglichen Lebens, eine Art „Minimundus“, in welchem in einer angstfreien Umgebung verschiedene neue Verhaltensweisen in geschütztem Rahmen erprobt werden können.

Hoffnung ist eine schöne Erinnerung
an die Zukunft.
(Gabriel Marcel)

Erinnerungen, die bleiben

„Erinnerungen" an die ersten Lebensjahre bleiben lediglich in Form von „Gefühlsspuren" in uns. Erleben Kinder eine liebevolle, sie behütende und förderliche Beziehung zu den Eltern, so entwickeln sie Urvertrauen und können sich der Welt entsprechend vertrauensvoll öffnen. *„Egal ob's draußen stürmt und schneit, für mich scheint immer die Sonne. Ich freu mich schon auf morgen!"*

Erleben Kinder hingegen eine sie emotional vernachlässigende, wenig förderliche Beziehung zu den Eltern, verkümmert das Bedürfnis des Kindes, sich seiner Umwelt mit Neugierde zuzuwenden, es versucht sich selbst zu schützen und verschließt sich gegenüber den wenig liebevollen Erfahrungen, die es mit den Eltern macht, wenn es sich diesen zuwendet. *„Da draußen scheint wohl manchmal die Sonne, aber nicht für mich. Ich weiß nicht, ob ich Lust habe, morgen rauszugehen!"*

Eltern, die für das Kind einmal emotional erreichbar und liebevoll, dann wieder emotional unerreichbar und abwertend sind – also ambivalent reagieren –, sind für das Kind nicht einschätzbar, es entwickelt sich keine stabile Beziehung zu den Bezugspersonen. Das Verhalten der Eltern ist für das Kind nicht vorhersehbar, es kann sich nicht „im Spiegel der Eltern" erleben und entwickelt in Folge dessen auch ein instabiles Selbstbild. Es weiß nicht mit Sicherheit, ob es geliebt wird und welches Verhalten die Eltern von ihm erwarten. *„Die Welt ist einmal sonnig, dann wieder wolkig und manchmal blitzt es sogar. Mal schau'n,* *wie das Wetter morgen ist, vielleicht hab' ich den Mut, rauszugehen!*"

Kinder, die in dieser Altersstufe einem bedrohlichen, misshandelnden Familienklima ausgeliefert sind, verkümmern emotional, ziehen sich von der Außenwelt zurück und zeigen in ihren Gedächtnisspuren eine deutliche Verletzung der persönlichen Integrität. Für solche Kinder hält das Leben keine „Schätze" bereit, die Außen- wie die Innenwelt ist düster und schmerzlich. „*Die Welt, in der ich lebe, ist lebensgefährlich! Wenn ich ganz still bin und mich nicht bewege, vielleicht bemerkt mich dann niemand und ich kann den morgigen Tag überstehen!*"

Wenn Sie nun Ihren Zauberstab schwingen und sich wünschen, Ihr Kind möge sich nach den wichtigsten, es prägenden Lebensjahren emotional gesättigt, geborgen und stark genug für diese Welt fühlen, so bedenken Sie:

In diesem kleinen Wesen ist alles im Keim vorhanden. Sie allein haben es in der Hand, ihm eine glückliche „Grundmelodie" – den wichtigsten Schatz fürs Leben – mitzugeben! Sie können das, wenn Sie es nur wollen. Ich glaube an Sie!

Ein junger Mann erzählte dem Meister,
sein größter Traum sei es, einmal um die Welt zu fahren.
Der Meister fragte ihn:
„Wann möchtest Du Deinen Traum wahr machen?"
„Sobald sich die Gelegenheit ergibt", antwortete der junge Mann.
„Die Gelegenheit ergibt sich nie",
sagte der Meister mit einem feinen Lächeln, „Sie ist da!"
(aus China)

DIE ENTDECKUNG DER WELT

Tausend Meilen beginnen mit dem ersten Schritt!
(AUS CHINA)

Alle ersten Schritte

Die Entwicklung des DU – Die Beziehung zu den „Anderen"

Im Alter von drei bis sechs Jahren tritt das Kind zunehmend aus dem engen Korsett der Familienbeziehungen heraus und knüpft außerhalb der Familie die ersten freundschaftlichen Bande. Die Beziehungen zu den Gleichaltrigen werden immer wichtiger und es muss lernen, soziale Regeln außerhalb der Familie einzuhalten.

Das Bedürfnis nach Exploration steht nun dem Bedürfnis nach Bindung gegenüber und das Kind muss lernen, die Balance zwischen diesen beiden zu halten. Für das Kleinkind ist die Bindungsperson die „sichere Basis", von der aus es seine Erkundungen startet und zu der es wieder zurückkehrt.

Mit etwa drei Jahren – bei manchen Kindern früher, bei anderen etwas später – stehen Neugierde, Spielfreude und Unternehmungslust im Vordergrund, weshalb viele Kinder den Kindergarten oder eine Kindergruppe besuchen, um diesem Bedürfnis nach Kontakt mit Gleichaltrigen und ausreichendem Erlebnisangebot entsprechend nachkommen zu können.

Wenn Sie nun den Zauberstab schwingen und sich wünschen, Ihr Kind möge den Kontakt mit Gleichaltrigen genießen und vielfältige befriedigende Freundschaften schließen, dann bedenken Sie:

Bis zum fünften Lebensjahr sollte Ihr Kind gelernt haben, aus nebeneinander bestehenden dyadischen Beziehungen (Beziehung Mutter-Kind, Vater-Kind) in triadische Beziehungen einzusteigen (Mutter-Vater-Kind) und das Gleichgewicht in diesen halten zu können. Dafür benötigt es wiederum Ihre Unterstützung. Es muss anhand Ihres Verhaltens lernen können, wie man ein solches Beziehungsgleichgewicht halten kann und wie Regulations- und Abstimmungsprozesse in einem solchen Beziehungsdreieck funktionieren. Es ist wichtig, dass Ihr Kind Sie beide als Einheit erlebt. Keiner der Elternteile sollte versuchen, das Kind auf seine Seite zu ziehen oder danach trachten, auf Kosten des Kindes die Beziehung zu stabilisieren.

Und plötzlich weißt du:
Es ist Zeit, etwas Neues zu beginnen
und dem Zauber des Anfangs zu vertrauen.
(Jochen Mariss)

Erste Lebenskrisen? – Kindergarten und Schule

Mit dem weiteren Ausbau von Eigenständigkeit, den ersten eigenen Schritten in die Welt hinaus passiert auch eine erste Ablösung von den Hauptbezugspersonen. Diese löst nicht selten innere Krisen bei Ihrem Kind aus.

Im Gegensatz zu Kleinstkindern, welche noch nicht über ihr Tun reflektieren können, sind Kinder bis zum Schuleintritt durch die allmähliche Ausdifferenzierung ihres Vorstellungsvermögens durchaus in der Lage, über das Hier und Jetzt hinaus zu denken und vorwegzunehmen, was Mama oder Papa in dieser Situation von ihnen erwarten und wie sie/er wohl darauf reagieren würde. Ihr Selbstkonzept ist noch global, beginnt sich aber immer mehr zu differenzieren.

Sie haben auch bereits eine „sichere Bindung“ an die Hauptbezugsperson verinnerlicht, die ihnen hilft, kurze Trennungsphasen von der Bindungsperson, ohne Schaden zu nehmen, zu überstehen und sich der Erkundung der neuen Umgebung zuwenden zu können. Die Spielkameraden im Kindergarten oder auf dem Spielplatz geben unmittelbare Rückmeldung, was für das Kind nicht immer leicht zu verkraften ist.

Erste Konflikte außerhalb des familiären Rahmens müssen ausgefochten werden. Dabei muss des Öfteren noch die Kindergärtnerin vermittelnd eingreifen bzw. eines der älteren Kinder zu Rate gezogen werden, welches bereits in der Lage ist, über die eigenen Wünsche und Bedürfnisse hinaus, auch die Gefühle einer anderen Person zu erkennen. Diese Empathiefähigkeit ermöglicht es Kindern, aber auch Erwachsenen, Konflikte von mehreren Seiten zu beleuchten, sorgfältig abzuwägen und Kompromisse einzugehen. Die älteren Kinder in der Gruppe werden so zu Miterziehern und eine kompetente Kindergärtnerin weiß diese Ressource zu nützen.

Aber nicht nur im Kindergarten ist die Unterstützung einer erwachsenen Bezugsperson mitunter notwendig, um Kinder anzuleiten, wie mit unterschiedlichen Sichtweisen, Bedürfnissen, aber auch verbalen und körperlichen Übergriffen umgegangen werden kann, damit am Ende zwei Gewinner aus einer Auseinandersetzung hervorgehen. Die Hilfestellung der Eltern wie auch der Lehrer und aller anderen mehr oder weniger zufällig bei einer Streitsituation anwesenden Erwachsenen ist mitunter gefragt, wenn Kinder oder Jugendliche aneinandergeraten und aus einer verfahrenen Situation nicht mehr aussteigen können, ohne dass es Verlierer gibt.

Wenn Sie nun den Zauberstab schwingen und sich wünschen, Ihr Kind möge sich bei Auseinandersetzungen als kompetenter Streitpartner erweisen, so bedenken Sie, dass ...

Sie als Elternteil das wichtigste Vorbild im Hinblick auf Streitkultur für Ihr Kind sind und Kinder über sehr viel Reflexionsfähigkeit, was die eigenen Wünsche, Bedürfnisse und Gefühle betrifft, wie auch über Konfliktlösungsstrategien verfügen müssen, um diesem hohen Anspruch zu genügen.

Lassen Sie uns darüber nachdenken, was Ihr Kind leisten muss, um einen Konflikt positiv zu bewältigen:

- Ihr Kind muss in der Lage sein, seine Wünsche und Bedürfnisse zu erkennen und auszudrücken (Mimik, Gestik, Sprache, ...), um sie anderen entsprechend mitteilen zu können.
- Es muss lernen, die erlebten Gefühle, z.B. des Ärgers, des Glücks, der Trauer etc., richtig einzuordnen, zu verbalisieren und mitunter kurzfristig zurückzustellen.
- Ihr Kind muss versuchen, festzustellen, was und warum das andere Kind etwas möchte, und dass das Gewünschte für dieses Kind ebenso wichtig ist wie seine eigenen Wünsche und Bedürfnisse für es selbst.
- Es muss über so viel soziales Denken verfügen, um akzeptieren zu können, dass nun ein Weg gefunden werden muss, damit beide sich nach der Auseinandersetzung gut fühlen können – damit es nicht einen Gewinner und einen Verlierer geben muss.
- Manchmal ist es auch notwendig, in der Lage zu sein, den anderen zu beruhigen und ihn aufzufordern, diesen Konflikt nicht mit Gewalt zu lösen und besser nach einer friedlichen Lösung zu suchen, was sehr viel Mut und Überzeugungsfähigkeit erfordert.
- Es muss über die Grundregeln einer konfliktfreien Kommunikation, die Technik des Verhandelns und Leitens etc. verfügen, wenn es den anderen nicht verletzen und eine „Win-Win"-Situation herbeiführen will.

Das sind Kompetenzen, die Erwachsene in ihren Fortbildungen lernen und üben! Es darf daher nicht verwundern, wenn Kinder und Jugendliche ohne die Unterstützung und Anleitung Erwachsener mit vielen Situationen, welchen sie in Kindergarten, Schule, auf dem Spiel- und Sportplatz etc. begegnen, überfordert sind.

Sie als Eltern sind aufgerufen, in der Erziehung Ihres Kindes darauf zu achten, in einem Klima des Wohlwollens und der Unterstützung eben diese Grundfähigkeiten zu entwickeln. Sie sind der tägliche Seminarleiter, der durch seine Vorbildwirkung erfahrbar macht, wie Konflikte positiv gelöst werden können, wie gewaltfreie Kommunikation wirkt und dass Kompromisslösungen allemal „Win-Lose"-Lösungen vorzuziehen sind, weil sich dann niemand abgewertet und missachtet fühlt. Erziehung muss erlebbar sein, damit sie in das eigene Selbstbild übernommen werden kann.

Ein Kind/Jugendlicher, das/der sich wertgeschätzt fühlt, dessen Meinung zu Hause einen Stellenwert hat, dessen Wünsche und Bedürfnisse respektiert werden, kann seinerseits anderen mit Wertschätzung begegnen, die Meinung anderer anerkennen und deren Wünsche und Bedürfnisse respektieren. Das, was in der eigenen kleinen Welt einen Wert und Gültigkeit hat, wird auch auf die Welt draußen übertragen. Die ersten Schritte in die Welt hinaus sind daher geprägt von der Lebensrealität in der Familie.

Jüngere Kinder orientieren ihr Selbstbild an den Wertvorstellungen und Zielen der Eltern. Das Kind definiert sich stark über seine Fertigkeiten und möchte allen zeigen, was es schon kann. Es möchte das, was es tut, gut machen und erwartet von den Eltern, der Lehrerin oder anderen für es wichtigen Erwachsenen eine positive Rückmeldung.

Bleibt sie aus, wird die Motivation, gute Leistungen zu erbringen, möglicherweise versanden, erfolgt sie in Übermaßen, entwickelt das Kind keine realistische Einschätzung seiner Fähigkeiten und erwartet auf alles gleichermaßen Belohnung.

Wenn Sie nun den Zauberstab schwingen und sich wünschen, Ihr Kind möge aus Eigenmotivation heraus an guten Leistungen arbeiten, ...

... so begleiten Sie die Aktivitäten Ihres Kindes mit Interesse, unterstützen Sie es darin, seine Fähigkeiten auszubauen, aber achten Sie auch darauf, Ihrem Kind keine Ziele vorzugeben, die es erreichen soll, um geliebt zu werden. Verknüpfen Sie elterliche Liebe und Zuwendung nicht mit dem Erbringen von Leistung bzw. bestrafen Sie Ihr Kind nicht mit Liebesentzug, wenn es einmal eine schlechte Note mit nach Hause bringt. In der Regel ärgern sich Volksschulkinder selbst sehr stark über eine schlechte Note. Bieten Sie Ihrem Kind anstelle dessen also Ihre Unterstützung an, damit es bei der nächsten Überprüfung mit seiner Leistung wieder zufriedener sein kann.

Immer wieder erlebe ich Eltern in Sorge, wenn ihr Volksschulkind an sich sehr hohe Erwartungen stellt und mit seinen Leistungen nie zufrieden ist, unabhängig davon, wie gut die Leistung tatsächlich war. Es reicht schon aus, dass die beste Freundin von der Lehrerin mehr Lob erhalten hat oder die Lehrkraft die eigene Leistung nicht besonders hervorgehoben hat.

Ähnlich verhält es sich mit äußeren Merkmalen, die bei sich entweder abgelehnt oder aber gemocht werden, je nachdem, welche Meinung von der „Peergroup“ transportiert wird. Je wichtiger der Vergleich mit Gleichaltrigen wird, desto größer werden die Diskrepanzen zwischen dem selbstreflexiv gewonnenen Selbstbild und dem

„Fremdselbstbild", das mitunter nur aus einer fantasierten Fremdbeurteilung besteht.

Sind die Unterschiede zwischen Selbstbild und „Fremdselbstbild" sehr groß, ist die Selbstwertentwicklung des Kindes/Jugendlichen gefährdet. Um den Schmerz dieser innerseelischen Wunde nicht spüren zu müssen bzw. ihm nicht begegnen zu müssen, schützt sich das Kind/der Jugendliche, indem es/er Gegenstrategien – sogenannte Kompensationsmechanismen – entwickelt. Diese hemmen mitunter die persönliche Entwicklung und können zu psychischen Störungen führen.

Ich bin nicht, was ich sein sollte,
ich bin nicht, was ich sein werde,
aber ich bin auch nicht mehr, was ich war.
(Graffiti)

Die Pubertät

Wenn Sie meinen, Sie hätten nun alles im Griff, Ihr Sohn/ Ihre Tochter geht seinen/ihren Weg, Sie haben Vertrauen in die Selbstentwicklungsfähigkeit Ihres Kindes, die Stabilität der Eltern-Kind-Beziehung und eine Gesprächsbasis, die so manche Konfliktsituation gut meistern lässt, dann lassen Sie sich eines sagen: Das Schlimmste kommt erst! Ich getraue mich das ganz offen zu sagen, denn auch Kinder- und Jugendpsychologen, die um die schwierige Situation Pubertierender wissen, sind nicht davor gefeit, diesem Phänomen, wenn es sie selber trifft, mit einem entsprechenden Maß an Unverständnis und Hilflosigkeit gegenüberzustehen.

Ich kann mich sehr gut in die Trauer, die Bestürzung, mitunter auch Wut, Aggression und alle anderen möglichen Emotionen der Eltern – die durchaus im Wechsel auftreten können – einfühlen, weil ich es selbst nicht für möglich gehalten habe, völlig unvermittelt und ohne Vorwarnung meinem äußerlich zwar noch wenig veränderten, jedoch in seinen Affekten und Handlungen völlig „fremden" Vorpubertierenden gegenüberzustehen. Alles, was vorher in unserer Familie als Regel und allgemeiner Wert angesehen war, wurde nun Ziel endloser Diskussionen und massiver Machtkämpfe, die nicht selten in Schreiduellen oder bitterbösem Schweigen ausarteten.

Ich habe mich nicht selten als „Hexe" der Nation gefühlt und sehnte mich doch innerlich eigentlich nur danach, mit meinem Sohn die bekannte durchwegs harmonische Beziehung wiederherstellen zu können. Doch alles, was ich versuchte, um diese „Harmonie" wieder herzustellen, scheiterte kläglich, ja spornte den Kampf zwischen uns nur noch mehr an. Da ich von meinem Selbstverständnis her meine Verantwortlichkeit für unseren Sohn und dessen „schulische Zukunft", die mir sehr wichtig ist und war, nicht so leicht an einen „unreifen" Zwölfjährigen abgeben konnte, wie dies mein Mann mit größerer innerer Ruhe durchaus zu Wege brachte, zentrierte sich diese Ablösungsproblematik vorwiegend auf diesem Schlachtfeld, bis mir bewusst wurde, dass die Harmonie, wie wir sie hatten, in dieser Form nicht mehr existieren würde.

Sie hatte ganz einfach aufgehört zu sein. Etwas Neues, in seiner Konsistenz noch wenig Greifbares musste entstehen und allmählich Form annehmen. Die Trauer über das, was verloren gegangen war, musste erst wieder mit einer Idee, was es wohl in der Zukunft sein könnte, genährt werden – und plötzlich entstand daraus so etwas wie Hoffnung. Auch die Lust daran, meinen Sohn neu zu erleben, mich in seine veränderte und mir auch ein Stück fremde Welt einzufühlen und mich ihm vertrauend anzuschließen.

Ich weiß nicht, wer mehr Angst hatte bzw. hat – der Prozess ist ja noch nicht abgeschlossen –, er oder ich. Antoine de Saint-Exupery meinte, man müsse Raupen aushalten, wenn man Schmetterlinge kennen lernen will! Ich möchte den Schmetterling kennenlernen, habe ich entschieden und er soll stark und bunt werden und sich die Lüfte erschließen. Er soll keinesfalls am Boden bleiben und all den Gefahren ausgesetzt sein, die ihm zweifelsohne begegnen würden, wenn er es nicht schaffen könnte, seine Flügel gegen den Wind zu stellen und abzuheben.

Dafür braucht er aber unsere Zuversicht, unseren Halt und unser bedingungsloses „Ja“, nicht meine Verzweiflung, meine Wut und meinen Ärger über das verlorene Glück der Kindheit, die uns in reichem Maße beschieden war. Ich kann Ihnen zudem versichern, dass alles, was so plötzlich beginnt, auch wieder ein Ende hat. Warum ich das sagen kann, fragen Sie? Weil ich weiß, dass eine Pubertätskrise eine Pubertätskrise ist, durch die wir gemeinsam hindurch müssen, um „drüben“ heil anzukommen.

Das, was Ihr Kind durch Sie erfahren, lernen und erleben durfte, ist nicht weg, es wird nur neu bewertet, um dann wieder in das eigene Erleben und Verhalten, möglicherweise mit neuen Vorzeichen, integriert zu werden. Die Prioritäten ändern sich und der Jugendliche lernt in neuen Kategorien zu denken, zu fühlen und zu handeln. Dass die Jugendzeit eine schwierigere Entwicklungsstufe ist als die Kindheit und dass es auch in früheren Zeiten schon so war, belegt folgendes Zitat nach Isokrates (436-338 v. Chr.):

„Die Jugend verflacht; anstatt in wetteiferndem Stre-

ben etwas leisten zu wollen, gibt sie sich oberflächlichen Vergnügungen hin, wobei der Sexualtrieb eine bestimmende Rolle spielt; sie kennt keine Zurückhaltung mehr in der Öffentlichkeit, sei es auf der Straße, sei es in Gaststätten niedrigster Art; sie erkennt keine Autorität der Erwachsenen; sie will sich durch Geistreicheleien interessant machen."

Jugendliche haben die Gabe, den Älteren einen Spiegel vorzuhalten, die Werte und Normen, die ihnen in der Kindheit übermittelt wurden, zu hinterfragen, Schwachstellen unseres Denkens und Handelns aufzuzeigen, unsere moralische Verantwortung und wie wir mit ihr umgehen, kritisch zu beobachten sowie Doppelbödigkeiten aufzuzeigen.

Scheich Zaid aus den Vereinigten Arabischen Emiraten soll einmal gesagt haben, die Jugend sei der Reichtum einer Nation! – Möglicherweise hat er dabei an eben diese Rolle der Jugend gedacht. Nie wieder im Leben eines Menschen ist das Denken, Fühlen und Handeln so „frei" und deshalb auch so vehement, emotional und klar wie in diesem Entwicklungsabschnitt. Nie wieder im Leben unserer Kinder machen sie uns deshalb auch so unsicher, hilflos und mitunter auch aggressiv, weil sie unsere Art zu leben infrage stellen.

Dieses Hinterfragen ist aber nicht nur unbequem für uns Erwachsene, sie ist dringend notwendig für unsere Jungen, um selbst ein Bild davon zu bekommen, wer sie sind, wie sie Partnerschaft leben möchten, ob eigene Kinder zum Lebensplan dazugehören sollen oder nicht, welche Berufswahl getroffen werden soll u.v.m. Die Identität des Kindes wird am Ende dieser Phase der Identität eines reifen Erwachsenen gewichen sein. Wenn Eltern versuchen, die „Harmonie" der Volksschuljahre durch autoritäres Elternverhalten aufrechtzuerhalten, behindern sie in Wahrheit die Entwicklung ihres Kindes.

Die Normen und Werte der Elterngeneration unhinterfragt zu übernehmen und sie nicht durch das „kritische“ Denken des Jugendlichen auf seine Gültigkeit für die eigene Person analysiert zu haben, um dann mit neuen Vorzeichen in das eigene Denken und Erleben integriert zu werden, ist kein Zeichen einer reifen Persönlichkeit. Es ist vielmehr Zeichen einer abhängigen, wenig reflektierten und unreifen Persönlichkeit, die sich mit großen inneren Ängsten neuen Entwicklungsaufgaben, der Ablösung und Identitätsfindung stellt. Es ist nichts falsch daran, in die Fußstapfen der eigenen Eltern zu treten, wie sie eine Familie zu gründen, ein Haus zu bauen und einen Mercedes fahren zu wollen. Es sollte nur aus der eigenen Einsicht heraus erwachsen, dass diese Zukunftspläne die eigenen sind. Es muss tief im Innersten gespürt werden, dass „das mein eigener Weg ist und er daher, wie immer er aussehen mag, für mich der Richtige ist“.

Wenn diese mannigfaltigen Entwicklungsaufgaben, die an Jugendliche herangetragen werden, gelöst sind und ein organismisches Empfinden für die Richtigkeit des So-Seins spürbar wird, legt sich auch das Krisengeschehen und eine neue Form der Beziehung zu den Eltern kann entstehen. Als Adoleszenz wird jene Zeit bezeichnet, in der das Kind sich zum Erwachsenen entwickelt. Sie umfasst die Zeitspanne der Vorpubertät (etwa ab dem zehnten Lebensjahr) und Pubertät und reicht bis ins frühe Erwachsenenalter, also etwa bis zur Mitte der „Twentys“.

Die Entwicklungsaufgaben des Jugendalters sind nach Resch et al:

- das Finden der eigenen Identität
- Identifikation

- Selbstwert
- Individualität, Autonomie
- Intimität, Nähe und Distanz
- Selbstbehauptung

Können diese Entwicklungsaufgaben aufgrund akuter Konflikte im Elternhaus, früherer Traumatisierungen, zu vieler Risikofaktoren und zu geringer Schutzfaktoren u.v.m. nicht entsprechend gelöst werden, kommt es zu einer akuten Störung der Anpassung und damit zu einer Adoleszentenkrise. Das Krisengeschehen kann auf verschiedenen Schauplätzen stattfinden, je nachdem, welche Entwicklungsaufgabe nicht entsprechend gelöst werden kann, z.B. als Identitätskrise, Rollenkonflikte, narzisstische Krisen, Ablösungskrisen, Beziehungskrisen, Autoritätskrisen/Rivalitätskrisen. Es ist zudem durch Risikoverhalten gekennzeichnet und weist mitunter psychopathologische Symptome, z.B. jene einer Borderline-Persönlichkeitsstörung, auf.

Resch und Brunner von der Klinik für Kinder- und Jugendpsychiatrie des Universitätsklinikums Heidelberg haben bei ihrem Vortrag auf der Fachtagung „Grenzenlose Jugend – Jugend an der Grenze" 2008 in Linz Jacobson und seine Kollegen zitiert, die feststellten, dass
- 15–20% der Adoleszenten unter klinisch relevanten psychiatrischen Problemen leiden,
- 10,6% der Jugendlichen wegen psychischer Störungen behandelt werden,
- der Anteil an psychiatrisch erkrankten Adoleszenten zunimmt,
- Selbsttötung die dritthäufigste Todesursache darstellt und
- die Suizidraten bei Adoleszenten ansteigen.

Unter Risikoverhalten werden nach Resch und Brunner jene Verhaltensweisen verstanden, „die zwar Selbstwert und Identitätsgefühl steigern, jedoch ein Schädigungspotenzial gegenüber dem eigenen Körper, der Umwelt und der Zukunft besitzen". Jugendliche können generell die Folgen ihres Risikoverhaltens, auch aufgrund ihres noch unzureichend ausgereiften Frontalhirns, nicht entsprechend abschätzen.

Wer kennt sie nicht, die Jugendlichen, die nach „Kampfsaufgelagen" im Krankenhaus eingeliefert werden, selbstverletzendes Verhalten zeigen, an illegalen Autorennen teilnehmen, U-Bahn-Surfen, auf Strommasten klettern, sich sexuell promiskuitiv verhalten, ihre Ernährung so weit reduzieren, bis sie mit lebensbedrohlichem Untergewicht stationär aufgenommen werden müssen usw.?

Neben diesem gesundheitsgefährdenden Risikoverhalten wissen Resch und Brunner aber auch über ein entwicklungsgefährdendes Risikoverhalten zu berichten, welches sich mehr im Rückzug, in Kontaktabbrüchen, Interessenverlust, Abnahme der Leistungsmotivation und einer Veränderung der Lebensgewohnheiten äußert. Dieser Hang Jugendlicher zu Risikoverhalten hat an sich noch nichts „Pathologisches" und ist vielmehr ein Ausdruck des Ringens um Identität und Selbstwert. Wie ein Jugendlicher mit dieser Neigung umzugehen vermag, wie stark er sich vom Druck der Peergroup beeinflussen lässt, ob er das Gespräch mit hilfreichen Erwachsenen sucht etc., hängt von der Erziehung ab, die ihm über alle bisherigen Jahre zuteil wurde, der Tragfähigkeit der Eltern-Kind-Beziehung, den Umgebungsbedingungen u.v.m.

Gefährdete Jugendliche, die bereits aus ihrer frühen Kindheit Defizite mitschleppen, haben nicht die entsprechenden Ressourcen, um diese Gefahrensituationen konstruktiv für die Weiterentwicklung zu nützen. Sie geraten aufgrund ihrer defizitären Affektregulation, ihrer unzureichend entwickelten Kontrolle über die eigenen Handlungen und Impulse sowie der Störung ihrer Selbstregulation – aufgrund von Identitäts- und Selbstwertproblemen – immer wieder in gleiche oder ähnliche Situationen und sind nicht in der Lage, adäquate Bewältigungsstrategien für sich zu erarbeiten. Dadurch kann – vereinfacht dargestellt – ein Teufelskreis in den Beziehungsgestaltungen, die immer wieder in dysfunktionalen Interaktionen münden, entstehen, der den Jugendlichen immer weiter in eine selbstzerstörerische Entwicklung treibt.

Diese Jugendlichen sind laut Weinberger in hohem Maße gefährdet, die Entwicklungsphase der Pubertät nicht unbeschadet zu überstehen, vielmehr an den zusätzlichen Problemen, die ihnen von Seiten der „Baustelle im Gehirn", den erwachenden Hormonen und den von außen an sie herangetragenen Entscheidungen, zu zerbrechen, psychiatrische Störungen auszubilden oder sich zweifelhaften Gruppierungen anzuschließen, um so eine Stütze, ein „Wir-Gefühl" zu bekommen, weil das „Ich-Gefühl" zu viel Unsicherheit und Angst erzeugt und keine zuverlässigen Erwachsenen da sind, die diese Jugendlichen auffangen. Nicht selten endet das altersadäquate erhöhte Risikoverhalten dieser Jugendlichen vor dem Richter, im Gefängnis oder – schlimmstenfalls – auf dem Friedhof. Wie bereits oben beschrieben ist Suizid die dritthäufigste Todesursache Adoleszenter.

Genau in dem Moment,
als die kleine Raupe dachte, die Welt gehe unter,
wurde sie zum Schmetterling.
(unbekannt)

Prinzessin oder Aschenputtel? Prinz oder Frosch?

Zu den wichtigsten Entwicklungsaufgaben der Adoleszenz zählen die *Identitätsfindung* und die *Stabilisierung des Selbstwerts*. Das prinzipielle „Ja" des Volksschulkindes zu seinem Körper, seinen Gefühlen und seiner Identität als Ganzes beginnt in der Vorpubertät zu wanken. Mit dem Übergang von der Volksschule zur Hauptschule bzw. ins Gymnasium ist auch ein Übergang von einer gut bekannten Peergroup, in welcher die eigene Stellung in der Gruppe und die eigene Rolle klar definiert ist, in eine neue, sich erst formierende verbunden. In diesem Zusammenhang tauchen viele Ängste bei Kindern auf.

Viele Schulentscheidungen werden allein aus dem Bedürfnis heraus getroffen, mit zumindest einem vertrauten Menschen, dem besten Freund/der besten Freundin, diese schwierige Situation zu meistern, nach dem Motto: „Gemeinsam sind wir stark!"

Wenn Sie nun den Zauberstab schwingen und Ihrem Sohn, Ihrer Tochter in dieser Übergangsphase hilfreich zur Seite stehen möchten, bedenken Sie:

Mit dem Eintritt in eine weiterführende Schule sind viele neue Erfahrungen verbunden, die erst sortiert, verarbeitet und bewältigt werden müssen:

- Abschied von einem Entwicklungsabschnitt, gegen dessen Ende sich zumeist eine gewisse Stabilität in den zwischenmenschlichen Beziehungen und der Handhabung der an das Kind herangetragenen Anforderungen einnisten konnte.
- Abschied von den Stabilität verleihenden, freundschaft-

lichen Beziehungen und Bindungen an Bezugspersonen und Gleichaltrige.

- Abschied von einer emotionalen, sozialen, kognitiven, aber auch biologischen Balance, die das Volksschulkind erreicht hat.

  An deren Stelle treten:

- Ein ungewohnter, mitunter längerer und gefährlicherer Schulweg,
- ein neues Gebäude, in dem man sich zurechtfinden muss,
- neue Mitschüler,
- neue Lehrer, vor allem viele verschiedene Lehrer in den einzelnen Schulfächern,
- ein völlig anderer Unterrichtsstil,
- ein ungewohnter Umgang mit den Schülern, der die Eigenverantwortlichkeit stärker betont,
- die Beziehung zwischen Schülern und Lehrern ist nicht mehr so eng, Lehrer fühlen sich für ihre Schüler nicht mehr so stark verantwortlich,
- Kinder sollten ihre kleineren und größeren Probleme aus Sicht der Lehrer nun selbst lösen können,
- Hausaufgaben werden nicht mehr aufgeschrieben, die Kinder müssen daher lernen, sich stärker selbst zu organisieren,
- die Schulbücher sind zum Teil in einer Sprache geschrieben, die den Kindern nicht geläufig ist und sie überfordert (Fremdwörter, zu lange Sätze).
- Dazu kommt noch, dass die Lesefähigkeit der Kinder mitunter eingeschränkt ist und sie Schwierigkeiten haben, den Sinn des Gelesenen zu versehen,
- Eltern, die meinen, das Kind müsste nun in der Lage sein, all die neuen Anforderungen selbstständig zu meistern, und sie können sich in der Erziehung und Förderung des Kindes zurücknehmen.

- Neue „Freundschaften“, die erst ausgetestet werden müssen, ob sie sich auch in schwierigen Situationen bewähren oder bereits morgen der Vergangenheit angehören.
- Die Erfahrung, dass die Stellung oder Rolle, die man einst in der Volksschule hatte, nun erst wieder erkämpft werden muss, bzw. in der neuen Gruppe keine Möglichkeit des „Andockens“ an bereits bekannte und bewährte Strategien des zwischenmenschlichen Miteinanders gefunden werden können.
- Die Erfahrung, dass es weh tut, von anderen emotional und/oder auch körperlich verletzt, gemobbt und ausgegrenzt zu werden und mit dieser Erfahrung völlig allein zurechtkommen zu müssen.
- Und und und.

Ich könnte diese Liste noch einige Seiten fortsetzen und ich bin mir sicher, dass Sie aus Ihrem eigenen persönlichen Erfahrungsschatz oder auch dem Ihrer Tochter/Ihres Sohnes hier gut andocken können, wenn ich einfach feststelle, dass dieser Übergang problembelastet und mit vielen Stolpersteinen gepflastert ist. Gerade jetzt benötigt Ihr Sohn/Ihre Tochter Ihre Unterstützung sehr dringend!

Dieses prinzipielle „Ja!“ zur eigenen Person des Volksschulkindes wandelt sich in den ersten beiden Jahren der weiterführenden Schule durch diese neue Erfahrungswelt und die Auseinandersetzung mit der eigenen Person, dem eigenen Können und Wollen, der äußeren Gestalt, der eigenen Leistungsfähigkeit, der Fähigkeit, Freundschaften einzugehen und auch zu halten, zu einem zunehmend fragmentiertem Selbstwertgefühl. Aufgrund zunehmender Selbstreflexionsfähigkeit werden Unterschiede zwischen dem Selbstbild und dem „Fremdselbstbild“ als massive Bedrohung der Identität empfunden.

Zudem haben Vorpubertierende Schwierigkeiten damit, die Emotionen anderer zuverlässig einzuschätzen und ihre eigenen Gefühle einzuordnen. Selbst Jugendliche, die sich ihrer Gefühle in ihrer Kindheit sicher waren, beginnen nun an der Stimmigkeit ihrer Gefühle zu zweifeln. Sabine Weinberger hat bei ihrem Workshop im Frühjahr 2009 festgestellt, dass Neurobiologen herausgefunden haben, dass die Geschwindigkeit, mit der Jugendliche Gefühle wahrnehmen, um 20 % verlangsamt ist! Die Sicherheit weicht daher zunehmend der Unsicherheit. Unbehagen und Angst machen sich breit. Die zunehmende Entwicklung der sekundären Geschlechtsmerkmale hat auch eine massive Auswirkung auf das körperliche Selbstverständnis. Das Körperschema, das einen Teil des Selbstbilds darstellt, muss sich in dieser Entwicklungsphase neu formieren bzw. sich einem permanenten Wandel angleichen, bis die endgültige Gestalt erreicht ist.

Das wirft mitunter große emotionale Probleme und Unsicherheiten auf, zumal das soziale „Echo“ zur Stabilisierung des eigenen Selbstwertgefühls in dieser Entwicklungsphase dringend benötigt wird, um ein stabiles Bild vom eigenen Ich entwerfen zu können. Viele Jugendliche fühlen sich in dieser Phase der Entwicklung in ihrer Haut nicht wohl, empfinden ihr Spiegelbild als unattraktiv, hässlich und ekelerregend. Sie schaffen es oft kaum, sich im Spiegel zu erblicken und an sich etwas Positives zu erkennen. Es ist dann schon sehr viel, wenn sie Einzelheiten ihres Spiegelbildes annehmen und akzeptieren können.

Statt der idealisierten Erscheinung einer Prinzessin, eines Models oder einer glorifizierten Sängerin, sehen sie in sich ein Aschenputtel oder einen pickeligen Teenager, der zu dick, zu klein, zu groß, zu dumm, zu unsicher, zu linkisch, zu ungeschickt, zu ... ist, um geliebt, akzeptiert und angenommen zu werden. Wen wundert es, dass Teenager deshalb mitunter mehr Zeit vor dem Spiegel als vor den Schulheften verbringen?

Der Selbstfindungsprozess Jugendlicher verläuft von außen nach innen, was so viel heißt wie: In der Vorpubertät sind das äußere Erscheinungsbild, das eigene Geschlecht und die Zugehörigkeit zu bestimmten Gruppen (ethnischen, religiösen, Peergroups etc.) sehr wichtig. Die Bewertung anderer ist für den eigenen Selbstfindungsprozess von besonderer Relevanz. In der Pubertät verlagert sich dieser Selbstfindungsprozess mehr nach innen. Die eigenen Fähigkeiten, Interessen und Vorlieben werden nun als charakteristisch für die eigene Identität empfunden, bis schlussendlich eigene Motive, Einstellungen, persönliche Konzeptbildungen u.Ä. an Bedeutung für das Identitätsgefühl gewinnt.

Identität kann als das Erleben einer Einheit des Selbst gesehen werden, was so viel heißt wie: Ich bin die Person, als die ich mich selbst sehe, und ich bin die Person, für die mich die anderen halten. Selbstbild und Fremdselbstbild sind hier ident. Das Selbstkonzept wird im Laufe der Entwicklung immer mehr ausdifferenziert und komplexer. Es konnte festgestellt werden, dass Menschen, die sich selbst als sehr facettenreich beschreiben, weniger physische und emotionale Erkrankungen aufweisen. Jugendliche mit psychischen Störungen zeigen wiederum weniger differenzierte Selbstkonzepte.

Die Identitätsfindung geschieht vorwiegend durch Identifikation, anfangs mit den Eltern, Lehrern oder anderen wichtigen Bezugspersonen, später mit Idolen und idealisierten Menschen. Jugendliche sind ständig auf der Suche nach psychosozialen Experimentierfeldern, sozialen Rollen, in die sie schlüpfen können, nach neuen Werten und Idealen. Bestimmte Anteile einer Person, die sie faszinierend finden, werden dann übernommen und internalisiert, bis sie Teil der eigenen Persönlichkeit geworden sind. Wenn eine Entscheidung zur Übernahme einer sozialen Rolle getroffen wurde, kann nach Marcia von einer erworbenen Identität gesprochen werden.

Die Entwicklung der sexuellen Identität ist für den Jugendlichen ebenso von großer Bedeutung. Das Kind identifiziert sich vorerst mit dem gleichgeschlechtlichen Elternteil und übernimmt dessen geschlechtsspezifische Verhaltensweisen. Erst später, in der Adoleszenz, erfolgt eine Geschlechtspartnerorientierung, d.h. die Ausrichtung der erotischen und sexuellen Fantasien zum anderen oder eigenen Geschlecht, wobei hier angemerkt werden darf, dass sich homosexuelle Jugendliche unter dem sozialen Druck, den vorgegebenen Geschlechterrollen entsprechen zu müssen, oft sehr einsam fühlen und ob ihrer Gefühle verunsichert sind. Manche Jugendliche halten diesen innerseelischen Spannungen nicht stand, werden depressiv oder flüchten aus dieser Ausweglosigkeit mit einem Suizid.

Wenn Sie nun den Zauberstab schwingen und Ihrem Jugendlichen helfen möchten, diese schwierige Entwicklungsphase für die eigene Identitätsfindung bestmöglich nützen zu können, sollten Sie Folgendes bedenken:

Versuchen Sie Akzeptanz für die Exploration Ihres Jugendlichen aufzubringen und zeigen Sie Verständnis für das Ausprobieren verschiedener sozialer Rollen sowie sein Interesse an anderen Werthaltungen und Ideologien.

Nehmen Sie sich Zeit und versuchen Sie nicht zwingend über das Gespräch Einblick in seine Gedankenwelt zu erhalten, nützen Sie die speziellen Interessen Ihres Jugendlichen! Sie erfahren eine Menge über seine derzeitige emotionale Befindlichkeit und seine Denkmuster, wenn Sie die Texte der Lieblingsband genauer hinterfragen, die selbst geschriebenen Gedichte oder Zeichnungen auf sich wirken lassen, Informationen über die Peergroup sammeln, der ihr Jugendlicher möglicherweise angehört etc.

Die meisten Jugendlichen finden Ausdrucksmöglichkeiten oder Ventile, über die sie ihre inneren Spannungen ablassen können. Nur wenige Jugendliche zeigen über das Gespräch die Bereitschaft, in ihr Innerstes blicken zu lassen. Versuchen Sie empathisch und wertschätzend mit der Gesamtpersönlichkeit Ihres Sohnes/Ihrer Tochter, die in Wandlung begriffen ist, umzugehen. Bleiben Sie dennoch in Ihrer Beziehungsgestaltung kongruent. Geben Sie Orientierung, indem Sie Ihre Einstellung, Ihre Gefühle und Ihre Sichtweise mitteilen, ohne jene Ihres Jugendlichen abzuwerten.

Gewähren Sie Ihrem Jugendlichen jedenfalls den nötigen Rückhalt und Schutz, wenn er ihn nötig hat. Begehen Sie keinen Vertrauensbruch, indem Sie intime und seine Integrität verletzende Dinge weitererzählen, ohne sich vorher zu erkundigen, ob es für ihn/sie in Ordnung ist, wenn Sie dies weitererzählen. Stehen Sie auf der Seite Ihres Kindes und betonen Sie seine Stärken, wenn andere versuchen, nur seine Schwächen zu sehen. Jeder Mensch ist mehr als die Summe seiner Teile!

Mahnen Sie sich zur Geduld und suchen Sie für sich geeignete Möglichkeiten, mit dieser neuen und schwierigen Lebensphase stressfrei und konstruktiv umzugehen. Manchmal hilft eine gezielt eingesetzte Auszeit oder ein Erfahrungsaustausch mit einer Person Ihres Vertrauens.

Manchmal ist es aber auch notwendig, sich Rat und Hilfe bei einer Psychologin zu suchen, die das Problem mit der notwendigen emotionalen Distanz betrachten und vor dem Hintergrund ihrer Ausbildung und beruflichen Erfahrung einschätzen kann, ob das Verhalten Ihres Jugendlichen einer therapeutischen Begleitung bedarf oder aber eine Beratung der Eltern ausreichend ist.

Unsere Generation ist verloren,
wenn das unerhörte Tun unserer
jüngeren Generation so weitergeht!
(Worte einer 4000 Jahre alten Tafel, die bei Ausgrabungen der
Stadt Ur in Südbabylon gefunden wurde)

Achtung: „Baustelle im Gehirn!"

Das jugendliche Gehirn gleicht, im Gegensatz zu dem des Erwachsenen, einer Baustelle, wie uns Neurobiologen immer wieder versichern. Jugendliche in der Vorpubertät haben ein anderes Rechts- und Unrechtsbewusstsein als Erwachsene. Sie folgen dem Schema: Zahn um Zahn! Wie du mir, so ich dir! Du verletzt mich emotional, ich verletze dich emotional! Mal sehen, ob du dann kapierst, wie's mir dabei geht!

Sie haben zum Teil noch kindliche Sprachstrukturen und können beispielsweise nicht erkennen, wenn sie ein anderes Kind bedrohen, z.B. in der Art: „Warte nur, wenn wir uns am Freitag alle zusammensetzen, wer dann Recht behält!" – „Ist das eine Drohung? Es ist aber doch die Wahrheit!" Sie können nur über konkrete Sinneserfahrungen ihre innere Welt strukturieren und verändern, nicht so sehr über kognitive Prozesse. Warum das so ist, erklären uns Neurobiologen, die in jahrelanger wissenschaftlicher Arbeit immer mehr Erkenntnisse darüber gewinnen, wie unser Gehirn funktioniert und wie es sich entwickelt.

Barbara Strauch, Wissenschaftsredakteurin in New York, hat diese Forschungsergebnisse zusammengetragen und in ihrem Buch „Warum sie so seltsam sind" veröffentlicht. Ich möchte Ihnen hier einige der Erkenntnisse mitteilen, weil sie von immenser Bedeutung im Umgang mit unseren Jugendlichen sind: Das Frontalhirn, der Sitz der Vernunft, des Urteilsvermögens und des planerischen

Handelns, entwickelt sich von der Kindheit an bis ins frühe Erwachsenenalter. Das sind Areale der Großhirnrinde, die erst später in der Evolution hinzutraten. Auf ihren Funktionen beruhen die komplexen kognitiven Leistungen, die beim Menschen ihre höchste Differenzierung erreicht haben. Hierzu zählen die Fähigkeit, die eigene Existenz in der Zeit zu begreifen, Handlungen aufzuschieben und von vorausgehenden Überlegungen abhängig zu machen, ein Konzept vom eigenen Ich zu entwickeln und sich in soziale Wertgefüge einzuordnen. Ungefähr mit dem Einsetzen der Pubertät erlebt das Gehirn einen Wachstumsschub, vor allem in diesem vorderen Teil des Gehirns.

Aber nicht nur im Frontalhirn kommt es in der Pubertät und darüber hinaus zu großen Veränderungen, auch in anderen lebensnotwendigen Gehirnarealen, wie z.B.

- dem Hippocampus (einem der wichtigsten Areale, in denen das Gehirn neue Erinnerungen einordnet),
- dem Gyrus cingulatus (für Gefühle zuständig),
- in den Spracharealen, dem Wernicke-Zentrum (es hilft uns, Sprache zu verstehen und uns verständlich auszudrücken, wie auch den Tonfall und andere emotionale Färbungen der Sprache zu erkennen) und dem Broca-Zentrum (verantwortlich für Wortfindung und Artikulation),
- dem Gehirnbalken (der zwei verschiedene Sichtweisen auf die Welt zusammenführt) und
- im Scheitellappen (für das logische Denken wichtig)

kommt es u.a. zur Vervollkommnung der Verknüpfungen und zu einer fortschreitenden Myelinbildung.

Diese zunehmende Myelinbildung ist nach Ansicht von Thompson (nachzulesen im Buch von Stauch) dafür verantwortlich, dass Teenager eine zunehmende Vervollkommnung auf den höheren sprachlichen Funktionsebenen erfahren, wodurch sich die Formulierung, die

Strukturierung und emotionale Färbung des sprachlichen Ausdrucks verbessert. Diese zunehmende Myelinbildung des Gehirns bewirkt auch, dass Kinder etwa ab dem siebenten Lebensjahr zunehmend in der Lage sind, logisch zu denken.

Die elektrische Ladung, die ein Reiz im Gehirn auslöst, wird in einem Myelin-umhüllten Axon über hundert Mal schneller transportiert als in einem Nervenzellfortsatz ohne eine solche Isolierschicht. Diese Forschungsergebnisse sind faszinierend und geben eine mögliche Erklärung, warum es Teenagern so schwer fällt, ihre Alltagsaufgaben zu erfüllen, ihre Hausaufgaben nicht zu vergessen, einen Aufsatz zu schreiben und die Sprache in den Schulbüchern zu verstehen.

Es könnte aber auch eine Erklärung für das Auf und Ab der Gefühlswelt des Jugendlichen sein. Strauch zitiert hier Dr. Francine Benes: „In der Kindheit und frühen Jugend sind emotionale Erfahrungen und kognitive Prozesse nicht sonderlich gut verknüpft. Deshalb neigen wir zu impulsiven Handlungen, die kaum in einem Zusammenhang mit dem eigentlichen Geschehen zu stehen scheinen!"

Die Myelinbildung schreitet übrigens bei Mädchen rascher voran als bei Jungen, was einer der Gründe für die geschlechtsspezifische Entwicklung der Jugendlichen darstellen könnte. Mädchen zeigen wesentlich früher eine gewisse emotionale Reife.

Dr. Francine Benes: „Die Myelinbildung der Leitungsbahnen, diese allmählich immer festere Verpackung, könnte einer der Gründe sein, warum Teenager nach und nach zu reiferen Verhaltensweisen in der Lage sind, ihre Impulse besser unter Kontrolle halten können und mehr Konzentration und Aufmerksamkeit entwickeln." Das Teenagergehirn ist während dieser Umstrukturierung sehr empfindlich und verletzlich, weshalb eine Dauerberieselung durch Gewaltvideos, hohe Stressbelastung bei Konsolenspielen, vor allem noch dazu mit gewalthältigen, aggressiven Inhalten, aber auch der übermäßige Genuss von Alkohol und Drogen wahrscheinlich gerade in dieser Entwicklungsphase nachhaltige Schäden provozieren können.

Da nicht sicher ist, ob diese zunehmende Myelinbildung auf ein genetisches Programm zurückzuführen ist oder aber durch die Nutzung der Nervenbahnen vorangetrieben wird, gilt weiterhin: Nur wer sein Gehirn entsprechend programmiert, kann es entsprechend differenziert benutzen! Barbara Strauch zitiert in ihrem hervorragenden und sehr empfehlenswerten Werk Harry Chugani, der meinte, dass die Teenagerjahre durchaus an die entscheidenden ersten beiden Lebensjahre heranreichen, da in dieser Entwicklungsphase eine ähnliche „Unordnung" im Gehirn herrscht. Er meinte auch, dass die erstaunlichsten Verhaltensänderungen in diesen beiden Phasen zu beobachten wären und dies wohl kein Zufall sei.

Wissenschaftler haben übrigens herausgefunden, dass Selbstbeherrschung und Selbstdisziplin für den schulischen Erfolg wesentlich wichtigere Kriterien sind, als Intelligenz. Seine Impulse zu kontrollieren, Bedürfnisse aufzuschieben oder einfach nur daran zu denken, dass am nächsten Tag eine Stundenwiederholung ansteht oder eine lange aufgeschobene Hausaufgabe abgegeben werden muss, fällt unseren Jugendlichen aber gerade in diesem Entwicklungsabschnitt aufgrund der Umbauarbeiten des Gehirns sehr schwer. Positiv daran ist die Hoffnung, dass sich im Laufe der Pubertät, bis hinein ins frühe Erwachsenenalter, die Mehrzahl dieser Probleme wie von selbst löst, einfach deshalb, weil das Gehirn gereift ist.

Wie sonst wäre zu erklären, dass die Menschheit bisher noch nicht ausgestorben ist! Diese Erkenntnis sollte immer mitbedacht werden, wenn Jugendliche im 21. Jahrhundert es noch immer schaffen, uns durch ihr manchmal träges und teilnahmslos wirkendes Verhalten oder aber ihre impulsiv, streitlustigen Ausbrüche, ihr mitunter riskantes und die Grenzen unseres Rechtssystems auslotendes oder chaotisches Verhalten zur Weißglut zu bringen!

... In mir ist alles aufgeräumt und heiter:
Die Diele blitzt, das Feuer ist geschürt.
An solchen Tagen erklettert man die Leiter,
die von der Erde in den Himmel führt.
Da kann der Mensch, wie es ihm vorgeschrieben,
– weil er sich selber liebt – den Nächsten lieben...
(MASCHA KALÉKO)

Die Entdeckung der Liebe

Kindliche Sexualität unterscheidet sich von der reifen Sexualität Erwachsener. Die kindliche Sexualität ist „allsinnlich“, was so viel heißt wie: Alle Körpererfahrungen des Kleinkindes werden als lustvoll erlebt. Das Lustempfinden des Säuglings ist auf den Mund zentriert und es wird daher auch von der „oralen“ Phase der kindlichen Entwicklung gesprochen. Das Saugen an der Brust der Mutter, aber auch die Nahrungsaufnahme später, bringt dem Baby Gefühle der Zufriedenheit und des Wohlbefindens. Die ersten Welterfahrungen über den eigenen Körper werden aus der Interaktion mit den Bezugspersonen gewonnen.

In der „analen“ Phase, das ist klassisch die Phase, in der Kinder das Sauber-Werden trainieren, beziehen sie Lustgewinn durch das Zurückhalten der eigenen Exkremente. Es entwickelt sich mitunter ein Machtspiel zwischen Eltern und Kind, wenn dieses spürt, wie wichtig Ihnen das Hergeben, also das Sauber-Werden ist.

In der genital/phallischen Phase entdecken Kinder ihr eigenes Geschlecht. Ihre Erkundungen sind uns bekannt als „Doktorspiele" oder auch Rollenspiele, in welchen sie verschiedene Rollen einüben. Sie entdecken gegenseitig ihre Körper, zeigen keine Scham oder Furcht bei und vor der Berührung. Es sollte ein Spiel unter Freiwilligen sein, ohne Machtgefälle. Erleben Sie als Eltern, dass Kinder in diesen Spielen gleichsam „stecken bleiben", ihr Kind wiederholt in Gegenwart anderer onaniert oder die Spiele den Freiwilligkeitscharakter verlieren, ist es notwendig, adäquate Grenzen vonseiten der Eltern zu setzen. Es liegt an Ihnen, soziale Normen ins Spiel zu bringen, Ihrem Kind zu verdeutlichen, dass seine Gefühle in Ordnung sind und gemeinsam mit ihm einen Raum zu suchen, wo es diese Gefühle ausleben kann.

Kinder sollten bereits in dieser Entwicklungsphase lernen, sich gegenüber Grenzverletzungen anderer mit einem deutlichen „Nein" zur Wehr zu setzen und die eigenen Bedürfnisse aufzuschieben. Im Falle exzessiver Selbstbefriedigung Ihres Kindes erscheint es mir auch notwendig, sich zu fragen, welche Bedürfnisse das Kind hier auslebt bzw. welche Probleme hinter diesem Verhalten stehen könnten.

Die nächste Phase der Entwicklung nannte Freud die „Latenzzeit" – eine Zeit, in der die Sexualität aus Sicht Freuds in den Hintergrund tritt. Was heute so viel heißt wie: Sie wird nicht mehr so offen gelebt wie in der Zeit davor. Mit dem Erleben der Zugehörigkeit zu einem bestimmten Geschlecht ist auch die Scham erwacht. Das bedeutet aber nicht, dass Kinder in dieser Zeit keiner sexuellen Entwicklung unterliegen. Im Gegenteil, eine qualitative Veränderung findet statt: Die kindliche Sexualität verliert ihre egozentrische Qualität und richtet sich zunehmend auf andere. Sie verliert auch allmählich ihre

„Ganzheitlichkeit“ und bekommt eine genitale Orientierung.

„Mama, die V. hat mich während des ganzen Unterrichts heute ganz verträumt angeguckt. Meinst Du, sie mag mich?“

„Kannst Du mir sagen, warum die T. alle Mädchen, mit denen ich mich unterhalte, so mit ihrem stechenden Blick von der Seite her anschaut? Meinst Du, dass sie eifersüchtig ist?“

„Papa, glaubst du, dass dem M. meine neuen Haarsträhnen auffallen?“

„Mama, bitte nimm mir heute das neue Axe mit, auf das die Mädls in der Werbung so fliegen!“

Sie meinen, diese Sätze stammen von 14-Jährigen? Weit gefehlt! Diese Sätze habe ich bereits von „Kindern“ in der dritten Klasse Volksschule gehört. Es entsteht hier eine deutliche Diskrepanz: Einerseits tun sich Eltern mit der Sexualität von Grundschulkindern schwer, weil sie diese schon an ihre eigene Sexualität erinnert, andererseits spüren Eltern, dass sie sich doch auf einem anderen „Erlebnisschauplatz“ abspielt. Durch den nahezu uneingeschränkten Zugang zu Internet, jeglicher Art von Printmedien, TV- und Videofilmen werden Kinder bereits sehr früh mit Themen konfrontiert, die sie überfordern und mit denen sie aufgrund ihres tatsächlichen Entwicklungsstands kaum umzugehen vermögen.

Eltern gehen – im Gegensatz zu früheren Generationen – mit dem Thema Sexualität heute mitunter sehr freizügig um. Ich erlebe sehr häufig, dass Eltern mit gewissem Stolz in der Stimme berichten, wenn ihr Volksschulkind versucht, MitschülerInnen des anderen Geschlechts durch aufreizende Kleidung, Accessoires, bestimmte Hairstyles oder das neueste Handy zu beeindrucken.

Ich habe intensive Diskussionen mit einer durchaus

gebildeten und modernen Mutter geführt, die der vollen Überzeugung war, dass ein abonniertes Bravo-Heft eine durchaus passende Lektüre für ihr damals neunjähriges Mädchen sei. Sie meinte allen Ernstes, dass das Mädchen sich in diesem „nur" Anregungen für ihr Styling holen und über das Leben der Stars nachlesen würde. Über die sehr eindeutigen, farbig gestalteten Sexszenen und Tipps zweifelhafter Fachleute würde sie hinwegblättern. Ich bezweifle nicht, dass das Mädchen in Anwesenheit der Mutter aus Schamgefühl diese Seiten überblätterte, doch bin ich mir sicher, dass sie in ihrem Zimmer diese Seiten sehr genau studierte und dann mit ihren auftauchenden Fragen alleine war.

Kinder dieser Altersstufe haben ein normales Schamgefühl und Eltern sollten das respektieren. So wie kleine Kinder – und auch viele Erwachsene – gerne im Sommer nackt baden, verweigern Kinder spätestens mit etwa neun Jahren, sich zum Baden öffentlich nackt zu zeigen, selbst dann, wenn im Elternhaus eher freizügig mit Nacktheit umgegangen wird. Diese erwachende Schamhaftigkeit muss unbedingt respektiert werden.

Ich halte es auch für entbehrlich, Kinder in der Grundschule mit „doppelbödigen" Botschaften zu irritieren. Kinder spüren, ob eine Aussage ernst gemeint ist oder ob sie eigentlich geneckt werden. Gegengeschlechtliche Freundschaften in der Grundschule haben etwas sehr Reines, Tiefgründiges und Inniges und sollten von den Eltern keinesfalls mit ihren eigenen Vorstellungen über gegengeschlechtliche Freundschaften überlagert werden.

Wenn Sie nun den Zauberstab schwingen und sich wünschen, Ihr Kind möge sich in einer gegengeschlechtlichen Freundschaft wohlfühlen, so bedenken Sie:

Gegengeschlechtliche Freundschaften in der Grundschule haben nichts mit Sexualität – wie Erwachsene sie verstehen – zu tun! Erst die unpassende und unreflektierte Reaktion der Erwachsenen macht daraus etwas Unmoralisches und Sexualisiertes. Negative oder anzügliche Äußerungen zu solch einer Freundschaft verletzen und verwirren Ihr Kind. Wenn Sie merken, dass Ihr Kind tiefe Gefühle für ein andersgeschlechtliches Kind hegt, so freuen Sie sich besser mit ihm und beantworten Sie seine Fragen mit dem nötigen Ernst und Einfühlungsvermögen. Geben Sie dabei aber nicht mehr Information als notwendig!

Erst wenn Jugendliche diesen „Kinderschuhen" entwachsen, wie ich vielfach miterlebe, bereits in der frühen Adoleszenz (ca. 11 bis 14 Jahre), verändert sich die Qualität dieser gegengeschlechtlichen Freundschaften. Burschen und Mädchen in der „Pubertät" meiden direkten Kontakt etwa in der Schule, wenn sie gemeinsam unterrichtet werden, aber auch auf Spielplätzen, im Freibad und überall dort, wo ihre Geschlechtsgenossen sie sehen und in der Folge darüber negative Statements abgeben könnten. Jugendliche in der frühen Adoleszenz haben großes Interesse am anderen Geschlecht, können aber aufgrund ihrer biologischen und psychischen Unreife mit ihren intensiven Gefühlen nicht umgehen, sind irritiert und verunsichert.

Diese Unsicherheit veranlasst sie dazu, sich in Gegenwart ihrer Freunde, vor welchen sie sich keinesfalls eine Blöße geben möchten, gegenseitig zu necken und teilweise auch abzuwerten, um „cool" zu erscheinen und keinesfalls in Verdacht zu geraten, Interesse am einen oder anderen Vertreter des anderen Geschlechts zu haben. So entwickelt sich ein ganz charakteristisches Spiel zwischen Mädchen und Jungen. Im direkten Kontakt sind sie kurz angebunden, wirken kratzbürstig und pöbelhaft, wohingegen sie beim indirekten Kontakt Stunden damit verbringen können, via SMS, Mails und in den diversen Chatrooms miteinander in ihrer ganz eigenen Jugendsprache zu kommunizieren und sich ihre tiefen Gefühle füreinander zu gestehen. Der soziale Kontakt mit dem anderen Geschlecht wird in dieser Altersstufe zunehmend auf diese Ebene verlagert.

Erst allmählich, wenn sich die Jugendlichen ihres Selbst sicherer werden und langsam geeignete Bewältigungsstrategien für emotionale Stresssituationen erarbeitet haben, wagen sie es, ihre Zuneigung für einen bestimmten Burschen oder ein bestimmtes Mädchen öffentlich zu zeigen. Sie gehen meist in kleineren Grüppchen (zu viert) in ein Fast-Food-Restaurant, ins Kino oder ein öffentliches Bad. Diese Kontaktaufnahme erfolgt jedoch zunehmend indirekt über die neuen Medien, wodurch eine beinahe Rund-um-die-Uhr-Verfügbarkeit gegeben ist, die deutliche Gefahren birgt. Davon werden Sie im nächsten Kapitel mehr lesen können.

Mädchen erreichen ihre Geschlechtsreife etwa zwei Jahre vor den Burschen. Sie sind in ihrer gesamten Entwicklung in dieser Altersstufe weiter, haben andere Interessen und Bedürfnisse. Die erste Menstruation/der erste Samenerguss kennzeichnen das Erreichen der Geschlechtsreife. Die neuronalen und hormonellen Veränderungen bringen viele Gefahren, aber auch das Wunder der Liebe mit sich. Ekstatische Liebesgefühle sind für die gesamte Jugendzeit typisch. Es ist eine erotisch aufgeladene und sehr leidenschaftliche Zeit im Leben eines Menschen.

Statistisch betrachtet machen Mädchen und Jungen ihre ersten sexuellen Erfahrungen etwa um den 15. Geburtstag. In meiner Arbeit mit Jugendlichen erlebe ich jedoch, dass Mädchen vielfach schon früher die Pille bekommen, da Eltern und Frauenarzt das Risiko einer ungeplanten Schwangerschaft nicht eingehen wollen. Ich vermisse zuweilen die aktive Auseinandersetzung mit der Thematik, die Vermittlung elterlicher Werthaltungen und moralischer Verpflichtungen, die mit dem lustvollen Ausleben sexueller Bedürfnisse verbunden sein sollte.

Wenn Sie nun den Zauberstab schwingen und sich wünschen, Ihren Jugendlichen in der Entwicklung einer reifen Sexualität entsprechend zu unterstützen, so bedenken Sie:

- Jugendliche sind bezüglich „technischer" Fragen der Empfängnisverhütung und sexueller „Praktiken" über Schule, Medien, Gespräche mit Gleichaltrigen zumeist gut informiert.
- Was fehlt, sind einfühlsame Gespräche mit den Eltern über den emotionalen, sinnlichen Teil der Sexualität.

Achtsamkeit den eigenen Gefühlen und der eigenen Körperlichkeit, wie auch dem Partner gegenüber, ist eine wichtige Voraussetzung, um eine reife sexuelle Beziehung eingehen zu können. Eltern sollten sich ihrer Verantwortung auch auf dieser Ebene stellen und das Gespräch mit dem Jugendlichen suchen. Es ist dabei aber wichtig zu bedenken, dass Sie vorher Ihre persönliche Haltung zur eigenen Sexualität gut hinterfragt haben und Ihre eigenen Grenzen beim Vermitteln dieser Themenbereiche kennen sollten.

Diese Gespräche können natürlich nicht zwischen Küche und Wohnzimmer erfolgen. Es braucht hierfür einen passenden Zeitpunkt, an dem sich Nähe entwickelt hat, um ein solches Thema anzusprechen. Hüten Sie sich davor, zu bewerten und zu moralisieren – Bedürfnisse sind wertneutral! Sie können jedoch Ihre familiären Regeln als persönliche Botschaften formulieren und klar Stellung zu einem Thema beziehen.

Jugendliche beobachten sehr genau, wie Eltern mit ihrer Körperlichkeit, ihrer Sinnlichkeit und Sexualität umgehen, und nehmen sich hier sehr viel für ihre persönliche

Gestaltung von Intimität mit, wenngleich sie vordergründig niemals zugeben würden, dass sie das tun. Jugendliche entwickeln, wenn sie die Liebe entdecken, ein völlig neues Verständnis sich selbst, aber auch den Eltern gegenüber. Sie nehmen sich nicht mehr nur als Jugendliche wahr, sondern auch – und einige Zeit vor allem – als mögliche Sexualpartner.

Sie sehen aber auch die Eltern plötzlich nicht mehr nur als Eltern, sondern als Ehepartner und bilden sich eine eigene Meinung über das Partnerschaftsverhalten der Eltern. Der Sex-Appeal der Eltern, ihre Art sich zu kleiden, sich in Gesellschaft anderer zu verhalten und mit andersgeschlechtlichen Menschen Umgang zu pflegen, wird kritisch betrachtet. Das ist eine sehr aufregende und spannende Entwicklung, an der Sie als Eltern teilhaben dürfen!

Mädchen wie auch Burschen sehen dieser neuen Entwicklung aber nicht nur freudvoll und mit großen Erwartungen entgegen. Rolf Göppel beschreibt die Jugend als „intensives, subjektiv höchst unterschiedlich erlebtes Lebensgefühl“. Einerseits ist diese Zeit geprägt von vielfältigen Chancen, neuen Möglichkeiten, großen Freiheitsgedanken und andererseits ist es eine Zeit, in der die vielfältigen Chancen auch verwirren, die neuen Möglichkeiten überfordern, die große Freiheit ängstigen kann. Es ist eine Zeit, die einerseits geprägt ist von einem sehr starken Bedürfnis nach Gemeinsamkeit und andererseits eine Zeit, in der sich mitunter sehr starke Einsamkeitsgefühle breit machen.

Kurz gesagt, ist es eine Zeit der Ambivalenzen und ebenso reagieren Jugendliche und wirken sie auf ihre Umwelt: ambivalent – unverständlich – mal wie ein Kind und mal wie ein Erwachsener. Sie entwickeln auch sehr schnell große Gefühle, welche andererseits rasch wieder abkühlen können. Es ist eine Zeit des Experimentierens, Sondierens, Überprüfens und Integrierens.

Um Jugendliche in Fragen Liebe und Partnerschaft entsprechend begleiten zu können, ist es wichtig, dass diese ihre Liebe nicht verbergen müssen und Eltern den Kontakt zum Freund/zur Freundin begrüßen. Je offener das Haus/die Wohnung auch für die Freunde des Jugendlichen ist, umso leichter können Sie Ihrem Teenie Vertrauen entgegen bringen, wissen, mit wem er/sie verkehrt, und können diese auch zur Verantwortung ziehen, wenn es abends später wird.

Je weniger Sie über das Freizeitverhalten und die Freunde Ihres Jugendlichen wissen, umso mehr Ängste treiben Sie dazu, die Grenzen enger zu stecken, Verbote auszusprechen und damit in Konflikte zu geraten. Umso leichter neigen Sie auch dazu, Ihrem Sohn/Ihrer Tochter Dinge zu unterstellen und andere Jugendliche aufgrund Ihres Aussehens zu beurteilen. Versuchen Sie Jugendliche nicht *nur* nach dem Aussehen oder Ihrer Sprache zu be- bzw. verurteilen, hören Sie genau hin, versuchen Sie Kontaktängste zu nehmen und ein offenes Haus zu haben, in dem nicht be- und verurteilt wird, es aber klare Regeln und Grenzen gibt.

HDL! LD! SBZ!
LG! HDGTL!
HDGTLBZMUWZUNVW!

Chatten, mailen und SMSn

Das „indirekte“ In-Kontakt-Sein über Internet und SMS hat auch seine Tücken. Die Jugendlichen müssen lernen, mit den neuen Medien, ihren Vor- und Nachteilen sowie auch Gefahren verantwortungsbewusst umzugehen. Viele Jugendliche verfügen über einen eigenen PC mit Internetzugang. Vor allem männliche Teenager tauschen sich sehr gerne über ihre neuesten Erkenntnisse bezüglich heruntergeladener Spiele, Möglichkeiten, Songs zu verändern, etc. aus und erwerben so eine beachtliche Medienkompetenz.

Jugendliche nützen auch zunehmend die Möglichkeit, sich über die Erstellung einer eigenen Website oder das Chatten in diversen Chatrooms selbst darzustellen. Dies eröffnet ein indirektes In-Kontakt-Treten rund um die Uhr. Problematisch dabei ist, dass nicht nur Jugendliche diese Foren nutzen, um Kontakte zu suchen, sondern auch eine Vielzahl der Nutzer das Internet als Plattform ihrer krankhaften Fantasien nutzt und in eine andere Identität schlüpft, um am Alltagsleben der Jugendlichen teilzunehmen, sie auszufragen und für ihre eigenen Bedürfnisse zu missbrauchen. Eltern sollten ihre Kinder/Jugendlichen vor diesen Gefahren warnen und sie sensibilisieren, Gewalt in jeglicher Form, anzügliche Angebote und dergleichen zu melden. Andererseits müssen Jugendliche aber auch darauf aufmerksam gemacht werden, dass das Chatten in Chatrooms auch für andere zugänglich ist und intime Gespräche besser nicht über diesen Kanal laufen sollten.

Das permanente „Online-Sein“ bzw. SMSn erlaubt es auch in viel stärkerem Ausmaß, am Leben und der Gefühlswelt der anderen teilzunehmen sowie an deren psychischer Befindlichkeit – die in diesem Alter bekanntermaßen von großen Stimmungsschwankungen und intensiven Gefühlsäußerungen getragen ist – Anteil zu nehmen. Die natürliche „Abkühlungsphase“ entfällt dadurch, Jugendliche suchen nicht in aller Ruhe nach eigenen Lösungen für ein auftauchendes Problem, sie besprechen es umgehend mit anderen und geben sich so kaum die Möglichkeit, eigene Konfliktlösungsstrategien zu erarbeiten. Es besteht die Gefahr, dass sich die Konfliktsituation und die daraus entstehenden Emotionen noch weiter aufschaukeln, bis sie eskalieren.

Eltern können mitunter nicht nachvollziehen, was sich hinter verschlossenen Zimmertüren eben getan hat und weshalb der Jugendliche so impulsiv, aggressiv etc. auf eine normale Frage reagiert hat. Waren früher die Eltern die primären Ansprechpartner in einer emotionalen Krisensituation, so sind es heute die Gleichaltrigen. Es darf daher nicht verwundern, wenn es in Familien häufig zu Eskalationen kommt, wenn Eltern den Zugang zu Internet und Handy zeitlich nicht begrenzen und nicht darauf achten, dass es in der Familie handy- und internetfreie Zeiten gibt, die für diese reserviert sind und in welchen keine Kontaktaufnahme von und nach außen erwünscht ist.

Ich höre in meiner Arbeit mit Familien immer wieder, dass es kaum möglich sei, bei Tisch ein Gespräch zu führen, weil permanent das Handy läute bzw. der Jugendliche SMS verschicken würde und dem Gespräch nur mit halbem Interesse folge. Es liegt an Ihnen, das zu verändern und Regeln im Umgang mit Internet und Handy für Ihre Familie aufzustellen!

Jugendliche müssen lernen, wie sie Beziehungen, die sie mit dem anderen Geschlecht eingehen, auch wieder lösen können, ohne abzuwerten und zu verletzen. Häufig wird dies über SMS oder in Chatrooms breitgetreten und es entflammen dort heftige Auseinandersetzungen.

Wenn Sie nun den Zauberstab schwingen und sich wünschen, Ihrem Jugendlichen im Umgang mit den neuen Medien ein guter Partner zu sein, so bedenken Sie:

- Die permanente Verfügbarkeit von Internet und Handy ist für 11 bis 13-/14-Jährige, die in ihrer Persönlichkeitsentwicklung und bei der eigenständigen Bewältigung von Konfliktsituationen ungeübt und in ihrer Emotionalität noch nicht so stabil sind, eine echte Herausforderung und mitunter auch Überforderung. Es liegt an Ihnen, diese Zeit sinnvoll zu begrenzen!

- Sie können Ihrem Jugendlichen behilflich sein, indem sie häufiger das Gespräch suchen und Problemsituationen gemeinsam diskutieren.
- Jugendliche benötigen Ihre Lebenserfahrung und Ihre Werthaltungen, um für sich einen gangbaren Weg zu finden!

Träume nicht Dein Leben,
sondern lebe Deinen Traum!
(unbekannt)

Erinnerungen, die bleiben

Ich möchte Sie zu einer Übung einladen: Schließen Sie kurz die Augen und blättern Sie im Bilderbuch Ihres Lebens in Ihre Kindheit und Jugendzeit zurück. Welche Bilder kommen da?

- Bilder von gemeinsamen Festen im Familienkreis (Weihnachten, Ostern, Geburtstage, …)
- Bilder von gemeinsamen Ausflügen
- Bilder von gemeinsamen Matschspielen mit den Geschwistern
- Bilder vom gemeinsamen Bauen eines Baumhauses und das erhebende Gefühl, wenn es gelungen ist
- Bilder von gemeinsamen Urlauben
- Bilder von gemeinsamen sportlichen Aktivitäten (Bobfahren, Klettern, Skifahren, Kanufahren, …)
- Bilder von Spieleabenden
- Bilder von Kinderfesten und ausgelassenen Feten bei sturmfreier Bude
- Bilder vom Lagerfeuer mit anderen Familien, Freunden, ...
- Bilder von bestandenen Prüfungen und dem Stolz der Eltern

  Oder kommen da:
- Bilder von der eigenen Ängstlichkeit vorm ersten Kindergarten- und Schultag
- Bilder von der eigenen Unsicherheit bei Prüfungen
- Bilder von tobenden Eltern, wenn Sie ihren Anforderungen nicht entsprechen konnten

- Bilder von stundenlangen, kräftezehrenden Prüfungsvorbereitungen mit oder ohne Eltern
- Bilder von alkoholisierten Elternteilen
- Bilder von einsamem Frühstück, Mittag- oder Abendessen, weil kein Elternteil anwesend war
- Bilder stundenlanger Predigten der Eltern, in welchen Sie sich am liebsten weggebeamt hätten
- Bilder von der verrauchten Wohnung, in der jeder allein vor dem Computer sitzt
- Bilder von der Familie des Freundes, bei der Sie so gerne gelebt hätten
- Bilder von Schlägen, Türenknallen, Streitigkeiten zwischen den Eltern ...

Sie haben es in der Hand, woran sich Ihr Kind einmal erinnern wird! Zumeist sind es die schönen Bilder, die sofort auftauchen. Es sind sehr häufig Erinnerungen an Aktivitäten, Feste, Urlaube etc., die man gemeinsam mit anderen Menschen erlebt hat. Der Mensch ist ein soziales Wesen! Er möchte nicht gerne allein sein. Außerdem sind es meist Erinnerungen an Situationen, die man mit allen Sinnen erfahren durfte. Man erinnert sich kaum an einen Vortrag (höchstens dann, wenn es einer war, der einen tiefen Punkt in uns angesprochen hat), an das Fernsehen am Abend, eine einsam zu sich genommene Mahlzeit in einem Fast-Food-Restaurant oder Ähnliches. Man erinnert sich an oft zufällige, völlig ungeplante Zusammentreffen, Aktivitäten, die unsere Sinne angesprochen haben und in uns etwas in Bewegung gebracht haben – im positiven, wie auch im negativen Sinne.

Wenn Sie nun den Zauberstab schwingen und sich wünschen, Ihr Kind möge einmal viele positive Erinnerungen an seine Kindheit und Jugendzeit abrufbar haben, so bedenken Sie:

Sie kreieren die Vergangenheit Ihres Kindes und damit kreieren Sie auch ein Stück weit die Zukunft Ihres Kindes. Was Sie ihm an Erinnerungen mitgeben, sind die Glitzersteine im Leben Ihres Kindes – ein wertvoller Schatz in seiner persönlichen Schatzkiste, der im Laufe des Lebens an Wert gewinnt. Ein Schatz, den ihm niemand nehmen wird und der nicht durch Spekulanten „verzockt" werden kann, er ist wertbeständig. Keine Lebensversicherung, die Sie für Ihr Kind abschließen, kein noch so gut gefülltes Sparbuch vermag auch nur annähernd an diesen Schatz heranzukommen.

Was Sie tun müssen, ist einzig, sich mit Ihrem Kind aktiv auseinanderzusetzen, ihm Zeit und Aufmerksamkeit widmen, sich lustvoll seinem Spiel, seinem Lachen, seinem Bedürfnis nach Bewegung, nach liebevollem Körperkontakt und spontanem Ausdruck von Freude zu öffnen. Halten Sie diese Augenblicke durch Videos, Bilder etc. fest, sammeln Sie seine Zeichnungen, Handabdrücke in Ton, Laternen, Muscheln, die Morgenpost von verschiedenen Hotels, in welchen Sie gemeinsam auf Urlaub waren, usw. Kinder und Jugendliche lieben es, immer wieder gemeinsame Erinnerungen aufzufrischen, alte Geschichten zu hören und längst vergessene Lieder zu singen. Sie rufen sich damit diese Schätze immer wieder in Erinnerung, um sie nicht zu vergessen. Solche Gespräche vermitteln Zusammengehörigkeit, geben Sicherheit in die Beständigkeit zwischenmenschlicher Beziehungen und stärken das Gefühl jedes Einzelnen, ein wertvoller Bestandteil dieser Familie zu sein.

Die Liebe der Eltern flackert nicht umher
wie Liebe junger Herzen,
sie sitzt tief und bleibt beständig,
und wenn sie auch einmal in den Winkel gestampft wird,
so bricht sie immer wieder hervor.
(Gustav Freytag)

WENN SAMENKÖRNER KEIMEN …

Die beste Beziehung ist die,
in der jeder Partner den anderen mehr liebt als braucht.
(UNBEKANNT)

Die Beziehung zu den Eltern

Liebe und Respekt

Wie wir bei der Besprechung der einzelnen Entwicklungsstufen gesehen haben, ist es bereits eine für das körperliche Bewusstsein des Kindes prägende Erfahrung, ob es von der werdenden Mutter als Fötus willkommen geheißen werden kann und als Säugling aufgrund der prinzipiell positiven Einstellung seiner Umgebung sich angenommen und geliebt fühlen kann.

Positive frühe Beziehungen und Interaktionen führen beim Kind dazu, sich selbst zu mögen und sich als wertvoll zu erleben. Es entwickelt dadurch Mut und Neugierde, mit einem grundsätzlich positiven Gefühl in die Welt zu gehen. Kinder, die von ihren Eltern so grundsätzlich geliebt, respektiert und in ihrer Integrität geachtet werden, gehen mit dem Gefühl in die Welt, dass ihnen Glück grundsätzlich zusteht. Es stellt sich für sie nicht die Frage, ob sie auf das Glück treffen oder ob dieses auf sie trifft – es ist einfach so.

Ich kenne Menschen, und mein eigener Mann ist einer von ihnen, die sich selbst als solche „Sonntagskinder" bezeichnen, was so viel heißt wie: Mir kann nichts wirklich Schlimmes widerfahren, ich werde schwierige Situationen meistern, wenn sie da sind, ich habe Glück verdient und deshalb wird es auch kommen.

Mit anderen in Beziehung treten zu können, setzt voraus, sich vorerst selbst lieben zu können. Kinder können sich nur dann lieben lernen, wenn sie spüren, dass sie in einer sie liebenden Umwelt geborgen und gewünscht sind. Eine sichere Bindung zu den Eltern ist die Basis dafür, dass auch alle weiteren Sozialisierungs- und Entwicklungsprozesse gelingen. Als Erstes entwickelt sich die Beziehung zu sich selbst und erst dann ist das Kind in der Lage, Beziehungen zu anderen aufzubauen. Die Entwicklung des Ich geht also der Entwicklung zum Du voraus.

Je nachdem, ob wir eine vertrauensvolle und befriedigende Beziehung zum Ich herstellen konnten, können wir später auch eine vertrauensvolle und befriedigende Beziehung zum Du und in weiterer Folge zur Welt an sich herstellen. Was einem Kind an Liebe und Zuwendung entgegengebracht wird, kann dieses an andere Menschen und in Folge auch der Welt entgegenbringen. Wie ein Mensch mit sich selbst umzugehen vermag, wird er auch mit anderen umzugehen vermögen.

Ein respektvoller Umgang der Eltern miteinander, aber auch dem Kind gegenüber ist eine wichtige Voraussetzung dafür, dass Ihr Kind lernt, mit anderen und in der Folge mit Ihnen als Eltern respektvoll umzugehen. Respektvolles Umgehen miteinander schließt für mich immer mit ein, ganz beim Ich zu bleiben – kongruent in meinem Erleben und Handeln zu sein – und aus einer gewissen Distanz heraus, dem Anderen empathisch und wertschätzend zu begegnen. Dies sind mithin auch die von Rogers formulierten Grundpfeiler der Beziehungsgestaltung, in welcher Entwicklung stattfinden kann.

Teilnahme ist der goldene Schlüssel,
der die Herzen anderer öffnet.
(Samuel Smiles)

Stabilität und Freiheit

Die Ablösung der Kinder beginnt mit der Geburt. Sie sind uns anvertraut, damit wir sie halten, schützen, versorgen und auf ein eigenverantwortliches Leben vorbereiten. Ich denke, dass dieses Ziel immer klar sein sollte, um die richtigen Erziehungsentscheidungen treffen zu können. Es geht um Verselbstständigung, Ablösung vom Gedankengut der Eltern, Entwicklung eigener Werthaltungen und Visualisierung eigener Ziele im Leben. Es geht bei Erziehung *nicht* um ein Halten der Kinder in Abhängigkeit von uns, nicht darum, ihnen unser Gedankengut aufzudrängen, unsere Werthaltungen als die einzig richtigen überzustülpen, und nicht darum, dass sie unsere Lebensziele verwirklichen.

Es muss uns immer klar sein, dass Familie ein sich permanent wandelndes Konstrukt darstellt, das der Veränderung unterworfen ist. Das Leben als Familie mit einem Baby unterscheidet sich sehr stark vom Leben einer Familie mit einem Kleinkind, einem Schulkind, einem Teenie und einem jungen Erwachsenen. Jedes Lebensalter hat seine Lebensaufgaben. So wie Kinder und Jugendliche ihre Entwicklungsaufgaben haben – wir haben diese ausführlich besprochen –, so haben auch wir Eltern die Aufgabe, uns als Eltern weiterzuentwickeln. Es kommen immer wieder neue Anforderungen auf uns zu, wir müssen unser Denken und Verhalten dem Alter und Entwicklungsstand des Kindes/Jugendlichen anpassen. Die Grenzen, die wir unseren Kindern setzen, erweitern sich und geben allmählich mehr Freiraum. Zwischen der sehr einengenden, stark haltgebenden Begrenzung des Uterus bis zum liebevollen

Haltgeben aus der Ferne liegen etwa 18 bis 25 Jahre. In diesem Zeitraum ist vieles möglich, aber in diesem Zeitraum kann auch vieles unmöglich gemacht werden. Die Entwicklung unserer Kinder geht im optimalen Fall mit unserer eigenen als Eltern einher.

Leider – und diese Beobachtung macht mich sehr betroffen – erlebe ich einen zunehmenden Trend dazu, dass die Entwicklung der Eltern in Richtung Ablösung viel rascher voranschreitet als die Entwicklung ihrer Kinder. Eltern wird die ihnen übertragene Verantwortung schnell zu viel, der Wunsch nach eigener Selbstentwicklung ist sehr groß, weil in der Jugend oft zu kurz gekommen. Das Bedürfnis, die Kinder in die Selbstständigkeit und emotionale Ablösung zu drängen, geht nicht mit dem Bedürfnis der Kinder nach körperlicher, geistiger und emotionaler Versorgung einher.

Viele Kinder und Jugendliche „schwimmen" zunehmend, sind sich selbst überlassen, leiden Mangel und können diesen nicht einmal richtig einordnen, weil sie nur die distanzierte Art der Beziehungsgestaltung kennen gelernt haben. Kinder brauchen, um sich gut entwickeln zu können, das Gefühl, zu einer Sippe, einer Familie zu gehören, ein wichtiger Teil eines größeren Ganzen zu sein und dieses Ganze mitgestalten zu können. Sie müssen das Gefühl haben, in dieser Familie gehört zu werden und auf andere hören zu müssen, da sie etwas Wichtiges zu sagen haben. Sie brauchen einen klaren überschaubaren Rahmen, Alltagsstruktur und „stabile" Eltern, die sich ihrer Erziehungsverantwortung und Elternautorität bewusst sind. Sie brauchen Eltern, die wissen, dass sie die eigenen Wünsche nach Expansion einige Jahre zurückstellen müssen und sich dann allmählich wieder dieser gewahr werden dürfen. Es ist gar nicht so einfach, nach Zeiten des eigenen Stillstands wieder anzufangen, sich zu bewegen!

Jede Zeit hat ihre Aufgaben! Wir haben verlernt, dass diese einfache Regel auch für Erwachsene gilt. Wir können nicht alles gleichzeitig und dabei auch alles gut machen! Es geht darum, Prioritäten zu setzen. Nach Zeiten stärkerer Begrenzung gibt es wieder Zeiten größerer Freiheit. Nach Zeiten persönlichen Stillstands gibt es wieder Zeiten der eigenen Bewegung. So einfach ist das – und so befriedigend könnte jede Phase sein, wenn wir nicht versuchen würden, alles auf einmal zu machen.

Wir könnten so viel von den Kindern lernen,
wenn wir nur nicht so erwachsen wären.
(Irmgard Erath)

Kinder sind keine Erwachsenen

Kinder, auch sehr junge Kinder, werden in unserer Gesellschaft sehr bald mit einem Alltag konfrontiert, der sie mitunter überfordert. Sie sind eingebunden in das Regelsystem der Erwachsenen, die dafür sorgen müssen, dass die Existenz der Familie gesichert ist. Diese Notwendigkeiten stehen jedoch jenen der kindlichen Entwicklung in vielen Bereichen entgegen. Um die Auswirkungen dieses Spannungsfelds möglichst gering zu halten, hat die Gesellschaft – so gut es ihr eben möglich ist – vorgesorgt. Es soll nicht kritisiert werden, es soll nur bewusst gemacht werden, dass all unsere sozialen Netze, die wir schaffen, um unsere Kinder beispielsweise in den ersten drei Jahren oder nach der Schule im Hort außerhäuslich zu betreuen, eben nur ein Ersatz für das familiäre Umfeld darstellen, weil Eltern die Betreuung ihrer Kinder nicht selbst übernehmen können, um die Existenz zu sichern.

Existenzsicherung hat hier Vorrang. In unserer Gesellschaft, in der wir nun einmal leben, ist es zumeist notwendig, dass sich beide Elternteile an der Existenzsicherung beteiligen. Dennoch muss uns bewusst sein, dass dies nur eine mögliche Spielart ist! Kinder bis etwa drei Jahre würden für ihre Entwicklung das Zusammenleben und die Interaktion mit ihren Hauptbezugspersonen benötigen, um eine stabile, tragfähige Beziehung aufbauen und aus dieser Stabilität heraus langsam die ersten Schritte nach außen machen zu können. Wie Gerald Hüther es formulierte, benötigt auch die Gehirnentwicklung vor allem Ruhe, da sie in dieser Zeit sehr störanfällig ist.

Wenn wir uns die Lebensrealität einer Vielzahl von Kindern ansehen, sieht diese völlig anders aus und deren Alltag beinhaltet sehr viele Betreuungswechsel – von Ruhe kann hier gar keine Rede sein. Oder nehmen Sie an, dass ein Kleinkind, das von 7.00 Uhr morgens bis 16.00 oder 18.00 Uhr außerhäuslich betreut wird, zur Ruhe kommt? Auch die außerhäusliche Nachmittagsbetreuung nach der Schule ist für viele Kinder ein Stressfaktor. Nicht jedes Kind ist in der Lage, Außenreize entsprechend auszublenden und sich konzentriert den Hausaufgaben zuzuwenden. Nicht jedes Kind erträgt es, in permanentem Austausch mit anderen zu stehen und viele sind emotional überfordert, weil sie über weite Strecken des Tages keine Möglichkeit zum persönlichen Rückzug haben. Dies sind nur wenige Beispiele, die verdeutlichen, dass unser Alltag, wie wir ihn Kindern zumuten, mehr unserer eigenen Erlebenswelt entspricht als der unserer Kinder – auch wenn Fachleute daran beteiligt waren, diese außerhäusliche Lebenswelt „kindgerecht" zu gestalten.

Ich habe selbst als Sachverständige viele Kinderbetreuungseinrichtungen psychologisch begutachtet, an Erziehungskonzepten gefeilt und versucht, eine Balance zwischen den Entwicklungsnotwendigkeiten und den finanziellen Gegebenheiten zu finden. Und: Ich bin stolz auf unsere Standards in Österreich! Dennoch muss es aber auch erlaubt sein, wieder einmal nachzufragen, was tief in uns an Sehnsucht da ist, was unsere Kinder, unsere Jugendlichen und Familien wirklich bräuchten, um sich gut entwickeln zu können. Die Entscheidung, wie Sie Ihr Leben gestalten möchten, liegt bei Ihnen! Die Frage, was für mich selbst, mein Kind und unsere Familie einen Wert hat, worin ich meine Energie und Zeit investiere, bleibt zu einem Gutteil der Einzelperson bzw. der Familie überlassen.

Kinder werden aber auch in anderen Bereichen zunehmend mehr in die Erwachsenenwelt eingebunden. Sie nehmen an den Gesprächen der Erwachsenen teil, werden sehr oft auch dazu aufgefordert, ihre Meinung zu Dingen kundzutun, die völlig außerhalb ihrer Erfahrungswelt liegen und welchen sie kognitiv nicht gewachsen sind. Sie werden aber auch mit Informationen auf Fragen überschwemmt, die sie selbst noch gar nicht in der Lage waren, sich selbst zu stellen und schon gar nicht zu formulieren! Kindern Dinge zu erklären, die sie noch nicht in ihr Ordnungs- und Denksystem integrieren können, überfordert sie. Kinder und Jugendliche mit Situationen und Informationen zu überrollen, die sie emotional überfordern, wie z.B. Naturkatastrophen, Krieg, Gewalt etc., verunsichern und ängstigen Kinder und Jugendliche, denn sie benötigen die Unterstützung der Erwachsenen, um damit klarzukommen. Andernfalls suchen sich die emotionalen Spannungen, die hierbei entstehen, ein Ventil, z.B. in emotionalem Rückzug, Aggression gegen andere oder sich selbst. Sehr oft beobachten wir Kinder, die in solchen Situationen beginnen, an den Nägeln zu kauen, sich die Haare auszureißen oder starr vor Angst und Schrecken werden.

In der Beratungssituation werde ich sehr häufig damit konfrontiert, dass Eltern nicht wissen, wie viel Information sie Kindern auf ihre Fragen geben sollen. Eine Grundregel hierfür ist, bei der Weitergabe von Information den Entwicklungsstand des Kindes als Maßstab zu nehmen und dem Kind in seiner Sprache und mit seinen Bildern nur so viel Information wie nötig zu geben. Wenn es mehr wissen möchte, fragt es von sich aus nach. Es ist nicht notwendig, einem jungen Kind eine allumfassende Antwort auf seine einfache Frage zu geben. Das Erfassen der Welt und ihrer Zusammenhänge erfolgt nach und nach, so wie ein Sack, der immer praller und gefüllter wird. Kinder haben ein Recht darauf, im Hier und Jetzt zu leben und ihr Erleben, Denken und Handeln noch nicht auf die Zukunft auszurichten. Sie sind im Hier und Jetzt verhaftet und das macht auch die Magie des Kindes aus, welche uns immer wieder zu verzaubern vermag!

Es ist auch sehr unfair Kindern gegenüber, sie in Lebensräume Erwachsener zu führen und von ihnen zu erwarten, dass sie sich dort wie kleine Erwachsene zu benehmen haben. Sie sind schlichtweg keine „kleinen Erwachsenen"! Dass im Lebensumfeld Erwachsener (z.B. einem Nobelhotel, beim Arzt, in einer Parfumerie, einem Glasgeschäft, der pingeligen Tante, der nippesbesessenen Oma, ...) kleinere und größere Pannen auftreten können, muss einfach eingeplant werden. Kindern jedoch dieses Lernfeld völlig vorzuenthalten, sehe ich als großen Fehler, da Kinder lernen müssen, ihr Verhalten den unterschiedlichen Lebensräumen anzupassen.

Ich erlebe leider häufig, dass Eltern ihre Kinder unbewusst ihrer „Kind-Rolle" entheben und sie auf die Elternebene heben, wodurch das System früher oder später zu kippen beginnt. Zum einen deshalb, weil Kinder der ihnen zugeteilten Rolle nicht gewachsen, mit der Verantwortung überfordert sind und sie viele Entscheidungen, die sie übertragen bekommen, nicht in der Lage sind, zu treffen. Zum anderen deshalb, weil Eltern damit ihre Erziehungsverantwortung abgeben und zunehmend nicht mehr in der Lage sind, lenkend sowie korrigierend einzugreifen. Das „Switchen" von einer Ebene in die andere wird auch zunehmend schwieriger, je länger diese Vermischung bestehen bleibt.

Ich erkläre Eltern sehr oft, dass es seelischer Missbrauch ist, das Kind als Partnerersatz zu „missbrauchen", es mit emotionalen, finanziellen, situativen Problemen der Erwachsenen zu konfrontieren und es zur Stabilisierung der eigenen Bedürftigkeit an sich zu binden. Es ist aufgrund seines Alters und seines Entwicklungsstands nicht in der Lage, diese Probleme zu lösen, fühlt sich für die emotionale Befindlichkeit seiner Eltern verantwortlich und kann sich seinen eigenen Entwicklungsaufgaben nicht entsprechend zuwenden. Die eigene Entwicklung wird dadurch massiv beeinträchtigt und notwendige Entwicklungsschritte werden verhindert, sodass die Verselbstständigung, die Entwicklung in Richtung Autonomie und Ablösung behindert wird. Kinder und Jugendliche haben dann oft Angst, die Eltern allein zu lassen, weil sie fürchten, dass diese mit den Alltagsproblemen nicht zurechtkommen. Sie können sich nicht entsprechend ablösen, weil sie zeitlebens an ihre Eltern gebunden sind und den impliziten Auftrag bekommen, ihre Eltern glücklich zu machen und für sie da zu sein.

Sich gegenüber seinen Kindern abgegrenzt zu verhalten, ist, wie Michael Winterhoff in seinem Werk sehr eindrucksvoll beschreibt und aus meiner Sicht den Mut aufbringt, eine deutlich erkennbare Entwicklung trotz vieler Attacken gegen ihn auszusprechen, tatsächlich in unseren Familien kaum noch ein Wert, der angestrebt wird. Vielmehr greift falsch verstandene Partnerschaftlichkeit zwischen Eltern und Kindern um sich, welche ein entwicklungsförderliches, lenkendes Erziehungsverhalten der Eltern ausschließt. Eltern reagieren zwar dann mitunter aus ihrer Hilflosigkeit heraus repressiv, sind jedoch mit diesen impulsiven und oft überzogenen Grenzsetzungen nicht mehr in der Lage, die Entwicklung ihrer Kinder in eine positive Richtung zu steuern. Erziehung ist etwas kontinuierliches, mehr ein „Klima", das Heranwachsen ermöglicht, und viel weniger ein situatives Eingreifen!

In meiner Beratungsarbeit stelle ich mir sehr oft die Frage, wer wen lenkt oder ob Eltern meinen, dass Kinder sich selbst erziehen, sich selbst Werte vermitteln oder dies übers Fernsehen tun sollen. Wie auch immer, Winterhoffs Werk erlebe ich persönlich als gut beobachtete Beschreibung dessen, was sich in unserer Gesellschaft tut und was das Verhalten unserer Kinder widerspiegelt. Wie wir mit dieser Beobachtung umgehen, welche Konsequenzen Menschen daraus für die Interaktion und Erziehung ihrer Kinder ziehen, bleibt dem Einzelnen überlassen. Ich hoffe, Ihnen Anregungen mitgeben zu können, die Sie dazu veranlassen, die Beziehung zu Ihrem Kind entwicklungsförderlich zu gestalten, und dass Sie in der Erziehung Mut zum Lenken bekommen.

Noch ein Wort zu unseren Jugendlichen: Da die körperliche Entwicklung im Gegensatz zur psychosozialen und emotionalen Entwicklung zumeist schneller verläuft, wirken Jugendliche auf ihr Umfeld oft schon wie junge Erwachsene. Sie werden deshalb meist schon als solche behandelt, obwohl sie in ihren emotionalen Bedürfnissen und Erwartungen oft noch sehr kindlich sind. Dass dies auch mit der noch nicht entsprechend gereiften Gehirnentwicklung zu tun hat, haben wir bereits gehört. Es ist daher notwendig, dass Eltern, wie Strauch schreibt, nachsichtiger sind und ihren Kindern ihren „eigenen präfrontalen Kortex" in dieser Übergangsphase zur Verfügung stellen.

Was heißt das? Das heißt schlichtweg, dass Sie als Erwachsener nicht nur für Ihr Kind, sondern auch für Ihren Jugendlichen mitunter Entscheidungen treffen müssen, Risikofaktoren einschätzen und Ihren Jugendlichen vor sich selbst und seinen impulsiven, noch wenig hinterfragten Handlungen schützen müssen. Es ist zwar wichtig, Jugendliche vielfältige Erfahrungen machen zu lassen und sie mit vielen verschiedenen Reizen in Berührung zu bringen. Es muss jedoch aufgepasst werden, sie nicht zu früh mit sie überfordernden Dingen bekannt zu machen, von ihnen Entscheidungen oder Handlungen einzufordern, die sie aufgrund ihrer geistigen und emotionalen Unreife noch nicht in der Lage sind, zu treffen. Kinder können ganz einfach den Kontext nicht verstehen und deshalb auch nichts daraus lernen. Ihr natürlicher Hang zum Risikoverhalten kann für sie mitunter eine gesundheitliche Schädigung verursachen, vielfach aber die persönliche Entwicklung behindern, wie das z.B. bei Schulabbrüchen der Fall ist.

Auch hier gilt: So wenig eingreifen wie möglich, so viel eingreifen, lenken wie nötig!

Im tiefsten Winter erkannte ich,
dass in mir ein unbesiegbarer Sommer wohnt.
(ALBERT CAMUS)

Innere Stärke von klein auf

Vom Umgang mit Grenzen

Kindorientiertes Handeln bedeutet nicht, den Launen und Forderungen nachzugeben und zerstörerische Grenzüberschreitungen zu akzeptieren. Unbeherrschtes pädagogisches Handeln bis hin zur Misshandlung ist oft eine Folge zu langen Erduldens vonseiten der Eltern.

Eltern sind daher dazu aufgerufen, ein „Familienselbst" zu entwerfen, d.h. für ihre Familie verbindliche Werte und Normen festzulegen und damit eine Familienidentität zu schaffen. Eltern benötigen Mut, um zu den von ihnen als richtig und für ihr Kind angemessen erlebten Grenzen stehen zu können. Wenn Kinder ihre Bezugspersonen in ihrer Persönlichkeit und in ihrem Erziehungsverhalten gefestigt erleben, gewinnen sie Orientierung. Entscheidend ist dabei nicht, was Eltern über das Grenzensetzen sagen, entscheidend ist, wie sie es tun und wie sie es vorleben. Werte und Normen der Eltern müssen sich in ihrem Verhalten konkretisieren.

Festigkeit schafft Grenzen – wo sie fehlen, herrscht Unsicherheit und fangen Kinder an, Grenzen auszutesten, um zu erfahren, wie weit sie gehen dürfen. Festigkeit darf jedoch nicht mit Schreien und Brüllen, mit physischer und psychischer Gewalt oder Drohungen verwechselt werden. Festigkeit in der eigenen Einstellung und den eigenen Werthaltungen hat etwas mit Klarheit, Bestimmtheit, mit Haltung und Stimme, mit innerer Ruhe, Gelassenheit und ge-

genseitiger Achtung zu tun. Die menschlich-persönliche Beziehung ist das Wesentliche, in das die Erziehungsaufgaben eingebettet sind. Ein Gütezeichen von Erziehung ist die bewusste Zuwendung des Erwachsenen zum Kind. Erziehen heißt im Wesentlichen, sich in das einmalige Kind einzufühlen, es mit seinen Stärken und Schwächen anzunehmen, seine Bedürfnisse zu erkennen und auf der jeweiligen Entwicklungsstufe zu unterstützen, sein Leben zu meistern.

Da Kinder, abhängig von ihrer Entwicklungsstufe, noch nicht in der Lage sind, ihre Impulse und Affekte angemessen zu kontrollieren, ihre Wünsche und Bedürfnisse zugunsten von Notwendigkeiten aufzuschieben, ist es notwendig, vonseiten der Eltern korrigierend einzugreifen, wenn dies erforderlich ist. Eltern müssen dabei auch den Mut zur „Auseinandersetzung" aufbringen, mit ihren Kindern im Dialog bleiben, die Beziehung pflegen und konsequent auf Grenzverletzungen reagieren. Erziehung ist ein gemeinsamer Weg und jede Familie muss ihren ganz eigenen Weg finden.

... wir brauchen uns nicht weiter vor Auseinandersetzungen,
Konflikten und Problemen mit uns selbst und anderen zu fürchten,
denn sogar Sterne knallen manchmal aufeinander
und es entstehen neue Welten.
Heute weiß ich, DAS IST das LEBEN!
(Charlie Chaplin)

Es gibt kein Leben ohne Konflikte und Kompromisse

Jeder Mensch, gleich welche Lebensform er gewählt hat, muss Kompromisse eingehen. So muss sich auch der Einsiedler, der jenseits der Zivilisation lebt, den Gegebenheiten und Zwängen, die ihm die Natur auferlegt, anpassen. Menschen, die in Beziehungen mit anderen leben, sind immer wieder gefordert, ihre eigenen Bedürfnisse ein Stück weit zurückzustellen und Kompromisse einzugehen. Kompromissfähigkeit ist eine Fähigkeit im Umgang mit anderen, die soziale Kompetenz ausmacht. Ein Kompromiss ist eine Übereinkunft zwischen zwei oder mehreren Personen, die einen Konflikt auszutragen haben. In der Familie gibt es diese Situation sehr häufig, wenn z.B. verschiedene Interessen und Bedürfnisse aufeinandertreffen. Wie dem Wort „Kompromiss" je nach kulturellem und sprachlichem Hintergrund unterschiedliche Bedeutung zukommt, kann es auch beim Einzelnen positive wie auch negative Gefühle auslösen.

Die Tugend, die eigenen Interessen zugunsten anderer zurückzustellen, auf die Erfüllung eigener Wünsche und Bedürfnisse zu verzichten, ist in den letzten Jahrzehnten, in Zeiten der wirtschaftlichen Blüte, immer mehr verflacht. Eltern haben, um Konflikten mit ihren Kindern und Jugendlichen aus dem Weg zu gehen, vieles unternommen.

Spontan fällt mir dazu Folgendes ein:

- Urlaube wurden in speziellen Kinderhotels, später All-inclusive-Hotels zugebracht, um dem Nachwuchs ein ungestörtes Quengeln und unappetitliches „Herummanschkern" mit speziell „kindgerechten" Speisen von Kinderbuffets zu ermöglichen und die Möglichkeit zu haben, statt gemeinsam etwas zu unternehmen, jeder für sich seinen Interessen nachgehen zu können.
- Gameboys wurden besorgt um den lieben Kleinen die Zeit beim Warten auf das bestellte Menü im Gasthaus zu verkürzen.
- Eigene Flat-TVs mit den gewünschten Spielkonsolen verzieren das Kinderzimmer, um den Eltern eine ungestörte Freizeit zu ermöglichen und den Streit ums Fernsehprogramm erst gar nicht aufkommen zu lassen.

- Alkohol- und Nikotinmissbrauch von Jugendlichen wird von vielen Eltern toleriert – zum Einen, um das eigene Suchtverhalten nicht zu problematisieren, zum Anderen, um Konflikten aus dem Weg zu gehen.
- Hat der Sprössling zur Freude aller die Matura geschafft, wird er damit belohnt, sich auf Kosten und mit Zustimmung der Eltern einem einwöchigen Besäufnis (mit oder ohne sexuelle Eskapaden) – jedoch jedenfalls ohne nachfolgende Konsequenzen – hinzugeben uvm.

Was daraus folgte:
- Kinder und Jugendliche haben weitgehend verlernt, sich angemessen zu unterhalten und bei Tisch „Small-Talk" zu führen (u.a. eine wichtige Voraussetzung, um im Berufsleben erfolgreich zu sein), über den erlebten Alltag zu berichten und mit Erwachsenen zu diskutieren.
- Kinder und Jugendliche haben zunehmend Probleme, sich den Gepflogenheiten der jeweiligen Umgebung, in der sie sich aufhalten, anzupassen, sich entsprechend zu kleiden, das Gespräch in angemessener Lautstärke zu führen, die einfachsten Tischmanieren umzusetzen, sich vom Buffet nur so viel zu holen, wie sie essen können etc.
- Kinder und Jugendliche können Wartezeiten ohne spezielle Ablenkung durch PSP, SMS etc. kaum noch ertragen.
- Gemeinsame Aktivitäten in der Familie sind rar geworden, jeder geht seinen eigenen Interessen nach, sogar Fernsehen wird nicht mehr zusammen konsumiert, wodurch weitere Probleme auftauchen …
- Der Alkohol- und Nikotinmissbrauch von Jugendlichen steigt enorm an.

Das Fazit daraus: Die Frustrationstoleranz bei Nichterfüllung der eigenen Forderungen ist durch die Konfliktscheu der Eltern und das nicht Erlernen geeigneter Konfliktlösungsstrategien bei Kindern und Jugendlichen erheblich gesunken.

Wenn Sie nun den Zauberstab schwingen und sich wünschen, Ihr Kind möge Kompromisse eingehen können, so bedenken Sie:

Kinder brauchen von klein auf ein entsprechendes Lernumfeld, das ihnen erlaubt, Erfahrungen im Umgang mit Kompromisslösungen zu sammeln. Dabei geht es vor allem darum, zu lernen, wie eine Win-Win-Lösung oder ein Konsens zustande kommt, bei dem Eltern und Kinder bekommen, was sie wollen und bei dem ein gemeinsames Ziel, die gegenseitige Akzeptanz, Anerkennung und Wertschätzung in der Beziehung zueinander im Vordergrund stehen. So können Konflikte positiv und zur Zufriedenheit aller gelöst werden. Zeigen Sie Ihren Kindern Ihre Konflikt- und Kompromissbereitschaft – Sie benötigen beides, um sicher durchs Leben zu kommen!

Es sind nicht die Siege, an denen wir reifen.
Das Beste lernen wir aus unseren Niederlagen.
(Rudolf Hagelstange)

Rückschläge verkraften oder: Auch in Krisen stark sein

Der Satz „Jede Krise ist eine Chance!“ wird zwar vieler Orts, vor allem im Sozialbereich, nun aber auch verstärkt in der Wirtschaft verwendet, um festzustellen, dass es mitunter eine Krise braucht, also eine Zeit, in der nicht alles wie am Schnürchen läuft, um wieder einmal darüber nachzudenken, was man verändern sollte, welche Ziele man weiter verfolgen möchte, ob die eigenen Ressourcen noch ausreichen uvm. Alles, was zu lange gut läuft und keine größeren Reibereien im Motor auslöst, sollte uns eigentlich nachdenklich stimmen, weil – wie wir alle wissen – nur das Chaos und die Veränderung dauerhaft gegeben sind.

Um Ordnung herzustellen und das Gleichgewicht aufrechtzuerhalten, muss man etwas tun, ansonsten herrscht Chaos. Pessimisten halten die Ursachen für das Chaos, die Schwierigkeiten, in die sie immer wieder geraten, für dauerhaft und „von Gott gegeben". Optimisten, die gelernt haben, dass sie selbst etwas dazu tun müssen, um das Chaos zu beseitigen, wissen, dass die Ursachen, die uns aus der Bahn werfen, nur Stolpersteine darstellen, die uns dazu veranlassen, kurz innezuhalten um den eingeschlagenen Weg zu reflektieren, zu überprüfen, ob er noch gültig ist, ob der Wind sich gedreht hat und nun eine andere Richtung eingeschlagen werden muss oder man sich nach neuen Wegen umsehen muss, die unter den gegebenen Umständen dem eigenen Wohlergehen dienlicher sind.

Wenn der Motor anfängt zu stottern, ist es Zeit für eine „Auszeit". Kräfte sammeln ist angesagt und mitunter auch eine Reparatur von etwas, das unrund läuft. Das heißt aber nicht, dass das ganze Leben eine Fehlplanung war, das heißt nur, dass ein Detail nicht mehr passt, um das große Ganze zu vervollständigen – das ist wie bei einem Puzzle. Wenn Sie dazu neigen, Rückschläge zu generalisieren, zu verallgemeinern, bleiben Sie möglicherweise stecken, denn auf diese Weise wird das große Ganze infrage gestellt.

Wenn Sie also den Zauberstab schwingen und sich wünschen, Ihr Kind/Jugendlicher soll sich nicht durch Rückschläge aus der Bahn werfen lassen, so vermitteln Sie ihm ...

… dass ein Fehlschlag, eine Krise eine vorübergehende Phase im Leben eines Menschen ist und nicht bedeutet, dass er/sie sich als Ganzes infrage zu stellen hat. Fehlschläge in einem Lebensbereich bedeuten nicht auch ein Versagen in anderen Bereichen des Lebens.

Fragen Sie sich, wie Sie über das aufgetretene Problem wohl in zehn Jahren denken würden. Welche Relevanz hat es dann noch für Sie? Und: Könnte es Ihnen möglicherweise sogar behilflich sein? Geben Sie diese Möglichkeit, Dinge in der richtigen Relation zu erkennen, an Ihr Kind/Ihren Jugendlichen weiter. Nur kleine Geister sehen sich selbst als den Nabel der Welt und meinen, dass jeder auf sie blickt!

Versuchen Sie mit Ihrem Kind die Ursachen der Probleme zu erkunden und erarbeiten Sie mit ihm *gemeinsam* geeignete Lösungswege. Nur hinter den Lösungsansätzen, bei welchen Ihr Kind/Ihr Jugendlicher selbst beteiligt war, kann es/er mit ganzem Einsatz stehen und ist dazu in der Lage, etwas daraus zu lernen.

Mitunter ist es aber auch wichtig, dem Kind/Jugendlichen zu vermitteln, dass die Gründe für Fehlschläge nicht immer nur in der eigenen Person zu finden sind, sondern durch andere Menschen oder Situationen verursacht wurden. Nicht für alles, was einem zustößt, ist man auch selbst ursächlich verantwortlich. Wichtig ist dennoch, nicht in der Opferrolle zu verbleiben und den eigenen Selbstwert dadurch infrage zu stellen. Ziel ist es, immer nach vorne zu blicken, Wege aus dem Chaos und der Krise zu suchen, um daraus gestärkt hervorzugehen.

Die Jugend soll ihre eigenen Wege gehen,
aber ein paar Wegweiser können nicht schaden.
(Pearl S. Buck)

Lernen, „Nein!" zu sagen

Es ist für Eltern oft sehr schwierig, ihren Kindern einen Wunsch zu versagen, wenn es ihnen leicht fallen würde, ihn zu erfüllen. Sie setzen dies einem Liebesentzug gleich und haben das Gefühl, das Kind/den Jugendlichen von sich zu stoßen und zu bestrafen. Sie schlüpfen in die Rolle des Kindes, fühlen ihre eigene Hilflosigkeit, Wut und Enttäuschung, die sie gefühlt haben, als ihre eigenen Eltern Verbote ausgesprochen haben, die aus dem Erleben des Kindes nicht nachvollziehbar waren. Mit einem Augenzwinkern werden dann ausgesprochene Verbote wieder rückgängig gemacht, um die Beziehung zum Kind nicht zu gefährden. Weil Kinder und Jugendliche dieses Spiel durchschauen, drücken sie beim nächsten Mal die gleichen Knöpfchen und schon werden Verbote wie durch Zauberkraft aufgehoben.

Was lernen Kinder daraus? – Die von den Eltern aufgestellten Regeln, Werte und Grenzen sind willkürlich und lassen sich mühelos verschieben und umgehen. Wie viel Wert hat eine Meinung, die durch den kleinsten liebevollen Augenaufschlag des Töchterchens, ein wütendes Knallen der Türe des Herrn Sohnes oder den geschickten Verweis eines Volksschulkindes, dass alle in der Klasse bis 21.00 Uhr aufbleiben dürfen, ins Wanken gerät? Wie soll Ihr Kind lernen, sich eine Meinung zu bilden und zu dieser zu stehen, auch wenn andere die entgegengesetzte Meinung vertreten, wenn Sie sich so schnell aus dem Konzept bringen lassen?

Wenn Sie als Mutter/Vater müde von der Arbeit kommen und um ein wenig Ruhe bitten, die Kinder diesem Wunsch aber nicht nachkommen, weil sie genau wissen, dass Mutter oder Vater ihre Wünsche und Bedürfnisse selbst nicht ernst nehmen, wie soll dann Ihr Kind lernen, anderen Menschen Grenzen zu setzen und auf sich zu achten? Wer sich selbst nicht achtet, ist in den Augen anderer nichts wert! Wer seinen Kindern keine Grenzen setzt, erzeugt in ihnen das Gefühl, es nicht wert zu sein, Grenzen gesetzt zu bekommen.

Wenn Kinder keine Grenzen bekommen, erleben sie nicht die Wertschätzung der Eltern, die sie erhalten würden, wenn sie sich an das Vereinbarte halten und wie erhebend das Gefühl sein kann, das Vertrauen der Eltern zu genießen. Wenn Ihr „Nein!" in Wirklichkeit ein „Vielleicht?" ist, fühlen sich Ihre Kinder der Willkür ausgeliefert und suchen nach immer neuen Argumenten, um Sie zu schwächen.

Wenn Sie nun den Zauberstab schwingen und sich wünschen, Ihr Kind möge aus dem Zusammenleben mit Ihnen lernen, die eigene Meinung standfest zu vertreten und auf die eigenen Bedürfnisse zu achten, so zeigen Sie ihm …

- dass „Nein!" auch wirklich „Nein!" heißt und nicht „Vielleicht?".
- dass Sie selbst das „Nein!" ihres Kindes/Jugendlichen respektieren und nicht mit Argumenten versuchen, dieses zu entkräften.
- dass die von Ihnen gesetzten Grenzen ihm Schutz und Sicherheit geben und nicht von Ihrer momentanen Laune abhängig sind.
- dass jede Grenzüberschreitung Konsequenzen nach sich zieht, die möglicherweise für die ganze Familie nicht angenehm sind, jedoch mitgetragen werden.
- dass Sie sich nicht von Ihrem Kind/Jugendlichen kontrollieren bzw. manipulieren lassen.
- dass Sie, wenn Sie merken, dass sich der Konflikt hochzuschaukeln beginnt, aus dem Eskalationskreislauf

austreten und erst dann wieder daran arbeiten, wenn sich beide Konfliktpartner beruhigt haben.
- dass Sie sich an Vereinbarungen halten und sich selbst im täglichen Leben begrenzen – weil Grenzen einfach zum Leben gehören.
- dass Sie auch in schwierigen Phasen in Beziehung bleiben.
- dass Sie selbst Ihre Bedürfnisse achten und von den anderen erwarten, dass sie Ihre Intimsphäre nicht verletzen, ebenso wie Sie die Intimsphäre Ihres Kindes oder Jugendlichen achten und Rücksicht auf seine Bedürfnisse nehmen.

Bitte beachten Sie: *Ein „Nein!" zum Verhalten Ihres Kindes bedeutet nicht ein „Nein!" zur gesamten Person. Nicht Ihr Kind ist das Problem, sondern sein Verhalten in bestimmten Situationen.* Verletzen Sie die Würde Ihres Kindes nicht, indem Sie es in seiner Gesamtheit als „problematisch" bezeichnen. Sagen Sie Ihrem Kind deutlich, was Sie an ihm schätzen und was am Verhalten Ihres Kindes Sie stört bzw. womit Sie nicht leben möchten. Erklären Sie ihm, dass Sie es lieben und deshalb schützen möchten, damit seine Entwicklung nicht in falsche Bahnen gerät. Kinder müssen spüren, dass Sie sich sorgen und nicht dass Sie wütend sind und dass Ihre Begrenzungen aus Liebe, nicht aus Hass entstehen. Machen Sie Ihrem Kind deutlich, dass Sie ein Interesse daran haben, dass es seine Potenziale entwickeln kann und nicht in seiner Entwicklung stagniert und vermitteln Sie Wertschätzung und Achtung, aber bleiben Sie Ihren Werten treu.

Lernen „Nein!" zu sagen, wird heute vielfach mit dem Recht des Kindes auf Schutz seiner Intimsphäre verknüpft. Dies ist jedoch nur ein Teil des Rechts auf Selbstbestimmung. Wenn Kinder an ihren Vorbildern lernen können, dass die eigenen Bedürfnisse gut und wichtig sind, sie entsprechend ge- und beachtet werden, die eigene Intimsphäre geschützt werden darf und Menschen ein Recht darauf haben, sich abzugrenzen, sind sie in der Regel auch gegenüber Übergriffen aller Art geschützt. „Übergriffe aller Art" deshalb, weil es aus meiner Sicht bereits übergriffig ist, wenn Kinder von Erwachsenen mit Liebesbekundungen „überfahren" werden, die sie nicht möchten oder Eltern ihre Kinder dazu anhalten, sich mit Küsschen zu verabschieden oder zu bedanken, wenn sie das nicht aus einem persönlichen Impuls heraus tun. Grenzverletzend ist aber auch ein Elternteil, der das natürliche Schamgefühl seines Kindes nicht respektiert und die Tür zum Badezimmer aufreißt, wenn seine zehnjährige Tochter unter der Dusche steht und deutliche Signale gibt, dass sie ihre Nacktheit nicht mehr in der Öffentlichkeit zeigen möchte. Als übergriffiges Verhalten erlebe ich all das, was Menschen tun, ohne sich vergewissert zu haben, dass der andere das möchte, bzw. wenn jemand die Signale des anderen bewusst oder unbewusst ignoriert und Handlungen setzt, welche die Integrität des Menschen gefährden.

Die Persönlichkeit eines Menschen, seine Ganzheit und Unversehrtheit, ist ein zerbrechliches Gut und muss vor Angriffen von außen geschützt werden. Kinder, die gelernt haben, „Nein!" zu sagen und auf ihre eigenen Gefühle zu achten, sind in der Lage, sich selbst zu schützen. Sie benötigen nicht zwingend die Unterstützung ihrer Eltern. Das Gefühl, sich selbst schützen zu können, gibt Kraft und Sicherheit, macht wiederum unabhängig von der Gunst und dem Schutz anderer. Zudem vermitteln diese „starken" Kinder möglichen Tätern durch ihre verbalen und nonverbalen Signale, dass es besser wäre, hier Abstand zu halten.

Die ganze Welt besteht aus Lichtmustern.
Dunkel und hell wechseln sich ab,
Farben erscheinen in tausend Schattierungen.
Warum sollte ich nicht ebenso bunt und lebendig sein?
(Ulrich Schaffer)

DAS PUZZLE DER PERSÖNLICHKEIT

Wo sich Deine Talente
mit den Bedürfnissen der Welt kreuzen,
dort liegt Deine Berufung!
(ARISTOTELES)

Kreativität und Fantasie

Wussten Sie, dass der Mensch das einzige Lebewesen ist, das allein durch seine Vorstellungskraft und Fantasie in sich selbst Gefühle auslösen kann? Die Fähigkeit, kreativ seine Umwelt gestalten, dem eigenen Leben Farbe geben zu können, ist ungemein befriedigend und selbstwertsteigernd. Die eigene Kreativität ist eine sehr wichtige Ressource und immer verfügbare Quelle, um mit der eigenen Lebendigkeit in Kontakt zu kommen. Kindern und Jugendlichen diesen Zugang zur eigenen Kreativität und Fantasie zu eröffnen, ist für mich ein Parameter für Erziehungsfähigkeit.

Glückliche Menschen definieren sich nicht nur über das, was sie fähig sind, zu reproduzieren, sondern über das, was sie fähig sind, an Neuem, Fantastischem zu erschaffen, zu denken und zu fühlen. Ich denke, wir versäumen das Wesentliche, wenn wir meinen, einen Menschen daran messen zu können, was er fähig ist, an Vorgefertigtem wiederzugeben, was leider in den Schulen häufig als Messlatte angelegt wird. Zu reproduzieren und in den gewohnten Bahnen zu verweilen, hat etwas Statisches an sich. Menschen, die sehr kontrolliert oder zwanghaft sind, wirken auf uns immer unbeweglich und maskenhaft, weil sie mit ihrer Lebendigkeit aufgrund des starken Bemühens um Selbstkontrolle nicht in Berührung kommen.

Kinder fügen aufgrund ihres magisch-egozentrischen Weltbilds Dinge zusammen, die in der Realität nicht in Beziehung miteinander stehen. Sie machen das im positiven wie auch im negativen Sinne. Kinder meinen beispielsweise, dass der Streit der Eltern mit ihrem Schlimm-Sein in Zusammenhang steht. Sie leben auch in ihrer eigenen Allmachtsfantasie bei Tag und meinen, dass das Universum in der Nacht zurückschlage und sie vernichte. Am Tag ist es wesentlich leichter, von der Fantasie zur Realität überzuwechseln, während die Realitätsprüfung in der Nacht schwieriger ist. Wir sehen in der Nacht nicht so gut und füllen die unvollständigen Bilder mit Fantasie aus.

Das magische, egozentrische Weltbild des Kindes kann aber auch positiv genützt werden, um diesen Ängsten erfolgreich zu begegnen. Wenn Kinder/Jugendliche die Möglichkeit erhalten, Äußerliches zu gestalten, geben wir ihnen auch die Möglichkeit, diese Erfahrung in ihre Gesamtpersönlichkeit zu integrieren, gleichsam ihr Inneres als gestaltbar zu erleben. Wir nützen die Kreativität und Fantasie daher in der Kinder- und Jugendlichentherapie, um solchen Ängsten erfolgreich zu begegnen. Die Gestaltbarkeit des Außen wird so zur Metapher der Gestaltbarkeit des Inneren.

Kinder und Jugendliche müssen erleben können, dass bestimmte Zuschreibungen nicht für immer und ewig gelten, dass Persönlichkeitsmerkmale in verschiedenen Situationen unterschiedlich gewichtet sind, Emotionen und Verhaltensweisen in ihrer Intensität und Leuchtkraft situationsabhängig zum Tragen kommen und nur einen Teil der Persönlichkeit darstellen. Die eigene Persönlichkeit ist wesentlich leichter zu ertragen, wenn es einem gelingt, vom Schwarz-Weiß-Denken Abstand zu nehmen und die eigene Persönlichkeit als fließende und sich in permanenter Veränderung begriffene Form zu erleben.

Lebendigkeit hat etwas mit Leichtigkeit, Unbeschwertheit, Bewegung und Spiel zu tun. Lebendigkeit wohnt ein ganz bestimmter Zauber inne. Menschen, die lebendig sind, bezaubern uns. Wir fühlen uns zu ihnen hingezogen und möchten in ihrem Zauber mitschwingen. Was also hindert uns daran, unserer eigenen Lebendigkeit nachzuspüren und sie mit unseren Kindern gemeinsam wieder zum Leben zu erwecken? Seien Sie darauf vorbereitet, dass diese Ihnen sehr viel Neues, Ungewohntes zeigen können, das Sie aber ebenfalls faszinieren könnte, wenn Sie versuchen, sich mit einer größeren Offenheit auf deren Jugendkultur einzulassen.

Ich war selbst sehr fasziniert davon, wie sehr es meinem Sohn Freude bereitet, mir zeigen zu können, wie lustvoll es sein kann, großflächige Graffitis zu sprühen oder auf einem virtuellen Mischpult zwei Rapp-Songs miteinander zu verbinden, sodass ein harmonisches Etwas daraus wird. Der Kreativität und Fantasie sind auch hier keine Grenzen gesetzt! Der wahre Gewinn aus diesem Sich-Einlassen auf die Erlebniswelt des eigenen Kindes/Jugendlichen ist nicht das fertige Arbeitsstück, das Endergebnis, sondern die Möglichkeit des emotionalen Mitschwingens im gemeinsamen Erleben und das Kennenlernen der Denk- und Handlungsweise.

Es tut Ihrem Kind/Jugendlichen gut, wenn es/er spüren kann, dass Sie sich ohne vorgefasste Meinung seiner Welt öffnen können, um ihm dort zu begegnen. Sie werden überrascht sein, wie anders sie dort Ihr Kind/Ihren Jugendlichen erleben werden. Im Alltag nehmen Sie lediglich wahr, wie er/sie sich in seiner und Ihrer Welt bewegt, denkt und handelt!

Der Furchtsame erschrickt vor der Gefahr,
der Feige in ihr, der Mutige nach ihr.
(JEAN PAUL)

Selbstständigkeit und Selbstbewusstsein

In vorangegangenen Kapiteln habe ich bereits darauf hingewiesen, dass das Autonomiebestreben des bereits Einjährigen dringend zu unterstützen ist. Alles, was das Kind aufgrund seines Entwicklungsstands schon in der Lage ist, selbst zu tun, sollte ihm selbst überlassen werden. Es ist ein falsch verstandener Liebesbeweis, wenn Eltern für ihre Kinder alles tun. Sie werden dadurch der Lust am eigenen Tun, der eigenen Exploration und damit auch des positiven Feedbacks beraubt, das sich einstellt, wenn etwas erfolgreich geschafft wurde. Selbstwirksamkeit ist ein sehr wichtiges Prinzip, da es als natürlicher Spiegel des eigenen Tuns und Lassens dient.

Ich erlebe in meiner Praxis sehr häufig Menschen, die sich stark in der Opferrolle fühlen und keine Chance auf Veränderung aus eigener Kraft sehen. Depressionen, soziale Isolation bis zur Arbeitsunfähigkeit sind oft die Folge einer solchen „erlernten Hilflosigkeit“. Mit der Zunahme des Vertrauens in die eigenen Fähigkeiten, dem Kennenlernen der eigenen Ressourcen und Selbstheilungskräfte und dem Spüren der Selbstwirksamkeit, kehrt meist recht rasch auch das Gefühl des Glücks zurück.

Bei kleinen Kindern können wir oft sehr eindrucksvoll ihre große Freude über Gelungenes beobachten. Ein hoher Turm aus Bauklötzen etwa oder die ersten Schritte, die ein Kind tut, entlocken den staunenden Erwachsenen oft einen schallenden Applaus. Für das Kind ist dieser wohl wichtig und ein Zeichen, dass sich die Eltern mit ihm freuen. Das wirklich motivierende, das, was das Kind dazu bringt, das Erlernte immer und immer wieder zu üben, ist die Lust daran, die eigene Selbstwirksamkeit zu spüren. Mit dem eigenen Tun etwas bewirken zu können, ist für Kinder wie auch für Erwachsene ein außerordentlich befriedigendes Gefühl und Motivation dafür, das, was so gut geklappt hat, weiterhin zu wiederholen.

Ebenso wichtig wie dieses positive Feedback ist jedoch auch die Reaktion der Umwelt auf unterlassenes Tun bzw. gemachte Fehler. Durch ein kongruentes, negatives Feedback von Erwachsenen, bzw. situationsgebundenes STOPP lernt das Kind, dass das, was es gemacht hat, wohl nicht richtig war und etwas anderes von ihm erwartet wird. Diese Rückmeldungen sind für die Ausbildung seiner psychischen Funktionen ebenso bedeutsam und wichtig wie positive Rückmeldungen. Einem Kind diese Korrekturmöglichkeit vorzuenthalten, ist ein Fehler. Eltern haben z.B. oft das Gefühl, sie müssten ihre Kinder vor negativen Erfahrungen schützen, um sie glücklich zu machen.

Genau das Gegenteil ist jedoch der Fall. Die eigene Selbstwirksamkeit zu spüren, gibt Selbstvertrauen in die eigenen Fähigkeiten, spiegelt uns die eigene Kraft, gibt uns Zuversicht, dass wir selbst der Schmied unseres Glücks sind und wir nicht darauf warten müssen, bis andere uns glücklich machen.

Das Leben ist ein dorniger Rosenstock
und das Glück seine Blüte!
(Konfuzius)

Dankbarkeit und Zufriedenheit

Als sehr wichtig erlebe ich immer wieder, dass Kinder bereits früh lernen, Dankbarkeit zu empfinden, für das, was täglich um uns herum an Positivem geschieht. Da Kinder vor allem am Vorbild der Eltern lernen, ist es wichtig, Kindern zu vermitteln, dass man selbst dankbar dafür ist, dass man in einem friedlichen Land leben kann, in welchem Menschenrechte geachtet werden, es reichlich Bodenschätze, Nahrung, frisches Wasser gibt, Kindergärten und Schulen, welche die Bildung unserer Kinder sichern, wir genügend Geld durch angemessene Arbeit verdienen und wir uns dadurch unser Leben finanzieren können, dass es eine Grundversorgung gibt, wenn wir unsere Arbeit verlieren etc.

Wir können unseren Kindern vermitteln, dass unsere Polizei unsere Sicherheit gewährleistet, die Ärzte sich um unsere Gesundheit annehmen etc. Wenn Kinder bei den Eltern eine prinzipiell positive Einstellung zum Leben erfahren, werden auch sie dem Leben mit einer prinzipiell positiven Einstellung gegenübertreten. Leider erlebe ich sehr oft das Gegenteil: Eltern vermitteln ihren Kindern beispielsweise, dass wir in einem Land leben, in dem Ausländer mehr Rechte haben als Inländer, dass wir eine miserable Politik haben, die den Einzelnen ausbeutet, dass in Kindergärten und Schulen unwichtiges und längst zu entrümpelndes Wissen vermittelt wird, wir für unsere Arbeit zu schlecht entlohnt werden und wir nicht wissen, wie wir unsere vielen Bedürfnisse finanzieren sollen etc. Wir könnten unseren Kindern auch vermitteln, dass die Polizei nur Strafzettel verteilt, immer die Falschen inhaftiert, die Ärzte nur Pfusch machen etc. Wenn Kinder ihre Eltern zumeist unzufrieden erleben, so werden auch sie dieses unzufriedene Weltbild im Herzen tragen.

Eine geglückte Kindheit zu haben, beinhaltet auch, dass Kinder Glücksmomente erfahren, die auf verschiedenen Ebenen angesiedelt sind: Diese erfahren sie durch die Geborgenheit in der Familie, die ihnen auch Schutz und Sicherheit gewährt. Sie erfahren diese aber auch, wie bereits erwähnt, wenn sie sich etwas erkämpfen müssen und dann erleben können, wie es sich anfühlt, etwas durch eigene Anstrengung erreicht zu haben. Flow-Erlebnisse fallen in diese Kategorie. Kinder brauchen viele solcher Erlebnisse, um den eigenen Selbstwert zu stabilisieren und mit sich zufrieden sein zu könne. Dankbar zu sein, für das, was mir geschenkt wurde, und zufrieden mit dem zu sein, was man ist und wie man sich sein Leben eingerichtet hat, ist ebenso eine wesentliche Voraussetzung dafür, Glück empfinden zu können!

Je mehr wir unsere Kinder lieben,
desto weniger kann es uns genügen,
dass sie nur in unsere Fußstapfen treten.
(Friedrich Schleiermacher)

Vertrauen und Unabhängigkeit

Eine sichere Bindung zu den Eltern ist die entscheidende Basis dafür, sich auf Risiken und Belastungen einzulassen und sich mit diesen aktiv auseinanderzusetzen. Das unerschütterliche Vertrauen eines Kindes in seine Eltern ist der wichtigste Wegbereiter, Vertrauen in andere Menschen, die Veränderbarkeit der eigenen Lebenssituation und die eigenen Fähigkeiten zu entwickeln. Kurz: sich vertrauensvoll dieser Welt zuwenden zu können. Wenn dieses Vertrauen da ist, kann sich auch die Neugier, die Lust an der Exploration entwickeln. Neugier ist eine Kraft, die Menschen innewohnt, sie muss nicht an das Kind herangetragen werden, sie muss nur die Möglichkeit bekommen, sich entfalten zu dürfen.

Kleine Kinder haben ein ungeheures Potenzial an Neugierde, ohne die sie die Welt um sich herum nicht erkunden könnten. Je mehr Erfahrungen ein Kind machen kann, desto komplexer werden die neuronalen Verschaltungen im Gehirn, desto vielfältigere Erfahrungen kann es sammeln und desto mehr Vertrauen in zwischenmenschliche Beziehungen, die eigenen Fähigkeiten und seine persönliche Unabhängigkeit entwickelt es. Lust, etwas Neues zu lernen, Probleme lustvoll als Herausforderung (positiv) erleben zu können und nicht als Überforderung (negativ), sind wichtige Faktoren, um Glück überhaupt empfinden und Vertrauen in die eigenen Fähigkeiten aufbauen zu können.

Kinder müssen ihre Selbstwirksamkeit spüren, sich als aktiv Mitgestaltende in einer sich verändernden Welt, der Welt der Erwachsenen, erleben können. Wenn Herausforderungen als solche angenommen werden können, es nicht zu einer unkontrollierten Überflutung kommt und das Kind/der Jugendliche in der Lage ist, die Herausforderung mit Anstrengung zu lösen, kommt es zu einem positiven Effekt, der sich auf die gesamte Entwicklung positiv auswirkt.

Eine gute Schulbildung ist zwar keine Garantie, im Leben glücklicher zu sein, sie erweitert jedoch die persönlichen Perspektiven zur Gestaltung des eigenen Lebens, über sich und die Welt, in der wir leben, in einer komplexeren Art und Weise reflektieren zu können, sich selbst als kompetente Persönlichkeit zu erleben und der eigenen Selbstwirksamkeit zu vertrauen. Wir werden unabhängiger von der Meinung anderer, lernen uns selbst zu vertrauen und Menschen, denen wir vertrauen können, als solche zu identifizieren, was in einer Welt, in der Ehrlichkeit und moralische Verpflichtung kaum noch als anzustrebende Werte wahrgenommen werden, von Vorteil ist.

Menschen, die gelernt haben, eigenständig zu denken und zu handeln, unterliegen weniger leicht den Verführungen, die sich allerorts auftun, z.B. über Fernsehen, Zeitung, Internet. Eine gute Schulbildung lässt uns unsere eigene Stellung und Rolle in der Welt objektiver beurteilen und zur Lösung eines Problems verschiedene Möglichkeiten der Lösung in Erwägung ziehen. Fakt ist, dass die subjektive Zufriedenheit mit der eigenen beruflichen Tätigkeit bei Menschen mit höherer Bildung eine deutlich bessere ist, sie seltener als Opfer oder Täter in Straftaten verwickelt sind, ein geringeres Risiko für somatische Erkrankungen haben und deutlich seltener wegen psychiatrischer Störungen behandelt werden müssen. Auch die durchschnittliche Lebenserwartung ist höher.

Erklärt wird dies u.a. durch eine geringere Aussetzung durch Stress, eine bessere Stressbewältigung, die Nutzung gesellschaftlicher und persönlicher Ressourcen sowie die Nutzung medizinischer und präventiver Dienste. Ich möchte mich hier Wolfgang Ambros' Refrain aus einem meiner Lieblingslieder anschließen: „Nur wer für sich selber denkt, ist frei!"

Wer nicht vom Fliegen träumt,
dem wachsen keine Flügel.
(unbekannt)

Humor, Träume und Optimismus

Das Wort Humor wurde in der Antike im Sinne der richtigen Mischung der Körpersäfte, die zu einer guten Stimmung verhilft, verstanden. Ich habe diese Definition, die Sie gerne bei Wikipedia nachlesen können, deshalb hier angeführt, weil ich davon überzeugt bin, ohne hierfür entsprechende Studien anführen zu können, die diese Tatsache belegen, dass sich bei Menschen mit einer positiven, lebensbejahenden Grundstimmung hierfür auch ein körperliches Substrat, eine hormonelle Entsprechung finden lässt. Humor ist eine sehr wichtige Gabe, um schwierige Situationen mit mehr Leichtigkeit meistern und nicht nur andere, sondern auch sich selbst trösten zu können.

In diesem Zusammenhang möchte ich auf eine Beschreibung Sigmund Freuds zurückgreifen, der in einem Aufsatz über den Humor 1927 schrieb: „Der Humor hat nicht nur etwas Befreiendes, wie der Witz und die Komik, sondern auch etwas Großartiges und Erhebendes, welche Züge an den beiden anderen Arten des Lustgewinns aus intellektueller Tätigkeit nicht gefunden werden können. Das Großartige liegt offenbar im Triumph des Narzissmus, in der siegreich behaupteten Unverletzlichkeit des Ichs. Das Ich verweigert es, sich durch die Veranlassungen aus der Realität kränken, zum Leiden nötigen zu lassen, es beharrt dabei, dass ihm die Traumen der Außenwelt nicht nahegehen können, ja es zeigt, dass sie ihm nur Anlässe zu Lustgewinn sind."

Das Großartige und Erhebende am Humor erkennt

Freud also daran, dass das Ich durch ihn mit manch verletzender und emotional bedrohlicher Situationen besser fertig wird und durch ihn seine Unversehrtheit zu schützen vermag, ja sogar noch einen gewissen Lustgewinn daraus ziehen kann.

Humor ist also eine wichtige und äußerst positive Strategie der Stressbewältigung, da es sich zum einen um Ablenkung von der Stress auslösenden Situation, zum anderen aber auch eine Art Umdeutung der Situation handelt. Die Integrität des Selbst bedrohliche Situation wird soweit umgedeutet, bis sie dem Lustgewinn dienlich ist – phänomenal! Ich spreche hier aber nicht von einer besonderen Form des Humors, dem Galgenhumor, der in seiner Bitterkeit der Depression um nichts nachsteht! Ich spreche hier vor allem von einer die Persönlichkeit durchdringenden positiven Grundstimmung, die uns das Leben erträglicher macht, Farbe in den Alltag bringt und uns erlaubt, über kleinere und größere Schwächen bei sich und anderen hinwegzublicken, ohne diese als Bedrohung erleben zu müssen. Erlauben Sie dem Kobold in sich, sich öfter zu zeigen! Über die Leichtigkeit des Seins wurde schon viel geschrieben – versuchen Sie diese Ihren Kindern zu vermitteln, indem Sie selbst versuchen, diese zu leben!

Eng verwandt mit der positiven Grundstimmung ist der Optimismus. Optimistische Menschen gehen davon aus, dass belastende Ereignisse nur kurzfristig ihr Leben streifen, sie ihnen als Aufgabe im Leben dienen, aus der sie für zukünftige Ereignisse lernen können, sie besser zu meistern. Optimistisch denkende Menschen schreiben sich auch weniger häufig die Schuld an einem schlechten Ergebnis oder belastenden Ereignis zu, haben dadurch ein deutlich stabileres Selbstwertgefühl und können sich daran machen, Probleme zu beheben, anstatt in hemmenden Pessimismus zu verfallen.

Martin Seligmann, einer der bedeutendsten Glücksforscher unserer Zeit, hat in einem seiner letzten Vorträge darauf hingewiesen – und diese Erkenntnis finde ich sehr spannend – dass Optimismus zu 50 % vererbt wird. Hierbei sei vor allem der mütterliche Optimismus („mother's optimism") ausschlaggebend. Lehren Sie daher Ihr Kind, sich mit Optimismus und Lebensfreude einem Problem zu nähern und eigenen Träumen Raum zu geben. Paulo Coelho hat einmal geschrieben: „Der Mensch darf nie aufhören zu träumen. Der Traum ist Nahrung für die Seele!" Dies ist ein wahres Wort!

Umso erschreckender ist für mich, dass ich in meiner Arbeit mit Menschen, vor allem mit Kindern und Jugendlichen, sehr häufig auf die Tatsache stoße, dass diese keine Träume mehr haben. Ich stelle seit etwa 20 Jahren standardmäßig die „Wunderfrage". Diese lautet etwa: „Stell dir vor, du gehst in den Wald und es steht plötzlich eine Fee vor dir, die sagt: Du hast drei Wünsche frei, die werden dir erfüllt. Welche drei Wünsche hättest du?" Vor etwa fünf Jahren gab es kein Kind/keinen Jugendlichen, der mir nicht mindestens drei Wünsche präsentieren konnte; und zwar nicht nur materielle Wünsche, sondern auch Wünsche für die Zukunft, die Familie und sich selbst. Heute stoße ich sehr häufig auf ein Achselzucken und ein „Ich weiß nicht?", wenn ich diese Frage stelle. Bestenfalls erfahre ich, welche neuen Konsolenspiele auf der Wunschliste stehen. Deshalb füge ich nun häufig den Satz bei: „Ich denke da an Wünsche für dich und deine Familie, die Zukunft betreffend", wodurch mitunter Träume und Bilder von einer erhofften Zukunft kommen, die das Kind/der Jugendliche tief in sich wohl verspürt, jedoch nicht mehr zu denken gewagt hat.

Menschen sind heute offenbar nicht mehr in der Lage, Träume und positive Visionen zu entwerfen, weil sie das

Gefühl haben, nichts dazu beitragen zu können, damit diese zur Realität werden. Ohne positive Visionen und konkrete Ziele für die Zukunft finde ich aber keinen Weg dorthin! Wo die Hoffnung fehlt, ist der Abgrund nicht weit! Kinder und Jugendliche benötigen Hoffnung und Zuversicht, dass es für sie eine lebenswerte Zukunft gibt.

Hören wir endlich damit auf, unsere Zukunft und unsere Welt krank zu reden. Nehmen wir unser Schicksal selbst in die Hand! Nach dem Motto:

Yes, we can!

Es wird nichts besser, wenn wir weiterhin in Lethargie verfallen und uns bemitleiden. Der erste Schritt zur Veränderung ist die Hoffnung, der zweite die Vision, der Traum. Weil ich an die Magie von Sprüchen glaube, die unsere tiefsten Sehnsüchte erreichen, möchte ich Ihnen den Satz von Gabriel Marcel nicht vorenthalten, der einmal sagte: „Hoffnung ist eine schöne Erinnerung an die Zukunft!“ Rahmen Sie sich diesen Satz ein und hängen Sie ihn dahin, wo Sie ihn täglich sehen. Er könnte Ihnen mehr Schutz und Sicherheit geben als eine abgeschlossene Versicherung.

Menschen, die keine Hoffnung, keine Träume in sich tragen, haben ein sehr hohes Risiko, an Burnout, Depressionen, Ängsten, psychosomatischen Störungen u.v.m. zu erkranken, wodurch ihr ganzes Leben in Mitleidenschaft gezogen wird. Zeigen Sie Ihren Kindern, wofür es wert ist zu leben, zu lieben, zu arbeiten, zu lernen und sich anzustrengen! Machen Sie sich selbst frei von den eingefahrenen Strukturen und lauschen Sie auf die Träume Ihrer Kinder und Jugendlichen, seien Sie bereit, nach gemeinsamen Wegen zu suchen und verharren Sie nicht in der Starre.

Kinder und Jugendliche, die einzig den Wunsch hegen, bei ihrem neuen Konsolenspiel den Gegner zu vernichten, der Schnellste, Coolste und Cleverste in einer virtuellen Welt zu sein, haben in der ersten Welt, unserer realen, bald keine Ziele, Träume und Hoffnungen mehr. Sie verlieren den Kontakt zu sich selbst und zu den Menschen um sich herum, sind nicht in der Lage, stabile Freundschaften aufzubauen, komplexe Aufgaben zu lösen und Glück zu empfinden.

Ich lege Ihnen sehr ans Herz, sich weiterführende Literatur zu beschaffen (siehe Anhang), da die Erkenntnisse der Neurobiologie in diesem Zusammenhang ein Umdenken notwendig machen, um die Entwicklung unserer Kinder und Jugendlichen nicht vorsätzlich zu gefährden. Ich bin zwar immer wieder darauf zu sprechen gekommen, möchte den interessierten Leser jedoch auch an dieser Stelle motivieren, auf Literatur von Gerald Hüther und Manfred Spitzer in seinem Leben nicht zu verzichten. Sie könnte ihr Leben verändern!

Entscheidend für jeden Erfolg
ist der Glaube an sich selbst.
(unbekannt)

Entschlossenheit und Beziehungsfähigkeit

Sich seiner selbst bewusst zu sein, gibt Kraft und Stärke. Die eigenen Wünsche und Bedürfnisse angemessen vertreten zu können, zu zeigen und zu sagen, was man denkt und fühlt und neuen Situationen mit Zuversicht zu begegnen, ist Zeichen einer reifen, selbstsicheren Persönlichkeit. Sich selbst als liebenswert und der Liebe wert zu fühlen, ist das größte Vermächtnis, das Eltern ihren Kindern mitgeben können.

Wenn Eltern an ihr Kind glauben konnten und es trotz zeitweiliger Rückschläge geschafft haben, ein grundsätzlich positives Bild seiner Persönlichkeit zu vermitteln, ist der Glaube an sich selbst so stark im Selbstbild verankert, dass auch in Krisensituationen das grundsätzlich positive Selbstbild nur kurzweilig irritierbar, nie jedoch massiv erschütterbar wird. Wer sich selbst bejaht und mit allen Stärken und Schwächen akzeptieren kann, braucht niemanden, der ihm sagt, dass er/sie liebenswert ist. Unabhängig sein vom Bild der anderen, gibt innere Stärke und entlastet den Partner, sich dafür verantwortlich zu fühlen, dass es dem anderen gut geht.

Junge Erwachsene sind dann auch in der Lage, in einer Partnerschaft die eigene Persönlichkeit zu wahren, sich vom Anderen entsprechend abzugrenzen und die eigenen Gefühle abgegrenzt wahrnehmen zu können. Dies ist eine wichtige Voraussetzung, um eine erfüllte Partnerschaft leben, mein Denken und Handeln reflektieren und gegebenenfalls verändern zu können. Aus dieser Position heraus sind sie auch in der Lage, die Persönlichkeit und Abgegrenztheit des anderen zu respektieren, ihm den nötigen Freiraum, eigenständiges Fühlen und Denken zuzugestehen.

Auf der 6. Österreichischen Tagung für Kinder- und Jugendlichenpsychotherapie (9. 10.–10. 10. 2009) zitierte Dipl.-Psych. Julia Onken (Schweiz) folgende Worte des Propheten *Kahlil Gibran* zum Thema Ehe, die ich Ihnen in diesem Zusammenhang nicht vorenthalten möchte:

„… Doch lasset Raum zwischen Eurem Beieinander-Sein,
und lasset Wind und Himmel tanzen zwischen Euch.
Liebet einander, doch macht die Liebe nicht zur Fessel:
Schaffet eher daraus ein webendes Meer
zwischen den Ufern Eurer Seelen.
Füllet einander den Kelch,
doch trinket nicht aus einem Kelch.
Gebet einander von Eurem Brote,
doch esset nicht vom gleichen Laibe.
Singet und tanzet zusammen und seid fröhlich,
doch lasset jeden von Euch allein sein.
Gebet einander Eure Herzen,
doch nicht in des anderen Verwahr.
Denn nur die Hand des Lebens vermag Eure Herzen zu fassen.
Und stehet beieinander, doch nicht zu nahe,
denn die Säulen des Tempels stehen einzeln,
und Eichbaum und Zypresse wachsen nicht
im gegenseit'gen Schatten.“
(Kahlil Gibran)

Was denken Sie? Eine sehr fortschrittliche Denkweise, nicht wahr? Sie veranschaulicht, dass Liebe zwischen Mann und Frau nur dann beständig sein kann, wenn das Individuum erhalten und respektiert wird und genügend Freiraum herrscht, um sich innerhalb der Beziehung entwickeln zu können. Nun, dies gilt nicht nur für die Liebe zwischen Mann und Frau! Dies gilt auch für die Liebe zwischen Eltern und ihren Kindern/Jugendlichen!

Entschlossen seinen eigenen Weg gehen zu können, setzt voraus, eigene Ziele im Leben entwickelt zu haben, ein Bild von den Wünschen und Träumen entworfen zu haben und dieses Ziel konsequent, aber mit der nötigen Variabilität zu verfolgen.

Ich habe einmal einen Spruch gelesen, den ich an dieser Stelle gerne anführen möchte, weil er in etwa das aussagt, was ich meine: „Nimm die Dinge so, wie sie kommen – aber sorge dafür, dass sie so kommen, wie du sie haben willst!" Ich denke, es ist auch immer wieder notwendig, eine Standortbestimmung durchzuführen und nachzuspüren, ob das verfolgte Ziel noch immer seine Gültigkeit hat, oder aber die eigene Entwicklung bereits in eine andere Richtung weist. Diese Variabilität ist sehr wichtig, um die eigene Entwicklung, die manchmal wie ein kleines Pflänzchen noch recht unscheinbar zu sprießen beginnt, nicht gleich im Keim zu ersticken.

Es braucht auch eine gute Balance, um seinen eigenen Weg im Auge zu behalten und dabei den Kontakt zum Partner, seiner persönlichen Entwicklung, den gemeinsamen Wünschen und Zielen, nicht zu verlieren. Wie dieser Balanceakt gelingen kann, wie partnerschaftliche Reibungspunkte angesprochen und Vereinbarungen getroffen werden, ist vorwiegend auf Basis der Vorbildwirkung der eigenen Eltern erlernt worden.

Ob ein junger Mensch es schafft, sich selbst innerhalb einer bestehenden Beziehung zu verwirklichen, hängt auch stark damit zusammen, ob er selbst die Erfahrung machen durfte, innerhalb einer liebevollen, tragenden Eltern-Kind-Beziehung seinen eigenen Weg zu gehen und seine eigenen Ziele verfolgen zu können.

Immer wieder geschieht das Wunder:
Die Herrlichkeit außen
stößt auf die Bereitschaft in uns
und unsere Verwandlung geschieht.
(Ulrich Schaffer)

Offenheit und innere Stärke

Unlängst sagte mir eine 18-Jährige, die ich in therapeutischer Begleitung habe, dass sie mit dem Satz ihrer Mutter: „Sei einfach ein wenig offener!", Probleme habe. Sie wisse nicht genau, was das heiße, was eigentlich von ihr erwartet werde. Durch ein darauf folgendes Brainstorming und die Bearbeitung der dabei auftauchenden Vorstellungen von Mutter und Tochter konnte das Mädchen eine Idee davon bekommen, welche Schritte in Richtung „Offenheit" sie beginnen könnte zu gehen.

„Offenheit" ist ein Konstrukt, das bei jedem Menschen andere Gefühle und Vorstellungen auslöst. In jener therapeutischen Sitzung konnten Mutter und Tochter folgende Punkte erarbeiten:

- Redseligkeit versus Verschwiegenheit
- aufgeschlossen sein gegenüber Neuem und Altem
- eigene Fehler eingestehen und zur eigenen Person zugehörig annehmen können
- sich entschuldigen können und diese Entschuldigung auch ernst meinen
- Gefühle mitteilen können und Probleme mit anderen besprechen
- auf andere zugehen/soziale Kontakte pflegen etc.

„Offenheit", aber auch „innere Stärke" sind sehr wichtige Teile der reifen Persönlichkeit. Natürlich müssen extravertierte Menschen, die „ihre Gefühle auf der Zunge tragen", akzeptieren, dass es Menschen gibt, die mehr nach innen leben und andere an ihrem Gefühlsreichtum nicht zu jedem Zeitpunkt teilhaben lassen. Introvertierte Menschen haben zumeist ein reiches Gefühlsleben, sehen aber keine Notwendigkeit, ihre Gefühle nach außen zu transportieren. Mitunter haben sie Angst, dass diese dann allzu schnell flüchtig werden oder sie der Gefahr ausgesetzt sind, von anderen buchstäblich „zerredet" zu werden.

Extravertierte Menschen zeigen sich ob dieser „Verschwiegenheit" mitunter irritiert, möchten Einblick in die Gedankenwelt des anderen durch häufiges Nachfragen erreichen und stoßen mitunter auf barsche Zurückweisung. Daraus ergibt sich ein Teufelskreis von Annäherung – Zurückweisung – Verletzung – Rückzug, der nicht entstehen müsste, könnten Menschen das fremde Erleben und Verhalten des anderen respektieren.

Das oberflächliche Geplapper beispielsweise beim Friseur, Masseur oder beim Fleischhauer ums Eck, das in unserer Gesellschaft häufig als Offenheit missverstanden wird, ist sicher kein Puzzleteil der Persönlichkeit, das es anzustreben gilt. Offenheit meint vielmehr die Aufgeschlossenheit der Person sich selbst, seinen Mitmenschen, der Umwelt, in welcher er lebt, und der Welt an sich gegenüber.

Aufgeschlossen sein bedeutet, sich dem eigenen Erleben und Verhalten, aber auch dem anderer zu nähern, versuchen es zu verstehen, in Worte zu fassen und es dem anderen in der Form mitzuteilen, dass er es annehmen kann. In der Fachsprache nennen wir es Empathie. Empathiefähigkeit erleichtert das Zugehen auf andere sowie das Leben in Beziehungen. Sie ist die Grundlage dafür, sich selbst und die eigene Gefühlswelt besser verstehen, eigene Fehler selbstreflexiv erkennen und deren Wirkung auf Mitmenschen abschätzen zu können. Ohne ein Mindestmaß an Empathiefähigkeit können eigene Fehler nicht erkannt und damit auch keine Wiedergutmachung erwartet werden.

Wenn Jugendliche mitunter über die Verletztheit anderer hinweggehen, zeugt das meiner Erfahrung nach aber nicht von einem Mangel an Empathiefähigkeit. Es ist vielmehr Ausdruck dessen, dass die eigene Person und die übervolle, chaotische Gefühlswelt im Mittelpunkt der eigenen Aufmerksamkeit stehen und Jugendliche „den Schritt zurück" vom eigenen Erleben noch nicht schaffen. Die eigene Gefühlswelt distanziert von einer Art Metaebene zu betrachten und sich auch noch die Zeit zu nehmen, die Wirkung des eigenen Verhaltens auf andere wahrzunehmen, zu entschlüsseln und darauf empathisch einzugehen, ist eine in dieser Entwicklungsstufe beinahe unlösbare Aufgabe. Sie entspricht ganz einfach nicht dem jugendlichen Umgang mit sich und der Welt und entwickelt sich langsam, bis es fester Bestandteil der reifen Persönlichkeit geworden ist.

Aber nicht nur Empathiefähigkeit ist eine Voraussetzung für Offenheit. Es ist auch die der menschlichen Natur angeborene Neugierde, die Menschen dazu antreibt, sich die Welt und alle Wunder in ihr und in unserem Universum zu erschließen. Diese Lust, sich Neuem zuzuwenden, zu lernen, zu explorieren kann sich jedoch – wie Sie aus den vielen Kapiteln vorher sicher noch in Erinnerung haben – nur dann frei entfalten, wenn der Mensch nicht in Angst und Unsicherheit lebt. Das Bindungssystem darf nicht zu stark aktiviert sein, die Person muss sich ihrer Beziehungen sicher sein und – Sie erinnern sich an die Maslow'sche Bedürfnispyramide – die „Defizitbedürfnisse" müssen entsprechend abgesättigt sein, damit sich der Mensch der Selbstverwirklichung und Exploration widmen kann.

In jugendlichen Jahren sind diese Grundvoraussetzungen zumeist eingeschränkt, weshalb sich auch die Aufgeschlossenheit für Neues – und auch Altes – zumeist in Grenzen hält. Erst im frühen Erwachsenenalter – wenn Beziehungen stabiler werden und auch die Defizitbedürfnisse allmählich durch eigene Anstrengung befriedigt werden können – erwacht wieder die Lust, sich dem Unbekannten/Neuen zuzuwenden.

Kinder sollten jedoch durch das Vorbild ihrer Eltern erleben können, dass die Offenheit für Neues, das lebenslange Lernen eine Quelle der Befriedigung sein kann und nicht nur lästige Pflicht bedeutet. Offenheit für die Welt um uns herum setzt aber auch eine gewisse „innere Stärke" voraus, um sich in der Weite nicht zu verlieren, den „Boden unter den Füßen" zu behalten und zwischen positiven und negativen Erfahrungen unterscheiden zu können.

Um diese Selektion treffen zu können und die „Erdung" nicht zu verlieren, benötigt ein junger Mensch wiederum ein solides, aber auch flexibles Wertesystem, ein inneres Arbeitsmodell, das er im Laufe seiner Entwicklung im Zusammenleben mit seinen Hauptbezugspersonen und später in der Auseinandersetzung mit seiner spezifischen Lebenswelt entworfen hat.

Ist das eigene Wertesystem zu rigide, lässt es kaum andere Sichtweisen zu und wird die persönliche Entwicklung gehemmt, ist es zu instabil, erlaubt es möglicherweise auch, Erfahrungen zu integrieren, welche eine Person schädigen, wodurch die Entwicklung Schaden nimmt. Offenheit und innere Stärke sind daher zwei Puzzleteile der Persönlichkeit, die sich ineinanderfügen müssen, um dem Einzelnen eine positive Entwicklung zu ermöglichen.

Sich mitfreuen sowie mitleiden zu können
ist Zeichen eines reifen Menschen.
Es ist die Fähigkeit,
das eigene Leben einen Moment lang zurückzustellen
und sich ganz auf das Leben eines anderen Menschen einzustellen.
(Ulrich Schaffer)

WENN DIE HEILE WELT ZERBRICHT

Mit dem Abschied wird die Liebe zu denen,
die uns nahe stehen, immer noch ein wenig größer.
(Ursula Kohaupt)

Die Trennung von den primären Bezugspersonen

Die Bindung an die Hauptbezugspersonen ist eine einzigartige und nicht austauschbare. Bei Verlust dieser Hauptbezugspersonen durch Tod, Scheidung oder Trennung der Elternteile oder einer Herausnahme des Kindes aus der Herkunftsfamilie bedeutet dies für das Kind immer eine persönliche Krise, welche deutliche körperliche wie auch psychische Reaktionen nach sich zieht.

Exemplarisch möchte ich Ihnen kurz von einem Vierjährigen berichten, der die Trennung von seiner Großmutter, die für ihn in den ersten Lebensjahren die Hauptbezugsperson darstellte, weil beide Elternteile berufstätig waren und er die meiste Zeit von der Oma am Bauernhof betreut wurde, nicht verkraften konnte und erst langsam in die neue Lebenssituation hineinwachsen musste.

Ich lernte den kleinen M. kennen, weil er der Mutter gegenüber, die sich zwischenzeitlich auch vom Vater getrennt hatte und in eine kleine Wohnung in der Stadt übersiedelt war, sehr aggressiv reagierte, sich am Abend kaum ins Bett bringen ließ und nur vor dem laufenden Fernseher einschlafen konnte. Der Vater kam zu diesem Zeitpunkt nur auf Spontanbesuch, wenn es seine Zeit erlaubte.

Nach Besuchen bei der Oma auf dem Bauernhof sei alles noch viel schlimmer, berichtete die Mutter. Der Bub schlage mit dem Kopf gegen die Mutter, aber auch den Boden; er sei dann einfach wie von Sinnen, weshalb die Mutter die Besuche bei der Oma ganz eingestellt habe, weil sie dachte, dass diese das Kind zu sehr belasten und die Oma gegen die Mutter interveniere, ihm keine Grenzen setze etc.

In meiner Arbeit mit dem Kind zeigte sich neben den altersspezifischen Entwicklungsthemen wie z.B. die Sehnsucht nach Versorgung und die Sauberkeitserziehung auch die Sehnsucht des Kindes nach seiner primären Bezugsperson, der Oma, dem Vater, den Tieren am Bauernhof und generell der Bewegungsfreiheit, die er in der Stadt vermisste. Die von der Mutter gezogene „Notbremse" entpuppte sich als falsche Maßnahme. Sie löste noch massivere Verhaltensprobleme bei M. aus.

Die in rascher Folge aufeinander kommenden Trennungen von dem Kind nahestehenden Bezugspersonen, verunsicherten M. und führten zu massiven Trauerreaktionen, die missgedeutet wurden als Aggressionen gegen die Mutter, die aus dem Erleben des Kindes betrachtet für diese Trennungen verantwortlich war. Verlustängste machten sich breit und M. verweigerte in der Folge auch den Kindergartenbesuch, weil er Angst hatte, nun ebenfalls die Mutter zu verlieren. M. zeigte ambivalentes Verhalten der Mutter gegenüber. Zum einen suchte er bei ihr Zuwendung und Trost, zum anderen stieß er sie von sich und verletzte sich selbst. Die Mutter war sehr verzweifelt und meinte, ihr Sohn würde sie ablehnen.

Als die Mutter wie auch der Vater des Kindes die Hintergründe für dieses aus ihrer Sicht unverständliche Verhalten von M. erkennen konnten, löste sich der „Knoten" und für M. konnte eine gute Regelung gefunden werden, die es ihm erlaubte, zu seinen primären Bezugspersonen weiterhin eine Beziehung aufrechtzuerhalten. Dieses Fallbeispiel zeigt, dass das Kappen primärer Beziehungen immer eine traumatisierende Wirkung hat und Kinder darauf entsprechend reagieren. Wer Kinder aus ihrem

Lebensumfeld reißt, muss sich der Konsequenzen seines Handelns bewusst und um Schadensbegrenzung bemüht sein!

Diese primären Wurzeln, die bis in die Tiefe der Persönlichkeit des Kindes reichen, können nicht ersetzt werden. Es können aber neue Bindungen zu anderen Personen, z.B. Verwandte, Pflegeeltern, Stiefelternteilen etc., entstehen, die dann als „Breitenwurzeln“ das zarte Bäumchen stützen können, damit es nicht vollends entwurzelt. Primäre Bezugspersonen oder „relevante Andere“ – wie sie des Öfteren genannt werden – sind weder beliebig noch austauschbar.

Das Elternhaus ist oftmals ein Ort,
den wir verlassen müssen, wenn wir jung sind,
und an den wir zurückkehren möchten, wenn wir älter werden.
(SUSANNE BUCHRUCKER)

Die Herausnahme eines Kindes aus der Herkunftsfamilie

Manchmal ist eine vorübergehende oder auch langfristige Unterbringung eines Kindes bei Verwandten, Pflege- oder Adoptiveltern, in einer Einrichtung oder ähnlichen „Ersatzelternsystemen“ aus verschiedensten Gründen notwendig. Eine sorgfältige Abwägung von Für und Wider einer Herausnahme aus der Herkunftsfamilie ist hier ebenso geboten wie eine sensible und fachlich begründbare Auswahl der geeigneten Maßnahmen, die eine Integration des Kindes/Jugendlichen in das familienersetzende Milieu und seine positive Entwicklung in diesem erleichtern. Sehr häufig müssen Kinder und Jugendliche auch eine Beziehung zu einem Stiefelternteil aufbauen, was ebenfalls mitunter kein leichtes Unterfangen ist und die Bereitschaft von beiden Seiten voraussetzt, sich dem anderen ein Stück weit zu öffnen.

Das Thema „Patchworkfamilie“, wie auch das der Fremdunterbringungen, ist ein sehr umfangreiches und würde den Rahmen dieses Buches sprengen. Ich möchte hier daher lediglich den Bereich des Beziehungsaufbaus zwischen Kindern und neuen Bezugspersonen skizzieren, um zu verdeutlichen, wie wichtig eine stabile Bindung an die Hauptbezugspersonen im Hinblick auf zukünftige soziale Bindungen ist und welchen Problemen Kinder mit einer unsicheren Bindungserfahrung begegnen.

Wenn Sie nun den Zauberstab schwingen und Ihrem Kind stabile, beglückende Beziehungserfahrungen über die Eltern-Kind-Beziehung hinaus ermöglichen möchten oder den Gedanken in sich tragen, ein fremdes Kind bei sich aufzunehmen, so sollten Sie wissen:

Die inneren Arbeitsmodelle, die ein Kind im Umgang mit seinen primären Bezugspersonen entwickelt hat, steuern auch das Verhalten beim Aufbau neuer Beziehungen und können bei diesem förderlich oder hinderlich sein.

Die Bindungsforschung unterscheidet im Wesentlichen zwischen

- sicher gebundenen Kindern,
- unsicher-vermeidend gebundenen Kindern,
- unsicher-ambivalent gebundenen Kindern und
- unsicher-desorganisiert gebundenen Kindern.

Eine sichere Bindung gilt generell als Schutzfaktor in der kindlichen Entwicklung, wohingegen eine unsichere Bindung als Risikofaktor für die sozial-emotionale Entwicklung und die Selbstentwicklung gesehen werden muss. Sicher gebundene Kinder erweisen sich aber auch als kompetenter im Aufbau neuer sozialer Beziehungen jenseits der Eltern-Kind-Beziehung. Sie treten mit Neugierde und Offenheit in Kontakt mit anderen und können ein angemessenes Nähe-Distanz-Verhältnis aufbauen.

Eine zu frühe, das Kind überfordernde Erziehung zur Selbstständigkeit, welche vom Kind als mangelhafte emotionale Unterstützung wahrgenommen wird, provoziert bei diesem ein unsicher-vermeidendes Bindungsverhalten. Unsicher-vermeidend gebundene Kinder kontrollieren ihre Gefühle sehr stark und meiden es, zu viel Nähe aufzubauen, um nicht enttäuscht zu werden. Sie lassen Personen, die ihnen Beziehungsangebote machen, oft kaum an sich heran.

Kinder, deren Eltern ihnen ein ambivalentes (wechselhaftes) Unterstützungsangebot machen, also einmal zu viel, dann wieder zu wenig Unterstützung bieten und damit die Selbstständigkeitsentwicklung des Kindes einengen, zeigen zumeist ein unsicher-ambivalentes Bindungsverhalten an ihre Hauptbezugspersonen. Sie klammern sich an die Bezugspersonen, zeigen aber auch aggressives Verhalten diesen gegenüber. Dieses „In-Kontakt-Treten“ ist für neue Bezugspersonen kaum nachvollziehbar und erschwert den Beziehungsaufbau sehr.

Kinder mit Vernachlässigungs- und/oder Misshandlungserfahrungen wie auch Kinder psychisch kranker Eltern oder aber auch Kinder mit alkohol- oder drogenabhängigen Eltern zeigen gehäuft eine unsicher-desorganisierte Bindung zu den Hauptbezugspersonen. In einer aktuellen Gefahrensituation haben diese Kinder keine Bindungsverhaltensstrategie verfügbar. Sie verfallen in eine sogenannte „frozen watchfullness“, eine körperliche wie auch emotionale Starre.

Kinder, die schon viele Trennungen von Bezugspersonen durchleben mussten, zeigen ein eher undifferenziertes Bindungsverhalten oder verweigern die Aufnahme der Beziehungsangebote durch neue Bezugspersonen völlig. Die Abwehr von Bindungswünschen ist ein natürlicher Schutzmechanismus, um ein emotionales Überleben des Kindes in seiner schwierigen Lebenssituation zu gewährleisten.

In meiner Arbeit als „Jugendamtspsychologin“ konnte ich die Probleme der Kinder beim Aufbau neuer Beziehungen beispielsweise zu Pflegeeltern und die Hilflosigkeit der „neuen“ Bezugspersonen ob dieser schwierigen Beziehungsgestaltung sehr häufig erleben. Die durch die vielen Beziehungsabbrüche verletzte Kinderseele öffnet sich nur sehr langsam einem neuen Beziehungsangebot und stellt es immer wieder auf die Zerreißprobe, bis auch diese Kinder annehmen können, dass sie mit all ihren Schwierigkeiten und Problemen geliebt werden. Sie „reinszenieren“ immer wieder das Trauma der erlebten Trennung, bis dieses aufgelöst werden kann.

Eine Trennung von den primären Bezugspersonen muss daher – wenn sie zum Schutz des Kindes und nicht aufgrund natürlicher Gegebenheiten erfolgen muss – gut überlegt und vorbereitet sein, um die kindliche Entwicklung nicht zusätzlich zu gefährden.

Wenn jedoch eine stabile Bindung an eine neue Bezugsperson eingegangen werden kann, eröffnet dies dem Kind/Jugendlichen neue Entwicklungschancen, die für das Kind/den Jugendlichen wie auch für die „familienersetzenden“ Bezugspersonen als sehr beglückend und bereichernd empfunden werden. Ich lerne immer wieder Menschen kennen, die mir erzählen, welches Glück sie hatten, als Kind in eine so liebevolle, warmherzige Pflegefamilie gekommen zu sein oder als Jugendliche in einer Wohngemeinschaft die notwendige Unterstützung bekommen zu haben, die ihnen die nötige Ablösung vom Elternhaus und Verselbstständigung ermöglicht hat.

Eine 15-Jährige, die von ihrer Tante vor zwei Jahren aufgenommen wurde, nun ihre Geschwister sucht, aber voll Zuversicht in die Zukunft blickt und Familie als Wert erlebt, schreibt: „Die Erwachsenen sind nicht immer Vorbilder. Meine Mutter hat mich im Stich gelassen. Als ich ein Kind war, bin ich vom Stiefvater geschlagen worden. Angst habe ich nur vor meinem Stiefvater. Was mich am meisten beunruhigt, ist, dass ich nicht weiß, wie es meinen Geschwistern geht! Ich bedaure meine Vergangenheit. Meine Eltern sind irgendwo! Meine Familie bei meiner Tante ist das Wichtigste für mich. Die glücklichste Zeit erlebe ich gerade. Meine Zukunft stelle ich mir toll vor. Ich möchte studieren gehen, eine Familie haben und Kinder."

Eine Scheidung ist eine Entscheidung
eines Schiedsrichters,
der das Spiel nicht gesehen hat.
(unbekannt)

Trennung und Scheidung – und die Kinder?

Trennung und Scheidung sind Sonderformen der Trennung von Eltern und Kindern, weil sie künstliche sind, ähnlich der Herausnahme eines Kindes aus der Herkunftsfamilie, weil die Eltern nicht mehr in der Lage sind, ihren Kindern die notwendige Pflege und Erziehung angedeihen zu lassen, die sie für eine positive Entwicklung benötigen. Trennung und Scheidung von Elternteilen unterscheiden sich in den meisten Fällen jedoch darin, dass die Erziehungsfähigkeit beider Elternteile sehr wohl gegeben wäre, aufgrund der Trennung jedoch eine für das Kind „gute" Lösung und damit ein „Hauptaufenthaltsort" bei einem der beiden Elternteile gefunden werden muss.

Die damit verbundene Zuteilung der Obsorge für nur einen Elternteil – und damit eine „Entziehung“ der Obsorge für den anderen Elternteil – ist aus meiner Sicht immer mit einer persönlichen Kränkung für den Elternteil, der die Obsorge mit der Scheidung verliert, verbunden. Das „Machtgefälle“ zwischen den beiden Elternteilen wird daher schief, ein Elternteil wird in seiner Verantwortlichkeit massiv eingeschränkt und der Umgang miteinander schwieriger.

In Österreich existiert zwar das Modell der „gemeinsamen Obsorge“. Es wird de facto jedoch zu wenig in Anspruch genommen, zumal diese Realisierung einen reifen Umgang mit der Tatsache, dass die Ehe zwar gescheitert ist, beide Elternteile jedoch ihre Erziehungsverantwortung entsprechend wahrnehmen möchten, voraussetzt. Ein erhebliches Maß an Kommunikationsfähigkeit sowie die Fähigkeit, Konflikte konstruktiv auf der Elternebene lösen zu können, ist dabei erforderlich. Es ist für frisch geschiedene oder getrennte Eltern oft sehr schwer, die Konflikte, welche auf der Paarebene entstanden sind und auch dort hingehören, nicht auf die Elternebene zu transferieren. Es ist die Arbeit und Aufgabe von Psychologen und Mediatoren, Eltern hier Hilfestellung zu geben, um ein klareres Bild der Konflikte auf den beiden Ebenen zu bekommen und eine konstruktive Kommunikations- und Kooperationsbasis auf der Elternebene (wieder) zu finden.

Leider geben Eltern hier oft viel zu schnell auf und begnügen sich mit einer wenig zufriedenstellenden Regelung, um schnellstmöglich dem schwelenden Konflikt den Rücken zu kehren. Solchermaßen unbearbeitete Konflikte brechen spätestens wieder bei der Besuchsvereinbarung und deren Umsetzung durch. Unbearbeitete Konflikte haben die Eigenschaft, sich ihren Weg zu bahnen.

Wenn Ihr Kind von Trennung oder Scheidung betrof-

fen ist, Sie den Zauberstab schwingen und Ihrem Kind in dieser schwierigen Situation verantwortungsbewusst und hilfreich zur Seite stehen möchten, bedenken Sie …

… dass es für die Kontinuität der Beziehungserfahrungen wichtig ist, weiterhin ausreichend und vielfältigen Kontakt zum getrennt lebenden Elternteil aufrechtzuerhalten!

Sie müssen im „Trennungsjahr" auch mit altersspezifischen Problemen im Erleben und Verhalten Ihres Kindes und einem länger andauernden schulischen Leistungsabfall rechnen.

Für Ihr Kind/Ihren Jugendlichen verändert sich dadurch sein Bild von der Beständigkeit zwischenmenschlicher Beziehungen, das Bild, das er/sie sich über seine/ihre Eltern gemacht hat, gerät ein Stück weit ins Wanken und muss mit Ihrer Hilfe neu zusammengesetzt werden. Je nach Alter und Entwicklungsstand können Verlustängste, Aggressionen, Depressionen, Ablehnung, Schlafstörungen etc. auftreten.

Ihr Kind/Jugendlicher benötigt Ihre Hilfe bei der Bewältigung dieser existentiell bedrohlichen Lebenssituation.

Der Elternteil, bei dem das Kind lebt, sollte sich immer bewusst sein, dass das Kind zwei es liebende Elternteile hat und keine Schuld an der Trennung trägt. Der Konflikt der Eltern auf der Paarebene hat wohl zu einer Trennung des Paars geführt, darf aber nicht zu einer Trennung auf der Eltern-Kind-Ebene führen. Für die persönliche Integrität Ihres Kind ist es in dieser Situation immanent wichtig, dass sie den getrennt lebenden Elternteil weiterhin wertschätzen, in seiner Persönlichkeit und als Elternteil für Ihr Kind respektieren und ihm den Kontakt zum Kind in einer zwischenmenschlich akzeptablen Art und Weise ermöglichen.

Wie Sie mit dem getrennt lebenden Elternteil umgehen, prägt nachhaltig das Bild, das Ihr Kind von Ihnen als Person, Ihrem Umgang mit Konfliktsituationen und ihm selbst als eigenständiger Person mit eigenen Interessen und Bedürfnissen hat! An Ihrem Umgang mit dieser – zugegeben schwierigen – Situation können Sie Ihre persönliche Erziehungskompetenz messen, zumal von Ihnen verlangt wird, sich ein Stück weit von Ihren eigenen Wünschen und Bedürfnissen zu distanzieren, sie von jenen Ihres Kindes sorgsam zu trennen und das Bedürfnis Ihres Kindes nach ausreichendem Kontakt zum getrennt lebenden Elternteil in den Mittelpunkt Ihres Denkens und Handelns zu stellen!

Überprüfen Sie dabei immer wieder Ihr Denken und Handeln, da Ihr Kind Sie genau beobachtet. Ihre emotionale Befindlichkeit, Ihr persönliches Bild vom getrennt lebenden Elternteil, Ihre Mimik und Gestik, wenn Sie über ihn sprechen, ihn beim Abholen oder Zurückbringen des Kindes begrüßen oder ignorieren, sprechen Bände. Ich möchte damit deutlich machen, dass Sie, ohne es zu wissen, Ihr Kind in einer Weise beeinflussen, die Ihnen mitunter gar nicht bewusst ist. Kinder fühlen sich dem Elternteil, bei dem sie leben, in einer ganz speziellen Weise verbunden und lehnen mitunter vordergründig den Kontakt zum getrennt lebenden Elternteil ab, um nicht in Loyalitätskonflikte zu geraten. Sie möchten den Elternteil, bei dem sie leben, nicht verletzen.

Missbrauchen Sie Ihr Kind nicht dazu, um an Ihrem getrennt lebenden Partner späte Rache zu üben, weder durch Kontaktentzug noch durch subtile Manipulation der Gefühls- und Gedankenwelt Ihres Kindes!

Andererseits erlebe ich auch häufig, dass Kinder großes Mitleid mit dem getrennt von der Familie lebenden Elternteil haben. Es ist für Kinder eine große Entlastung, erleben zu können, dass dieser Elternteil in der Lage ist, sein Leben neu zu ordnen und sich mit seiner neuen Lebenssituation konstruktiv auseinanderzusetzen. So können sich Kinder beruhigt den eigenen Entwicklungsaufgaben wieder angemessen zuwenden, mit der Zuversicht im Hintergrund, dass es eine neue, andere Form der Beziehungsgestaltung geben wird.

Nichts belastet Kinder in dieser ohnehin schwierigen Situation mehr als ein Elternteil, der bei seinen täglichen abendlichen Anrufen dem Kind mitteilt, wie sehr ihm dieses fehlt, er viel lieber mit ihm zusammen wäre und sehr traurig darüber ist, nun allein in seiner Wohnung zu sein. Diese Art der „Problembewältigung" hilft niemandem und ist dem Kind gegenüber, das diese Situation nicht verursacht hat, extrem unfair! Mit dieser neuen Lebenssituation müssen Sie als Erwachsener allein oder mithilfe einer fachlichen Unterstützung fertig werden. Missbrauchen Sie Ihr Kind nicht als emotionale Stütze, die es weder aufgrund seines Entwicklungsstands noch aufgrund seiner Abhängigkeit von seinen Bezugspersonen sein kann!

Sie haben als Eltern die Verantwortung Ihrem Kind gegenüber, in dieser schwierigen Lebenssituation Unterstützung zu geben, um mit der Realität besser umgehen, sich konstruktiv an den Veränderungsprozessen beteiligen zu können, wieder Normalität in das Alltagsleben einkehren zu lassen und irgendwann wieder Vertrauen in zwischenmenschliche Beziehungen aufbauen zu können. Ihr Kind kann das nur, wenn die Trennung der Eltern nicht gleichzeitig die Trennung auf der Eltern-Kind-Ebene bedeutet!

Der Verein Rainbows bietet in regelmäßigen Abständen Gruppen für Kinder und Jugendliche an, die von Scheidung und Trennung betroffen sind. Dort erfahren sie Begleitung und Unterstützung durch kompetente Erwachsene. In der Begegnung mit Gleichaltrigen, die sich in ähnlichen Situationen befinden, lernen Kinder und Jugendliche langsam die Realität anzunehmen (Adresse siehe Anhang).

Als du dachtest, dass alles dunkel sein würde,
brach von irgendwo Licht durch.
Schon eine Stunde oder einen Tag später,
fiel es dir schwer zu verstehen,
warum du nicht an das Licht geglaubt hast.
(ULRICH SCHAFFER)

Die Selbstentwicklung bei Kindern psychisch kranker Eltern

Aus dem, was ich unter „Von Anfang an geborgen" beschrieben habe, lässt sich unschwer ableiten, warum psychisch kranke Eltern nur eingeschränkt erziehungsfähig sind. Aus dem Gesagten ergibt sich wie von selbst, dass die Störungen, die diese Erkrankungen beim Kind verursachen, umso schwerwiegender sind, je früher im Leben eines Kindes Mutter oder Vater psychisch erkranken. Die psychische Erkrankung einer Hauptbezugsperson geht immer einher mit einer gestörten Beziehungs- und/oder Kommunikationsfähigkeit. Diese ist aber in besonderem Maße für eine positive Entwicklung des Kindes notwendig.

Das Baby/Kleinkind erhält von seiner Hauptbezugsperson, die mit ihrem eigenen Selbst nur in fragmentarischem Kontakt steht, ihre eigenen Emotionen phasenweise nicht „versteht" und nur geringe Ressourcen zur Verfügung hat, keine konstanten, eindeutigen Rückmeldungen auf die gezeigten Emotionen und Verhaltensweisen, sodass es nur ein fragmentiertes Selbst aufbauen kann.

Eine depressive oder aber auch gleichgültig überforderte Mutter kann ihrem Kind nicht als Spiegel dienen und stürzt so ihr Baby ins Chaos, weil seine Affekte nicht angemessen reflektiert werden. Das mütterliche Gesicht kann hier nicht als Organisator für das psychische Erleben des Kindes dienen. Das Baby ist so, laut Kernberg, gezwungen, sich in sich selbst zurückzuziehen und die Welt lediglich anzublicken, anstatt in sie hineinzusehen. Störungen in dieser sensiblen Entwicklungsphase führen zu schwerwiegenden, überdauernden Beeinträchtigungen der kindlichen Selbstentwicklung, welche wiederum außerhalb des kindlichen Bewusstseins liegen und keine sprachliche Symbolisierung haben. Borderlinestörungen, narzisstische Selbstwertstörungen, schwere Depressionen, Aktivitätsstörungen und unspezifische Ängste haben hier ihre Wurzeln (zum Nachlesen eignet sich hier das Buch von Hufnagel/Fröhlich-Gidhoff, siehe Literaturverzeichnis).

Ja, Sie haben richtig gelesen! Seit einigen Jahren mehren sich die Hinweise, dass die weit verbreitete Hyperaktivität unserer Kinder nicht nur eine biologische Entsprechung hat, sondern auch Störungen auf der Beziehungsebene bei deren Entstehung eine Rolle spielen.

Nicht nur psychisch erkrankte Eltern, auch gestresste, chronisch übermüdete oder an einer schweren körperlichen Krankheit leidende Elternteile können zumeist nicht angemessen auf die Signale des Kleinkindes reagieren. Basale Erfahrungen von Selbstwirksamkeit können in einer gestörten Interaktion nur begrenzt gemacht werden, das Kind erlebt seine Bezugspersonen in ihren Gefühlsäußerungen als unzuverlässig und unberechenbar. Dies zeigt sich vor allem bei dem kindlichen Bedürfnis, Unterstützung in der eigenen Affektregulation zu erhalten. Das Baby/Kleinkind kann nicht damit rechnen, dass seine gezeigten Verhaltensweisen und Affektregulationsversuche von der Hauptbezugsperson richtig verstanden werden, weshalb es daran zu zweifeln beginnt, ob es selbst etwas bewirken kann.

Einmal reagiert die Mutter auf das Schreien des Babys mit Zuwendung, Fütterverhalten, dem Trockenlegen des Säuglings etc. und dann wieder nicht. Der Säugling/das Kleinkind kann nicht nachvollziehen, warum die Bezugsperson nicht konstant reagiert und erlebt sich in einer hilflosen, es überfordernden Lebenssituation. Die vom Baby gezeigten Affekte werden unter solchen Bedingungen zunehmend konfuser und unorganisierter. Regulationsstörungen beim Säugling und Kleinkind sind daher nicht selten der Grund, weshalb psychisch kranke Frauen die Beratungsstelle aufsuchen.

Mitunter können psychisch kranke Elternteile die kindlichen Grenzen und Abgrenzungswünsche nur schwer annehmen, zumal sie selbst sehr bedürftig sind und die kindliche Zuwendung zur Stabilisierung der eigenen labilen Gefühlslage benötigen. Kinder verbleiben dann häufig in einer symbiotischen Beziehung zu den Elternteilen und schaffen die Ablösung nicht.

Hierzu ein paar Sätze eines zehnjährigen Mädchens, das in einem solchen Beziehungsgefüge mit der Mutter verstrickt ist, sich selbst nichts zutraut und in ihrer persönlichen Entwicklung weit hinter ihren Möglichkeiten zurückgeblieben ist. V. schreibt: „Meine größte Sorge ist, dass meine Mama stirbt (Anmerkung: Die Mutter isst sehr wenig, nimmt Psychopharmaka). Wenn meine Mama stirbt, bring ich mich um, ich kann ohne sie nicht leben!“

Bei einem therapeutischen Spiel, bei dem es viele Karten gibt, die verschiedene Bereiche des Lebens zeichnerisch und beschreibend darstellen in Form von „Ich kann …“ gab mir V. die einzig leere Karte des Spiels, als ich sie bat, mir jene Karten zu geben, die am besten auf sie zutreffen.

Nicht selten habe ich in der Arbeit mit Familien erlebt, dass Kinder in das Wahn-, Zwangs- oder Angsterleben der Eltern mit eingebunden werden und diese Kinder letztlich beim Psychologen vorstellig werden, weil in Kindergarten oder Schule das Erleben des Kindes als stark von der Norm abweichend empfunden wird. Von Kindern, die sich noch in der magischen Phase befinden, werden insbesondere Wahnvorstellungen, Zwänge und Ängste der Eltern als sehr bedrohlich erlebt, da sie noch nicht in der Lage sind, diese Wahnvorstellungen, Zwangshandlungen oder Ängste als zu ihrer Erkrankung gehörend und nicht auf reale Bedrohung begründet zu erkennen.

So kenne ich eine Familie, in welcher der Vater, um seiner Familie nicht die Wahrheit über heimlich ausgegebenes Geld mitteilen zu müssen, eine Geschichte rund um Mafiamachenschaften, in welche er angeblich verwickelt wurde, erzählt hat und dann dieses Lügengebäude aufrechterhalten musste. Da die Mutter des Kindes und das Umfeld der Familie diese Geschichte mitgetragen haben und das Thema Schutz und Sicherheit ein zentrales in der Familie geworden ist, hat der vierjährige Junge dieses übermäßige Schutzbedürfnis übernommen. Er wurde im Kindergarten auffällig, weil er sich nur schwer bewaffnet dorthin zu gehen getraute, anfing, selbst über mögliche Bedrohungen zu sprechen, die für andere nicht nachvollziehbar und sonderbar anmuteten, bis es schließlich vollends zur Verweigerung des Kindergartenbesuchs kam.

Ich erlebe in meiner Arbeit mit solchen Familien das Kind häufig in großer Sorge um das Befinden des psychisch kranken Elternteils, meist der Mutter. Das natürliche Ablösungsverhalten dieser Kinder ist zumeist stark beeinträchtigt. Sie leben in ständiger Sorge um sie und sind mit der übernommenen Verantwortung für ihre psychisch labilen Eltern überfordert. Sie können sich kaum angemessen ihren eigenen Entwicklungsaufgaben zuwenden und es kommt oft zum Rollentausch.

Dazu ein Fallbeispiel aus meiner Praxis: Die zehnjährige L., die bei ihrer alleinerziehenden, psychisch und körperlich kranken Mutter aufwächst, schreibt: „Ich wünsche mir am meisten, dass meine Mama gesund wird. Wenn man viel Geld hat, kann man einen neuen Papa kaufen. Wenn mir die Mutti etwas nicht erlaubt, haut sie gleich zu. Wenn mich ein Erwachsener beschimpft, tue ich das, was sie wollen. Ich vergesse oft, was die Mama sagt (Anmerkung: Mutter redet unaufhörlich). Ich weine, wenn ich meine Mama haue, aber manchmal kann ich nicht mehr! Ich werde wütend, wenn andere Kinder sich über meine Mama lustig machen und sie verspotten."

In späteren Jahren sind die Verhaltensweisen dieser Kinder kaum nachvollziehbar, ihre Affektkontrolle eher schwach ausgebildet. Bei fehlender Responsivität der Mutter neigen Kinder auch zu verstärktem Unfallrisiko. Beim Abfragen der anamnestischen Daten stößt man dabei auf sehr viele „Unfälle" seit der frühesten Kindheit und nicht selten kommt es zu selbstverletzendem Verhalten ab der Vorpubertät. Sieht man genauer hin, so zeigt sich, dass die Bindungsperson kaum auf Bindungssignale des Kindes/Jugendlichen im Alltagsleben achtet und nur auf massive Gefährdungssignale reagiert.

Zudem kann sich kein stabiles emotionales Bindungsverhalten ausbilden. Die emotional widersprüchlichen Bindungserfahrungen führen dazu, dass kein einheitliches Muster zusammengefügt werden kann, weshalb man von einer unsicher-desorganisierten Bindung spricht. Das Kind kann sich nicht sicher sein, dass die Mama/der Papa in einer es ängstigenden Situation Trost und Unterstützung bietet, es kann nicht davon ausgehen, dass die Mama/der Papa sein Schlafbedürfnis erkennt und es niederlegt, wenn es weint etc. Elternteile, die depressiv, psychotisch, alkoholkrank oder auch drogenabhängig sind, können dem Kind keine konstanten Beziehungsangebote machen. Sie werden einmal liebevoll und fürsorglich, dann wieder bedrohlich oder apathisch erlebt.

Das eigene Selbstbild ist mitunter gespalten, da das Kind von der psychisch kranken Bezugsperson unterschiedliche Rückmeldungen erhält und kein einheitliches Selbstbild entwerfen kann. Zur Illustration ein sehr eindrucksvolles Selbstbildnis einer Zehnjährigen, die bei ihrer psychisch kranken, alleinerziehenden Mutter aufgewachsen ist und sich selbst als gespaltene Person erlebt:

Das Bindungsverhalten zeigt sich bei diesen Kindern oft sehr undifferenziert. Sie würden mit jedem Erwachsenen, der ihnen Freundlichkeit entgegenbringt, mitgehen und suchen in Stresssituationen nicht primär die Hauptbezugsperson auf, um Schutz und Trost zu bekommen.

Bei kleinen Kindern fällt es sehr oft auf, dass sie zu ihnen völlig fremden Personen Körperkontakt suchen. In der Beratungssituation bin ich des Öfteren auf Kinder gestoßen, die gerne mit mir nach Hause gefahren wären oder mir zum Abschied ein Küsschen gegeben haben. Nicht selten habe ich auch erlebt, dass diese Kinder von ihren Eltern aufgefordert wurden, sich mit Küsschen zu verabschieden, bzw. dass die Eltern mit Stolz auf dieses – aus ihrer Sicht – nette, offene Verhalten ihres Kindes reagierten. In jugendlichen Jahren zeigen sie dann oft sozial promiskuitives Verhalten. Bindungspersonen bleiben auch dann austauschbar.

Wenn Sie als alleinerziehender Elternteil psychisch erkrankt sind, nun den Zauberstab schwingen und Ihre elterliche Verantwortung bestmöglich wahrnehmen möchten, so bedenken Sie:

Für Kinder, die bei einem psychisch erkrankten, alleinerziehenden Elternteil aufwachsen, ist es besonders wichtig, eine enge Bindung mit mindestens einer kompetenten und stabilen Person im Sinne von „Ersatzeltern" aufzubauen, die auf die Bedürfnisse des Kindes eingehen kann. Sie benötigen zumindest am Anfang ihres Lebens die Möglichkeit, ein grundlegendes Vertrauen zu einer weiteren verlässlichen Bezugsperson entwickeln zu können.

Großeltern, ältere Geschwister oder andere erwachsene Bezugspersonen können eine wichtige Rolle als stabile Pflegepersonen und Identifikationsmodelle einnehmen und das belastete Familiensystem entlasten.

Sie, als erkrankter Elternteil, benötigen kompetente Beratung und Behandlung wie auch Unterstützung im sozialen Umfeld. Das heißt, Ihre Familie, aber auch Sie selbst tragen die Verantwortung dafür, um Unterstützung und Hilfe bei den verschiedenen Einrichtungen anzusuchen. Durch eine ambulante Betreuung muss sichergestellt werden, dass Sie Unterstützung darin erhalten, mit sich und Ihrer Erkrankung in konstruktiver Weise umzugehen, aber auch darin, Ihre Rolle als Vater/Mutter verantwortungsbewusst wahrnehmen zu können. Besonders intensiv ist diese ambulante Betreuung, wenn Säuglinge oder Kleinkinder in der Familie leben, die entsprechende Interaktion mit einer erwachsenen Bezugsperson sowie adäquate Pflege und Förderung benötigen. Bei älteren Kindern können Teile der Erziehungsverantwortung Tagesmütter oder Institutionen, wie z.B. Kinderbetreuungseinrichtungen, Kindergarten, Schule, Hort, Internat, übernehmen.

Ein neunjähriger Junge, der aufgrund einer psychischen Erkrankung seiner alleinerziehenden Mutter in einer Einrichtung untergebracht ist und an manchen Wochenenden seine Mutter besucht, schreibt Folgendes:
„Meine Mama ist krank, deshalb kann sie nicht auf mich aufpassen. Ich wünsche mir am meisten, dass ich bei meiner Mama bin, weil sie mir alles erlaubt und ich dort viel kriege. Die Mama hat mich am liebsten! Ich schaue bei meiner Mama sehr viel fern, weil sie oft müde ist. Ich bin zornig, wenn meine Mama mich nie anruft (… wenn er in der Einrichtung ist). Ich bin traurig, wenn sie mir was verspricht und dann nicht hält. Ich bin gerne bei der G. (Erzieherin), weil wir dort lustige Sachen machen und sie mir bei den Aufgaben hilft. K. ist wie ein echter Bruder!"

Ich denke, aus den wenigen Sätzchen lässt sich unschwer erkennen, dass für dieses Kind die Aufteilung der Erziehungsverantwortung, das Zusammenspiel zwischen Mutter und Einrichtung zu seiner positiven Entwicklung beiträgt, er seine Mutter weiterhin lieben kann, aber von den Erziehern in der Einrichtung notwendige Grenzen und Regeln erlebt.

Manchmal ist es aber auch gar nicht notwendig, ein Kind oder einen Jugendlichen aus der Familie herauszunehmen. Speziell geschulte Personen können von der Bezirksverwaltungsbehörde als Ansprech- und Bezugsperson dem Kind/Jugendlichen oder auch der ganzen Familie als Einzel- bzw. Familienbegleiter zur Seite gestellt werden, um die im Alltag und der Beziehungsgestaltung auftauchenden Probleme mit einer außerhalb des Familiensystems stehenden Person besprechen und bearbeiten zu können.

Wichtig ist es, das Kind entsprechend seinem Entwicklungsstand über Ihre Erkrankung aufzuklären und familiäre Ressourcen, so weit vorhanden, zur Unterstützung zu mobilisieren.

Gelegentlich stolpern Menschen über die Wahrheit, aber sie richten sich auf und gehen weiter, als sei nichts geschehen.
(Sir Winston Churchill)

Bullying im Schulalltag

Bullying oder Mobbing sind keine neuen Phänomene. Es handelt sich lediglich um neue Wörter für etwas, was es schon immer gegeben hat. Können Sie sich an Ihre Schulzeit erinnern? Da gab es mit Sicherheit sehr gute Schüler, die immer gute Noten hatten, jedoch leider keine Freunde. Da gab es sicher Schüler, die aufgrund ihres Übergewichts gedemütigt und für die jede Sportstunde zur Tortour wurde. Außerdem waren da bestimmt auch Kinder, neben denen niemand sitzen wollte, weil sie aufgrund mangelnder Körperhygiene eine unsichtbare Mauer um sich herum errichtet hatten und niemand versuchen wollte, demjenigen auf nicht abwertende Art und Weise mitzuteilen, dass Körperhygiene wichtig ist.

Ich bin sicher, es fallen Ihnen viele Beispiele dazu ein, wo Sie selbst Zeuge von Schikanen, verbalen und körperlichen Übergriffen, Abwertungen und Demütigungen in Ihrer Schullaufbahn geworden sind und – es ist fast peinlich, sich dessen bewusst zu werden – mehr oder weniger berührt davon einfach weggeschaut und diesen Schüler seinem Schicksal überlassen haben. Tief in Ihrem Herzen wussten Sie mit Sicherheit, dass dieses „gemobbte“ Kind im Grunde einfach zu schwach oder zu ängstlich war, sich erfolgreich zu wehren. Dabei kann man mit Sicherheit nicht davon ausgehen, dass es bestimmte Täter- und Opferpersönlichkeiten gibt. Vielmehr scheint es so zu sein, dass Täter mitunter recht schnell zum Opfer werden und umgekehrt.

Mobbing in der Schule benötigt ein ganz spezielles Schulklima. Mobbing geschieht vor allem an Schulen, an welchen sich die Lehrer vor allem für die reine Wissensvermittlung verantwortlich fühlen und kaum an der psychosozialen Situation der ihnen überantworteten Schüler interessiert sind. Da Mobbingprozesse zumeist über einen längeren Zeitraum verdeckt ablaufen, müssen Lehrer sich schon beizeiten dafür verantwortlich fühlen, um die Signale wahrnehmen und richtig deuten zu können.

Mobbing betrifft zumeist die ganze Klasse und ist ein soziales Phänomen. Es betrifft nicht, wie ich immer wieder von einzelnen Lehrern höre, nur das jeweilige Kind. In der Mehrzahl der Fälle betrifft es den gesamten Klassenverband. Deshalb sind Klärungsgespräche in der Klasse notwendig. Diese sollten von Lehrern, welche zu den Kindern eine vertrauensvolle Beziehung aufgebaut und über die reine Wissensvermittlung hinausgehend auch an einem guten Klassenklima Interesse haben, geleitet werden.

Leider erlebe ich sehr häufig, dass eher ein Schulwechsel für Opfer wie auch Täter vorgeschlagen bzw. eine vorübergehende Suspendierung ausgesprochen wird, welche weder Täter noch Opfer in irgendeiner Weise helfen. Häufig gibt es keine Solidarisierung der Lehrer mit dem Opfer, vielmehr sind persönliche Präferenzen ausschlaggebend, ob ein Kind als Täter oder Opfer gesehen und die Tat sanktioniert wird.

Kinder sind oft sehr lange einer Mobbingsituation hilflos ausgeliefert, bis sie beginnen, sich zu wehren und – mitunter – von der Opferrolle in die Täterrolle wechseln, wenn sie nicht entsprechende Unterstützung durch Erwachsene bekommen. In seltenen Fällen werden diese Opfer zu Amokläufern, wie sie seit einigen Jahren immer wieder in den Schlagzeilen zu finden sind, andere wiederum fügen sich selbst Schaden zu. Österreich weist übrigens eine der höchsten Suizidraten bei Jugendlichen im Europavergleich auf.

Die Einschätzung der eigenen Person durch andere ist, wie bereits angführt, in der Adoleszenz besonders wichtig. Herabsetzungen von Mitschülern, besonders dann, wenn eine von der Norm abweichende äußere Erscheinung von anderen ins Lächerliche gezogen wird, schmerzen und verletzen besonders tief! Hierbei kann fast alles herhalten, um den anderen zu kränken, z.B. zu groß oder zu klein gewachsen zu sein, einen Seh- oder Sprachfehler zu haben, ausländischer Herkunft zu sein, zu gute oder schlechte Leistungen zu erbringen, einen Namen zu haben, den man verunglimpfen kann, zu starkes oder kein Interesse am anderen Geschlecht zu zeigen, zu aggressiv oder ängstlich zu reagieren etc.

Jugendliche finden sehr schnell den richtigen Knopf, den sie beim Anderen drücken müssen, um ihn zu verletzen und herabzuwürdigen. Diese Vorgangsweise passiert absichtlich und dient dazu, von den eigenen, nun zunehmend erlebbaren Schwächen abzulenken, sich selbst über den Defiziten des anderen zu erhöhen und so eine fragile Balance der eigenen emotionalen Befindlichkeit wiederherzustellen.

Adoleszente kommen mit ihrem organismischen Erleben viel stärker in Kontakt als jüngere Kinder, frühe Traumata werden mitunter aktualisiert, bisher erfolgreich eingesetzte Abwehrstrategien sind plötzlich nicht mehr hilfreich und es kommt zu massiven innerseelischen Spannungen. Ich schreibe deshalb „innerseelisch" (was eigentlich ein Widerspruch ist, denn Seelisches spielt sich immer in der Person ab), weil Eltern, Lehrer und andere, dem Kind vertraute Personen, mitunter zunächst gar nichts von diesen Vorgängen in ihrem Kind mitbekommen. Erst wenn sich diese massiven Spannungen, die das Kind mit sich herumträgt, als Symptome ihren Weg bahnen – um abgeführt und damit auch ein Stück verarbeitet zu werden –, werden Eltern, Schüler und andere Erwachsene darauf aufmerksam.

Die gezeigten Symptome können daher als – unbewusster – Versuch des Kindes gesehen werden, mit seiner schwierigen und als ausweglos empfundenen Situation umzugehen. Symptome sind daher immer auch Konfliktlösungsstrategien. Diese können einerseits zum Ziel führen, wodurch sie dann verstärkt und immer häufiger eingesetzt werden, um der Stress auslösenden Situation zu begegnen, oder sie können sich als unwirksam erweisen und verschwinden, um – wenn sie keiner adäquaten Lösung zugeführt werden – sich in anderer Form zu manifestieren. Man spricht dann auch von Symptomverschiebung.

Ich möchte Ihnen das kurz anhand eines Beispiels von Bullying in der Schule, das mir aus meiner Arbeit mit Jugendlichen, aber auch der Klassengemeinschaft meines Sohns gut bekannt ist, illustrieren: Wenn ein Kind sehr unter dem Bullying der Mitschüler leidet und in seiner Not versucht, durch körperliche Attacken diese dazu zu veranlassen, auf Distanz zu gehen und weitere Bullyingversuche zu unterlassen, jedoch von Eltern und Lehrern kein deutliches STOPP kommt, wird dieses Kind vermutlich, sollten seine gewalttätigen Übergriffe gefruchtet haben und die Angriffe weniger werden, diese Konfliktlösungsstrategie weiterhin einsetzen. Je öfter dies geschieht, umso rascher werden durch die immer breiter werdenden Verschaltungen im Gehirn eben diese Konfliktlösungsbahnen gewählt und wird es immer schwieriger, diese wieder zu „verlernen“, diese dicken Verschaltungen aufzuweichen und durch andere zu ersetzen.

Erfährt dieses Kind in derselben Situation zwar ein

deutliches STOPP gegen körperliche Gewalt durch seine Bezugspersonen oder andere Erwachsene, jedoch keine weitere Hilfestellung, z.B. durch pädagogische Maßnahmen innerhalb der Schulklasse und Gespräche in der Gruppe, wie damit umzugehen ist bzw. wie es sich konkret weiterhin diesen Übergriffen gegenüber zur Wehr setzen kann und darf, so wird dieses Kind möglicherweise dazu übergehen, sich verbal zur Wehr zu setzen, selbst andere zu mobben, den Besuch der Schule zu verweigern, unklare Ängste ausbilden, bereits am Morgen über Magenschmerzen klagen, in der Schule unkonzentriert sein oder deutliche Leistungseinbußen zeigen.

Spannungen, die nicht entsprechend abgebaut werden und immer wieder Nahrung erfahren, bahnen sich ihren Weg über die verschiedensten Symptome. Die Arbeit des Psychologen besteht u.a. darin, die hinter diesen Symptomen stehenden Ursachen der Spannungen aufzuspüren und adäquate Lösungen aufzuzeigen.

Da das Thema „Bullying" in den Schulen ein sehr weit verbreitetes Thema ist, möchte ich an dieser Stelle alle in diesem Bereich Tätigen motivieren, neben der Wissensvermittlung auch der Vermittlung sozialer Kompetenz im Lebensraum Schule mehr Beachtung und Raum zu geben.

Ich habe den bekannten Kinderpsychiater Max Friedrich bei einem seiner Vorträge in Linz über den Lebensraum Schule (seit 2008 ist das gleichnamige Werk auch veröffentlicht) sprechen gehört. Er verlangte ein grundsätzliches Überdenken der Grundstruktur. Kinder, die so viele Stunden des Tages in der Schule verbringen, benötigen nicht nur ein entsprechend gestaltetes Umfeld, sondern auch Erwachsene, die neben dem Bildungsauftrag auch den Auftrag annehmen, in dieser Zeit dort auftauchende zwischenmenschliche Probleme gemeinsam mit den Kindern/Jugendlichen zu lösen und ihnen Konfliktlösungsstrategien zu vermitteln. Bildung darf nicht bei der reinen Wissensvermittlung stehen bleiben. Es braucht Lehrer, welchen das Einzelschicksal des Kindes/Jugendlichen am Herzen liegt, die mit den ihnen anvertrauten Kindern in Beziehung treten, denn nur so können – wie wir aus Untersuchungen wissen – Menschen fürs Leben lernen und nicht nur stereotyp Wissen reproduzieren.

Es ist mir durchaus bewusst, dass hierfür eine umfassende Reform von Nöten ist. Umdenken allein wäre aber bereits ein erster Schritt. Im Deutschunterricht oder Ethikunterricht könnte man beispielsweise viel stärker anstehende Problemfelder in der Klasse bearbeiten. Es muss nur flexibel darauf reagiert werden können und die Bereitschaft, wenn nötig, dazu bestehen, vom Lehrplan abzuweichen.

Bei Themenbereichen, die im „richtigen" Leben aktuell werden, zeigt sich auch eine viel größere Bereitschaft von Schülern, aktiv mit zu arbeiten, sich zu engagieren und einzubringen. Ich möchte dieses Thema hier nicht überstrapazieren. Es gäbe zu dieser Thematik viel zu sagen. Es wurde bereits viel Literatur dazu geschrieben, einiges davon finden Sie im Anhang. Gerade im Schuljahr 2008/2009 wurde vielfach versucht, Neuerungen anzudiskutieren, leider mit mäßigem bis kaum spürbaren Erfolg. Das erzeugt ein Gefühl der Hilflosigkeit und man stellt sich die Frage, ob uns die Zukunft unserer Schüler wirklich ein Anliegen ist.

Die psychologischen Beratungsstellen sind jedenfalls voll mit eben diesen Kindern/Jugendlichen, die mit Schule, wie sie derzeit geführt wird, Schwierigkeiten haben und viel zu wenig Unterstützung im System Schule erfahren. Ich möchte hier festhalten, dass es nicht immer die Eltern sind, die es versäumt haben, ihren Kindern eine entsprechende Gewissensbildung angedeihen zu lassen oder ihnen geeignete, sozial verträgliche Konfliktlösungsstrategien zu vermitteln.

Es sind vor allem Probleme, die aus dem Zusammenleben von noch in der Entwicklung begriffenen Kindern/Jugendlichen auf engstem Raum, ohne geeignete Möglichkeiten des Stressabbaus und Unterstützung Erwachsener entstehen und natürlich auch dort konstruktiv bearbeitet werden müssen. Im Umfeld Familie sind die auftretenden Probleme anderer Natur und es besteht die Möglichkeit, Konflikten zu einem gewissen Grad aus dem Wege zu gehen. Kinder/Jugendliche müssen in der Freizeit nicht mit anderen Kindern/Jugendlichen zusammentreffen, mit welchen sie immer wieder in Konflikte geraten.

Ich möchte dies mit einem Fallbeispiel illustrieren: Eine Zwölfjährige, die in der Schule regelmäßig verspottet wird, „Geschichten“ erzählt und einen deutlichen Leistungsabfall in der Schule hinnehmen musste, schreibt: „Andere Kinder sind manchmal sehr gemein. Ich bin sehr traurig, wenn mich andere Kinder sekkieren. Ich bin wütend, wenn mich jemand wegen meiner Sommersprossen nervt oder mich „Brillenschlange“ nennt. Ich hasse die Buben aus unserer Klasse. Die Mädchen sind manchmal verrückt. Wenn ich traurig bin, geh ich an einen Ort und weine manchmal. Wenn ich mich in jemanden verwandeln könnte, wäre ich gerne Hannah Montana.“

Müssten Erwachsene auf so engem Raum, Jahr für Jahr täglich diesen Stressbelastungen ausgesetzt sein, würden sie vermutlich ebenso in Konflikte geraten und ähnliche Probleme zeigen, wie es unsere Schüler tun. Und dabei muss festgehalten werden, dass Erwachsene sozusagen ein „bereits gereiftes Gehirn“ und erprobte Konfliktlösungsstrategien zur Verfügung haben, um Konflikte adäquat und konstruktiv lösen zu können!

Wenn Sie nun den Zauberstab schwingen und den Eindruck haben, dass Ihr Kind Opfer von Bullyingattacken in der Schule ist oder Sie als Lehrer Bullyingaktionen in der Schule miterleben, sollten Sie …

- nicht wegschauen, sondern genauer hinsehen!
- mit „Opfer“ und „Täter“ das Gespräch suchen und versuchen zu klären, was der Hintergrund für dieses Verhalten ist bzw. welche „Vorgeschichte“ dahinter steckt.
- versuchen, einen Eindruck davon zu gewinnen, in welchem Schulklima dieses Verhalten eingebettet ist und wodurch es Nahrung erhält, sich fortzusetzen.
- sich geeignete Unterstützung suchen, um das Problem an der Wurzel zu bekämpfen!
- genügend Zeit und Raum anbieten, um darüber zu sprechen und gemeinsam effektive, zwischenmenschlich akzeptable Konfliktlösungen zu erarbeiten.
- sich selbst wertschätzen, weil Sie jemand mit Zivilcourage und genügend Empathie sind, um Probleme, wenn sie vor Ihnen liegen, erkennen und darauf angemessen reagieren zu können!

Übrigens gibt es Hoffnung, dass nicht alle Bullies/Mobber ungestraft davon kommen! Am 22. 8. 2009 konnte man im Internet nachlesen, dass erstmals in Großbritannien eine 18-Jährige wegen Mobbings im Internet zu einer dreimonatigen Haftstrafe in einer Jugendstrafanstalt verurteilt wurde. Britische Medien berichteten, dass diese im Sozialen Netzwerk Facebook eine ehemalige Schulkameradin mit dem Tod bedroht habe.

„Es ist die erste Verurteilung wegen Cybermobbings und ein wichtiger Präzedenzfall“, sagte Emma-Jane Cross von der Anti-Mobbing-Organisation „Beatbullying“. Mobbing im Internet verbreite sich immer schneller und könne „schädlicher als das typische Mobbing auf dem Schulhof“ sein.

Kostbar ist mir jeder Tropfen Zeit.
(Aurelius Augustinus)

Begegnung mit Krankheit und Tod

Gesundheit, Wellness und ewige Jugend sind die Schlagworte unserer Zeit. Themen wie schwere Erkrankungen, Tod, Trauer und Sterben werden in einer Gesellschaft, in welcher man – fast – alles kaufen kann, leicht beiseite geschoben, so als würden sie nicht existieren. Krankheit und Tod sind Zustände, die uns „irgendwann", „jedenfalls viel zu früh" und „ganz plötzlich" treffen, ohne darauf vorbereitet zu sein oder aber wenn dramatische Ereignisse, wie etwa die Folgen des Terrors vom 11. September 2001 durch die Medien gezerrt werden, in uns Bestürzung, Angst, Verunsicherung kurzfristig auslösen, um dann wieder im Alltäglichen zu verblassen. Eine tiefgreifende, realistische Auseinandersetzung mit der Endlichkeit jeglichen Lebens auf dieser Erde erfolgt in unserer Kultur kaum, obwohl Krankheit, Tod und Sterben als Teil unseres Wissens um die Wirklichkeit des Lebens auch als Chance betrachtet werden kann, das Leben an sich aus einer veränderten Perspektive zu betrachten.

Bei der Bewältigung kritischer Lebensereignisse ist nicht so sehr das Ereignis selbst entscheidend als vielmehr die Bewertung desselben. Entscheidend ist, welche Einstellungen eine Person zu einem bestimmten Ereignis im Laufe seines Lebens erworben hat, ob sie sich in konstruktiver Art und Weise mit dem Problem auseinanderzusetzen vermag, ihre eigenen Ziele im Lebens möglicherweise flexibel umzustellen vermag, Bereitschaft zeigt, sich auf die Suche zu machen nach neuer Verantwortung und Sinn im Leben u.v.m.

Wenn Sie nun den Zauberstab schwingen und sich wünschen, Ihr Kind soll das Leben an sich schätzen lernen, sollten Sie sich folgende Überlegungen ins Gedächtnis rufen:

Kinder müssen lernen, dem eigenen Leben und dem der Mitmenschen gegenüber eine größere Wertschätzung entgegenzubringen und das Leben jedes Lebewesens, ob Pflanze, Tier oder Mensch, zu achten. Vor allem aus den Gesprächen Jugendlicher schlägt mir immer wieder eine erschreckende Kälte entgegen, wenn es um beobachtete oder erlebte Gewalt geht oder aber um bedrohlich erlebte Gruppierungen oder wenn Menschen anderer Kulturkreise mit der Integration in die österreichische Kultur ihre Schwierigkeiten haben.

Für mich absolut nicht nachvollziehbar ist auch die Gleichgültigkeit, mit der Eltern beobachten, wie Kinder Tiere ihres natürlichen Lebensraums entreißen, um sie in wenig artgerechter Art und Weise zu halten, bis sie von ihrem Leiden erlöst werden, oder aber mit Lust an der Zerstörung Blumen die Köpfe abschlagen und dergleichen mehr.

Hier sind Sie als Elternteil gefragt!

- Sie sind dazu verpflichtet, Ihrem Kind vorzuleben, wie man mit Leben umzugehen hat.
- Sie müssen Ihren Kindern zeigen, wie kostbar jedes Leben auf dieser Erde ist, von welcher Pracht und Schönheit wir umgeben sind und dass dieses geschützt werden muss.

Wenn Kinder oder Jugendliche sich wenig empathisch verhalten, liegt das an den Erwachsenen, die ihnen Empathie nicht vorgelebt haben. Es grenzt schon an Galgenhumor, wenn man dann in der Werbung ein Kind sieht, das dem Papa trotz mehrmaligem Bitten desselben einen

Bissen von seiner Torte verweigert und daraus der Schluss gezogen wird, dass Erwachsene wohl eine entsprechende Versicherung abschließen müssen, um im Alter nicht ohne Versorgung sein zu müssen. Arme, kranke Denkweise einer in der Sackgasse steckenden Gesellschaft!

Ich hoffe dennoch immer wieder darauf, Eltern motivieren zu können, ihre Kinder zu mitfühlenden, wertschätzenden, unsere Gesellschaft mittragenden Persönlichkeiten zu erziehen, denn das ist die wahre Versicherung, die wir im Leben haben! Kinder, die sich ihres Werts und dem des anderen bewusst sind, die spüren, wann sie andere um Hilfe bitten müssen, die aber auch spüren, wann ihre Hilfe gefordert ist, sind die wahren Versicherungen, die wir im Leben haben.

Wenn Kinder mit dem Sterben bzw. dem Tod eines nahestehenden Menschen oder Tieres konfrontiert werden, löst dies bei Erwachsenen oft Verunsicherung und Irritation aus oder aber die Bedürftigkeit des Kindes nach Erklärungsansätzen und Zuwendung wird gar nicht erlebt, zumal Erwachsene mit ihren eigenen Gefühlen oft nicht klarkommen. Spätestens aber dann, wenn Kinder aktiv nach dem Tod und Sterben fragen, müssen sich Erwachsene der Thematik stellen und sich mit den eigenen Gefühlen und Ängsten, die dieses Thema auslöst, auseinandersetzen.

Wenn Sie nun den Zauberstab schwingen und sich wünschen, dass Ihr Kind einen positiven Zugang zum Thema Tod und Sterben bekommt, sollten Sie Folgendes wissen:

Der Tod wird von vielen Menschen als der Gegenpol zum Leben gesehen, er löst daher Gefühle der existenziellen Bedrohung und Angst aus. Ihn als integrierten Bestandteil unseres Lebens zu betrachten, gelingt kaum. Die emotionale Distanzierung ist deshalb eine bevorzugte Bewältigungsstrategie.

Wie Kinder den Tod naher Angehöriger bewältigen und welche Konzepte sie sich selbst von „Leben“ und „Tod“ entwerfen, hängt maßgeblich von der elterlichen Einstellung, der Kultur, in der Kinder aufwachsen, der Religion, konkreten Todeserfahrungen und den Begleitumständen, in welchen sie ihre Erfahrungen sammeln durften, ab.

Aus psychologischer Sicht spielt der kognitive Entwicklungsstand eines Kindes eine wesentliche Rolle beim Erfassen des Todes, wenngleich Kinder schon sehr früh um den Verlust eines geliebten Menschen oder Tieres trauern, ohne den Tod als solchen wirklich erfassen zu können.

Wichtig ist, dass Eltern ihren Kindern Informationen

- in für das Kind verständlicher Sprache,
- in dem Entwicklungsstand des Kindes angemessener Art und Weise geben und
- auch im Hinblick auf ihre eigenen Gefühle auf Authentizität achten.

Eltern sollten mit ihren Kindern darüber sprechen, was es eigentlich bedeutet, zu sterben. Außer dem Körper, den wir alle sehen, riechen und „begreifen“ können, gibt es noch „etwas“ im Körper, das diesen leben lässt. Egal ob wir dieses Feinstoffliche, das nicht „Begreifliche“ Seele, Geist oder Lebensenergie nennen, es ist jedenfalls das, was durch den Tod nicht ausgelöscht wird, sondern in einer anderen Form weiterexistiert.

Menschen, die diesem Erklärungsmodell, unabhängig von Religion oder Kultur, anhängen, können ihren Kindern in für das Kind geeigneter Sprache Hoffnung und Mut geben, dass mit dem Tod nicht alles vorbei ist. Je nach Entwicklungsstand des Kindes kann darüber gemeinsam nachgedacht werden, wo sich die Seele, der Geist des Verstorbenen nun befinden könnte (bei kleineren Kindern können ihre Fantasien dazu auch gezeichnet werden).

Wird ein Kind nun real damit konfrontiert, dass eine ihm nahestehende Person im Sterben liegt, erscheint es jedenfalls ratsam, mit dem Kind gemeinsam zu überlegen, wie die noch verbleibende gemeinsame Zeit genützt werden kann, was Kinder dem Sterbenden noch mitteilen möchten, was sie mit ihm noch besprechen oder unternehmen wollen (wenn die Krankheit noch nicht zu weit fortgeschritten ist).

Eine weitere Möglichkeit wäre, dem Sterbenden noch einen letzten Abschiedsbrief zu schreiben oder etwas zu zeichnen. Sich in geeigneter Art und Weise verabschieden und bedanken zu können, wird im Nachhinein von vielen Menschen als sehr tröstlich empfunden; Schuldgefühlen kann so entgegengewirkt werden.

Nach einem Todesfall ist es wichtig, das Kind sofort darüber in Kenntnis zu setzen, notwendige Informationen (z.B. über den Verbleib des Leichnams, das Begräbnis etc.) an es weiterzuleiten und über die eigenen Gefühle wie auch die Gefühle des Kindes zu sprechen. Erwachsene sollten sich nicht davor scheuen, vor dem Kind Gefühle zu zeigen. Das Verheimlichen oder Beschönigen erschwert dem Kind das Erfassen des schmerzvollen Erlebnisses – es bleibt mit seinen Fantasien und Ängsten allein. Gemeinsames Trauern von Eltern und Kindern erleichtert das Ertragen des gemeinsamen Verlusts.

Die Beerdigung könnte noch einmal eine Möglichkeit sein, sich neben dem kollektiven Abschiednehmen beim Toten in aller Stille für die gemeinsam erlebte Zeit zu bedanken. Jeder Abschied tut weh und macht traurig. Das Fehlen des Verstorbenen wird Eltern und Kindern erst zunehmend bewusst. Oft kommt es zunächst zum Schock, das heißt, das Geschehen kann nicht begriffen werden.

Auch Verdrängung oder Verleugnung des Todes kann eine Art von Abwehr sein, die dem Kind Distanz von der Wirklichkeit verschafft, sodass es sich nicht sofort mit den bedrohlichen Erlebnissen auseinandersetzen muss.

Bitte bedenken Sie:

- Jeder Mensch, jedes Kind trauert anders.
- Stark wechselnde Gefühle und Gefühlsäußerungen, die Erwachsene oft nicht einordnen können, sind bei Kindern normal.
- Für die seelisch gesunde Persönlichkeitsentwicklung ist das Erleben und die Akzeptanz von Gefühlen eine wichtige Voraussetzung.
- Jede Gefühlsäußerung von Kindern sollte in dieser Zeit erlaubt sein.

Oft löst der Tod eines geliebten Menschen Wut, Furcht, Angst und Schuldgefühle aus. Eltern erleben die rasch wechselnden Gefühlsäußerungen von Kindern oft als irritierend, zumal sie nach Weinkrämpfen, Wutanfällen oder Ähnlichem oftmals in rascher Folge wieder lachen und Späße machen.

Für Kinder ist es oft leichter, über Aktivitäten ihre Blockaden, aber auch ihre Gefühle in den Griff zu bekommen, z.B. durch das Aufstellen eines Bildes des Verstorbenen, durch ritualisiertes Anzünden einer Kerze zum Gedenken, gemeinsames Betrachten der Familienfotos, auf welchen der Verstorbene zu sehen ist oder gemeinsames Auffrischen der Erinnerungen.

Manchmal hilft es auch, Erinnerungen aufzuschreiben, sie einzurahmen und aufzuhängen. Kinder brauchen Gewissheit, dass der Tote in der Erinnerung weiterlebt, nur so können sie ihren eigenen Ängsten begegnen. Es ist zudem wichtig, dass Eltern ihren Kindern vermitteln, dass es normal ist, wenn sie nach dem Tod eines geliebten Menschen traurig und wütend sind, dass es nach einiger Zeit jedoch wieder leichter wird und man im Leben auch wieder Spaß haben kann.

Das zunehmende Hineinwachsen in die veränderte Situation und das Wiederaufnehmen des gewohnten Lebens, das Nachgehen eigener Interessen, das Empfinden von Glück und Zufriedenheit sind wesentliche Merkmale dafür, dass der Erwachsene – wie auch das Kind – mit der veränderten Situation langsam zurechtkommt.

„Abschied nehmen" heißt das Angebot des Vereins Rainbows, welcher Begleitung nach dem Tod einer nahen Bezugsperson anbietet.

Mutter
Ich trage dich wie eine Wunde auf meiner Stirn,
die sich nicht schließt.
Sie schmerzt nicht immer.
Und es fließt das Herz sich nicht daraus tot.
Nur manchmal plötzlich bin ich blind
und spüre Blut in meinem Munde.
(GOTTFRIED BENN)

Traumatische Erlebnisse

Das Wort „Trauma" stammt aus dem Altgriechischen und bezeichnet Wunden im umfassenden Sinne. Ob ein Ereignis als traumatisch erlebt wird oder nicht, ist von der subjektiven Wahrnehmung und dem subjektiven Empfinden des Betroffenen abhängig. Der Verlust eines nahen Angehörigen, der Vertrauensbruch durch Gewalt oder andere Traumata bewirken ein Ausmaß an organismischem Schmerz, das überwältigend und in dem Moment unvereinbar mit dem bisherigen Selbstkonzept eines Menschen ist. Die Folgen können Schock, Dekompensation, Depersonalisation, Depression, Stupor (Starrezustand des Körpers bei Bewusstsein), Regression und viele andere Symptome sein.

Einfach ausgedrückt passiert bei einem traumatischen Erlebnis Folgendes: Wenn eine neuartige, bedrohliche Situation auftritt, bewirkt diese ein allgemeines kortikales Aktivierungsmuster im ganzen Gehirn, besonders aber im präfrontalen Kortex und im limbischen System. Sämtliche dem Menschen zur Verfügung stehende Lösungsmöglichkeiten werden aufgespürt und nutzbar gemacht. Sollte keine der dem Menschen zur Verfügung stehenden Möglichkeiten zur Beendigung der Bedrohung geeignet sein, schaukelt sich der Prozess der Erregung so weit auf, bis schließlich durch die hohe Konzentration von Dopamin und Noradrenalin die Hirnanhangdrüse stimuliert und das HPA-System (Hypothalamo-hypophyseo-adrenocortikales System) in Gang gesetzt wird. Panikgefühle, Hilflosigkeit und Verzweiflung machen sich breit; es kommt zu einer Überschwemmung mit Cortisol. Ist kein baldiges und sicheres Ende der Panikwelle in Sicht, bleibt die Überschwemmung mit Cortisol erhalten und der Stoffwechsel verändert sich chronisch, was zu einer Hemmung bis Degeneration vieler Systeme und auch zu einer Zerstörung fester und schneller neuronaler Verschaltungen im Gehirn führen kann.

Ein ständiges Anspannungsgefühl, Übererregung, diffuse oder spezifische Angst und Hilflosigkeit sind die psychologischen Folgen. Eine weitere Belastung, und sei sie noch so klein, kann dann kaum noch ertragen werden und unter Umständen sogar dazu führen, dass Kinder mit Dissoziation reagieren. Traumatisierte Kinder lernen dadurch, alles zu vermeiden, was ihre Anspannung noch unerträglicher machen könnte, und wagen es nicht, in vollem Umfang zu explorieren und sich die Welt zu erschließen. Sie bleiben daher in ihrer Entwicklung zurück und können ihre Potenziale nicht entsprechend entfalten.

Sie finden bei D. Weinberg eine leicht verständliche Grafik zu den traumaspezifischen Mechanismen des Speicherns und Erinnerns. Wenn Sie sich jedoch eingehender mit der Thematik auseinandersetzen möchten, empfehle ich Ihnen G. Hüther: „Die Biologie der Angst“.

Ich möchte hier vor allem auf die traumatischen Eltern-Kind-Beziehungen eingehen, die massive Folgen für die kindliche Entwicklung haben, da die Bindungsperson, die normalerweise Schutz und Sicherheit gewährleisten sollte, der Auslöser von Furcht, Hilflosigkeit, Bedrohung und Überforderung ist.

Unser Bindungsverhalten gewährleistet unser persönliches Überleben sowie auch das der gesamten Art. Das Bindungsverhalten, das Kinder im ersten Jahr entwickeln, bleibt während des ganzen Lebens aktiv. Hat sich das Bindungssystem stabilisiert, fängt das Kleinkind an, seine Umgebung zu erkunden. Es beginnt seinen Lebensraum zu explorieren. Werden die Bindungs- und/oder die Explorationsbedürfnisse des Kindes nicht genügend befriedigt, so führt dies zu ambivalenten Gefühlen gegenüber der Bindungsperson, zu Wut, Enttäuschung und aggressiven Verhaltensweisen.

Missbrauchende und misshandelnde Eltern verletzen das Kind in seinem Bedürfnis nach Zuwendung, Schutz, Ermutigung und der Wahrung persönlicher Grenzen. Das Kind ist gezwungen, überwältigende Gefühle von Angst und Schmerz abzuspalten. Es wird in seiner Selbstwert- und Autonomieentwicklung beeinträchtigt, in seiner sozialen Wahrnehmung wie auch der Beziehung anderen Menschen gegenüber misstrauisch. Sehr häufig begegnet man – laut Scheuerer-Englisch – bei traumatisierten Kindern desorganisierten Bindungsmustern. Beobachtungen bestätigen, dass der häufigste Auslöser einer desorganisierten Bindung erlebte Kindesmisshandlung ist.

Brisch beschreibt in der Zeitschrift für Psychotraumatologie und Psychologische Medizin Zusammenhänge, welche vermuten lassen, dass selbst ein ungelöstes Trauma der Mutter und/oder des Vaters und/oder des Kindes selbst zu entsprechenden Störungen in der ganz frühen Interaktion zwischen Eltern und Säugling führt. Diese können die Ausbildung eines desorganisierten inneren Arbeitsmodells der Bindung beim Säugling zur Folge haben. Bei wiederholten traumatischen Erfahrungen kann es auch zu einer psychopathologischen Steigerung, einer Bindungsstörung kommen.

Die kindlichen Verhaltensweisen bei desorganisiertem Bindungsmuster haben große Ähnlichkeit mit dem ADHD-Syndrom, landläufig wird von „Hyperaktivität“ gesprochen, und treten im Kindergarten- und Grundschulalter häufig gekoppelt mit aggressiven Verhaltensweisen auf. Ein desorganisiertes Bindungsmuster bei Säuglingen und Kleinkindern könnte daher ein Vorläufer für eine ADHD-Symptomatik bei Vorschul- und Schulkindern sein.

Opfer von Gewalt erfahren massive Entwürdigungs- und Ohnmachtserlebnisse und einen völligen Kontrollverlust. Je früher in der Entwicklung eines Kindes traumatisierende Erlebnisse stattfinden, umso tiefer sind die Spuren, die sie hinterlassen!

In der Traumatherapie wird daran gearbeitet,

- dem Kind/Jugendlichen seine Würde zurückzugeben und
- ihn an seine Selbstwirksamkeit heranzuführen.
- Positive Selbstwirksamkeitserfahrungen sind dabei besonders wichtig, um die jungen Patienten zu stabilisieren,
- ihnen Hoffnung zu geben auf ein Leben in Selbstbestimmung.
- Sie brauchen die subjektive Gewissheit, neue Anforderungssituationen aufgrund eigener Ressourcen und Fähigkeiten meistern zu können!
- Sie müssen lernen, dass sie ihrer Kraft vertrauen können, und
- dazu befähigt werden, sich ihre Würde in Zukunft nicht mehr nehmen zu lassen.

Das Wichtigste im Leben finden wir nicht
durch intensive Suche,
sondern so, wie man etwa eine Muschel am Strand findet.
Im Grunde findet es uns.
(Jochen Mariss)

Kinder außer Rand und Band?

Um das problematische Verhalten von Kindern und Jugendlichen besser zu verstehen, muss man ihren Lebensalltag genauer kennen. Kinder und Jugendliche geraten nicht einfach außer „Rand und Band" oder zeigen ängstliches Verhalten, weil sie von Natur aus so sind. Auffälliges Verhalten hat eine Vorgeschichte; oftmals eine sehr traurige und belastende.

Um ein besseres Gefühl dafür zu bekommen, in welcher Lebensumwelt Kinder und Jugendliche leben, möchte ich hier ein paar Sätze von Kindern und Jugendlichen aus meinem Arbeitsalltag anführen.

Eine Fünfjährige, die plötzlich den Kindergartenbesuch verweigerte, erzählte: „Ich hab' mich so auf meine kleine Schwester gefreut. Aber seit sie da ist, haben Mama und Papa für mich gar keine Zeit mehr. Wir sind doch so gerne auf den Spielplatz gegangen oder zum Schwimmen! Wenn ich zaubern könnte, würde ich sie wegzaubern! Ich bin ein schlimmes Kind, wenn ich mir das wünsche, sagt meine Oma."

Ein ElfJähriger, der das Besuchsrecht bei seinem Vater nicht mehr wahrnehmen möchte und an den Besuchstagen sehr aggressiv gegenüber dem Vater auftritt, schrieb: „Ich bin sehr traurig, wenn meine Mutter und mein Vater streiten. Es stört mich, wenn mein Vater mich über meine Mutter ausfragt. Ich hasse es, wenn mein Vater mich nicht ausreden lässt und meint, er kenne sich in unserem Leben aus! Was weiß der denn schon, wie's uns geht, seit er uns verlassen hat! Er wollte uns am Boden liegen sehen. Das hat er geschafft!"

Ein Siebenjähriger wuchs in Übersee auf und wurde nach Österreich „verpflanzt", wo ihn die Mutter beim Vater zurückließ. Der Junge sollte hier eingeschult werden. Der Kindergarten meldete, das Kind sei in Anwesenheit des Vaters völlig außer Rand und Band, sei ansonsten aber gut „führbar". N. erzählte: „Ich wünsche mir am meisten, dass ich stärker bin als der Papa. Wenn er mich in den Bauch haut, speie ich ihm auf die Schlapfen, damit er auch was davon hat. Für mich ist die ärgste Strafe, wenn ich im Winkel stehen muss. Wenn ein Kind nicht folgt, wird es von jemandem gehaut ... drei Wünsche: Dass mich ein Geist beschützt und der Papa mich nicht mehr hauen kann. Dass ich ein König wär' und einen Ritter hätte, der für mich kämpft und die bösen anderen Ritter und Drachen besiegt! Dass meine Mami mich jeden Tag besuchen kommt!"

Die 15-jährige A. fällt in der Schule durch Schwänzen und einen starken Leistungsabfall auf, der es notwendig machte, vom Gymnasium in die Hauptschule überzuwechseln. Zudem sind eine Essstörung, zuweilen auch aggressives Verhalten Mitschülern gegenüber beobachtbar und A. wird als Einzelgängerin beschrieben, welche bei ihrem allein erziehenden Vater den Haushalt führt. A. erzählt: „Ich kann mich an keine guten gemeinsamen Zeiten mit meiner Mutter erinnern. Musste mir eine DVD anschauen, weil ich nichts mehr wusste. Ich habe keine Beziehung zu meiner Mutter. Sie hat getrunken, konnte nicht kochen und hatte immer ihre Lover, bis sie ausgezogen ist. Sie hat gesagt, ich bin durch einen ‚Unfall' entstanden und deshalb lebe ich jetzt bei meinem Vater. Wir waren nie eine richtige Familie. Ich mag an meine Kindheit gar nicht denken und würde selbst einem Kind so eine Geschichte nicht antun! Ich würde es lieber weggeben! Habe vor einiger Zeit versucht, mich weg zu beamen, hab' aber dann gespürt, dass ich doch genug Kraft hab', das durchzustehen. Ich halt's halt nicht aus, wenn mir wer zu nahe kommt, da kann's schon sein, dass ich ihm eine reinhaue …"

Ich denke, diese unterschiedlichen Fallbeispiele zeigen deutlich, dass die Verletzungen, die Kinder und Jugendliche im Laufe ihrer Geschichte erleiden, sehr vielfältig sein können. Die Verhaltensauffälligkeiten und emotionalen Störungen, in welchen sich diese innerpsychischen Spannungen kanalisieren, sind so individuell wie die Geschichte dieser jungen Menschen. Psychische Belastungen bei Kindern und Jugendlichen werden häufig erst erkannt, wenn sie sich nach außen richten. Man nennt dies externalisierende Syndrome, die in Form von dissozialem und aggressivem Verhalten sichtbar werden. Kinder und Jugendliche werden dann als „außer Rand und Band" bezeichnet.

Kinder und Jugendliche, die mehr in den sozialen Rückzug gehen, körperliche Beschwerden ausbilden oder ängstlich/depressiv reagieren, werden mitunter nicht als behandlungsbedürftig eingeschätzt. Die Hilfe, die sie benötigen, um aus ihrem inneren Gefängnis aufzutauchen oder aus einem Teufelskreis aus Verletzung – Angst – Aggression – Gewalt auszusteigen, muss auf diese individuellen Bedürfnisse zugeschnitten sein. Was dem einen hilft, ist für den anderen kaum von Nutzen. Was für den einen zu bald ist, kommt für den anderen möglicherweise zu spät.

Viele Eltern fürchten sich auch bereits vor ihren Jugendlichen. Es handelt sich dabei um eine große Dunkelziffer, weil dieses Thema sehr schambesetzt ist und es kaum Eltern gibt, die zugeben, dass sie von ihren Jugendlichen misshandelt werden. Sie fühlen sich in der Beziehung zu ihrem Jugendlichen hilflos, abgewertet und erschöpft.

Die meisten Herausforderungen, die uns im Laufe unseres Lebens begegnen, meistern wir aus eigener Kraft. Wir holen uns Unterstützung in Gesprächen mit unseren Familienmitgliedern, Freunden und dem sozialen Netz, das wir uns aufgebaut haben. In manchen Phasen unseres Lebens ist es aber sinnvoll, professionelle Hilfe in Anspruch zu nehmen. Wichtig ist, dass Betroffene nicht den Weg zu einer Einrichtung scheuen, die ihnen Unterstützung geben kann.

Oftmals nützt bereits ein einzelnes Gespräch bei einem Fachmann oder einer Fachfrau, um wieder Licht am Ende des Tunnels erkennen zu können, das eigene Bild von der Situation zurechtzurücken oder hilfreiche Strategien umzusetzen. Manchmal braucht es eine mehrmalige Beratung oder längerfristige therapeutische Begleitung, um die Familie wieder handlungsfähig zu machen, damit sie ihre Probleme selbst in Angriff nehmen kann.

In seltenen Fällen ist es aber auch angebracht, auf Distanz zu gehen, um wieder klar denken zu können und sich seiner Gefühle gewahr zu werden. Alles ist erlaubt, was hilfreich ist und wodurch niemand zu Schaden kommt. In einer ausweglosen, schwer belasteten Lebenssituation zu verweilen, hilft niemandem und führt nur in Ausnahmefällen von selbst zu einer positiven Veränderung.

Im Anhang finden Sie einige hilfreiche Adressen, wo Sie Hilfe und Unterstützung erhalten.

Wenn es das Richtige ist,
wird es geschehen, wenn nicht,
war es nicht das Richtige.
(unbekannt)

ANHANG

Nachwort

Ich hoffe, Ihre persönliche Schatzkiste mit dem einen oder anderen Gedanken bereichert zu haben und hoffe, dass der gestreute Samen keimen möge. Ich freue mich über persönliche (positive) Rückmeldungen wie auch konstruktive Kritik (office@ich-bin-okay.at).

Abschließend möchte ich Ihnen einen Vers, den ich von einer lieben Bekannten, Frau Monika Frenzl, bekommen habe, mit auf den Weg geben. Möge er Sie ebenso berühren, wie er mich berührt.

Es sagte einmal die kleine Hand zur großen Hand:
Du große Hand, ich brauche dich,
so wie die Blume emporrankt am Holz,
das ihr Halt gibt.
Ich bedarf deiner Kraft und deiner Erfahrung
mit all den Dingen, die du gestaltest.
Ich möchte lernen von dir,
wie man das Schwächere birgt, hegt und behütet,
den jungen Vogel, der aus dem Nest fiel,
und die Geschöpfe,
die uns Menschen anvertraut sind,
wie man den Strauchelnden hält
und dem Geängstigten Mut gibt,
wie man dem Unrecht wehrt
und für das Notwendige einsteht.
Ich bitte dich,
dass ich dir zugewandt sein darf ohne Arg
und dass du nach Zeiten der Arbeit und Mühe
mit mir spielen wirst und dich auftust dem Leben,
das uns gemeinsam geschenkt ist.
Und es sagte die große Hand zur kleinen Hand:
Du kleine Hand, ich brauche dich,
damit ich nach Hasten und Lasten der Tage

einmal ausruhen kann und gelöst sein und feiern,
hingegeben an Sonne und Wind,
ich möchte lernen von dir
das so lange vergess'ne Vertrauen:
Einer ist da,
der mich hält und führt und begleitet!
Mit dir möchte ich wieder ein Gebet versuchen,
das sich bittend dem hingibt,
in dessen Treue wir alle geborgen sind,
auch die Zweifler.
Ich bitte dich:
Wenn ich verkrampft bin in Zorn und Verzweiflung,
müde und matt von den Niederlagen des Tages,
sei bei mir wie heute,
einfach hingehalten und offen,
dass meine Schatten vertrieben werden vom Licht.
Du kleine Hand,
zeige mir immer wieder das Wunder,
dass wir alle unsagbar geliebt sind.
(Gerhard Kiefel)

Danksagung

Das Schicksal hat es so gewollt, dass die Idee des Verlags, ein Elternbuch zum Thema Kindererziehung in kritischen bzw. sensiblen Phasen der Entwicklung herauszubringen mit meiner Offenheit, mir neue Arbeitsfelder zu erschließen, zusammengefallen ist.

Ein Buch zu schreiben über meinen großen Erfahrungsschatz, den ich mir aus meiner 20-jährigen Arbeit mit Kindern, Jugendlichen und Familien erworben habe, wäre vor zwei Jahren noch undenkbar gewesen, zu groß waren meine Zweifel, ob ich dieser Aufgabe wohl gewachsen sein würde, ich meine Erfahrungen, Ideen und

Visionen wohl so auszudrücken in der Lage wäre, dass andere Menschen daraus Nutzen ziehen könnten und auch Freude daran hätten, in dem Buch zu schmökern. Zudem hatte ich immer das Gefühl, noch so vieles nicht zu wissen, nicht verstehen zu können.

Durch die empathische Beziehungsgestaltung und wertschätzende Haltung meiner klientenzentriert arbeitenden Psychotherapeutin, Frau Brigitte Rittmannsberger, konnte ich zunehmend mehr an meine Fähigkeiten glauben und diese innere Kraft spüren, die sich auftut, wenn sich die Zweifel allmählich lichten und man beginnt, der Selbstaktualisierungstendenz, die uns leitet, uns zu entwickeln, zu vertrauen.

Das Gefühl, noch so vieles nicht zu wissen und nicht im Ansatz verstehen zu können, ist geblieben, doch es ängstigt und verunsichert mich nicht mehr. Es macht mich neugierig und offen für Neues. Ich möchte mich auf diesem Wege ganz herzlich bei ihr dafür bedanken, dass sie mir stets das Gefühl gegeben hat, dass ich mich auf mein „Bauchgefühl", meine Zweifel, aber auch meine Ressourcen verlassen kann und meine „Erkenntnisse" ihre Berechtigung haben. Ich habe in dieser Zeit gelernt, dass es wichtig ist, sich selbst und die Arbeit, die man tut, zeitlebens kritisch zu sehen, dass die Zweifel auch nie vergehen und man trotzdem oder gerade deshalb anderen Menschen etwas mitzuteilen hat.

Mein Dank gilt auch Frau Monika Frenzl, welche mich immer wieder motiviert hat, an meinem Buch weiterzuschreiben, weil sie der festen Meinung ist, dass ich den Menschen etwas mitzuteilen habe.

Ganz lieber Dank gebührt Frau Maria Scherrer, die mir durch die Erstgestaltung meines Manuskripts gezeigt hat, wie mein Buch aussehen könnte, wenn es im Regal eines Buchhandels steht und mich dadurch ungemein motiviert hat.

Ihre Begeisterungsfähigkeit und Kreativität, aber auch ihr klarer, scharfer Verstand sind schier beeindruckend. Ihre Rückmeldungen zu meinem Buch haben mich beflügelt und mir die Sicherheit gegeben, dass daraus wirklich ein kleines „Wunderwerk“ entsteht, an welchem ich federführend beteiligt bin. Es tut gut, gespürt und gesehen zu werden! Danke.

Meinen herzlichen Dank an dieser Stelle auch Herrn Mag. Weixlbaumer, Frau Verena Minoggio für den Rohentwurf des Konzepts, Frau Valentina Bruns für ihr feinfühliges Lektorat, Frau Mag. Maria Schlager für das bereits vorliegende Konzept zur Vermarktung, wie allen anderen im Verlag tätigen Personen (z. B. Grafik) die daran beteiligt waren und sind, dass dieses Buch in dieser Form erscheinen durfte.

Mein Kollege Florian Kollmann hat drei seiner Fotos zur Veröffentlichung zur Verfügung gestellt. Danke Dir!

Besonders dankbar bin ich natürlich den vielen Kindern, Jugendlichen, Freunden und Eltern, die mit mir ihre persönlichen Erlebnisse, ihre Ängste und Sorgen besprachen, sie zeichneten oder auch schriftlich mitteilten.

Mehrere Personen haben freundlicherweise das Manuskript gelesen, da und dort Verbesserungsvorschläge beigesteuert. Darunter waren meine Kollegin Mag. Scheschy-Prechtl, Scherrer Maria, Marion Klinser, meine Mutter.

Last but not least möchte ich besonderen Dank natürlich auch meiner Familie aussprechen, vor allem meinem Mann, Mag. Harald Buchrucker, und meinem Sohn, Niklas Buchrucker, die mitunter sehr viel Geduld aufbringen mussten, wenn ich mich stundenlang mit meinem Manuskript zurückgezogen habe und ganz in meiner Gedankenwelt gefangen war oder völlig in meiner Begeisterung für die Gestaltung desselben aufgegangen bin.

Schließlich ist es doch noch ein „Familienprojekt“

geworden. Mein Mann hat das Coverbild beigesteuert, Niklas viele erfrischende und kritische Bemerkungen, die ich als sehr bereichernd erlebt habe.

Es hat gut getan, Euch in Eurer liebevollen Unterstützung an meiner Seite zu wissen und Euer Interesse an dem, was ich denke, fühle und schreibe, zu spüren!

Schnee der Freude

Die bundlose Zukunft erstreckt sich über den Himmel
und ich werde wiedergeboren.
Ich werde den Schnee der Freude
über die ganze Welt schneien lassen.
Darum strecke deine Arme aus.
Es gibt kein Morgen, das heute vorbestimmt ist.
Auch wenn du schweigst, weiß ich:
unser Treffen war nicht einfach
nur eine Laune der Zeit.
Ich werde die Vollkommenheit in deine Hände legen.
Das Licht der untergehenden Sonne ist so schön.
Wenn der kalte Wind schimmert,
kann ich deine sanfte Stimme hören.
Wissen, dass ich nicht alleine bin,
wärmt mich so sehr, dass es schmerzt.
Alles fängt mit dem Punkt des Glaubens an.
Diese Gefühle werden ewig leben,
die endlose Zukunft und der leuchtende Himmel
erlauben mir, wiedergeboren zu werden.
Ich werde den Schnee der Freude
über die ganze Welt schneien lassen.
Während ich deine Hand halte.

(Fischer Andrea, 14 Jahre)

Literaturverzeichnis

Bettelheim, B.: Kinder brauchen Märchen; München: Deutscher Taschenbuch Verlag, 14. Auflage 1990

Biddulph, S.: Das Geheimnis glücklicher Kinder; München: Heyne Verlag 2001

Boeck-Singelmann, C.; Ehlers, B.; Hensel, T.; Kemper, F.; Monden-Engelhardt, C. (Hrsg.): Personzentrierte Psychotherapie mit Kindern und Jugendlichen, Bd. 1; Göttingen: Hogrefe 2002

Brisch, K.-H.: Zeitschrift für Psychotraumatologie und Psychologische Medizin, 2. Jg. (2004) Heft 1

Csikszentmihalyi, M.: Flow. Das Geheimnis des Glücks. Stuttgart: Klett Cotta, 13. Auflage 2007

Freud, S.: Der Humor; In: Mitscherlich, A. u.a. (Hrsg.):Freud-Studienausgabe, Bd. 4 Psychologische Schriften; Frankfurt am Main 1969–1975 S 275–282

Friedrich, Max H.: Lebensraum Schule; Wien: Überreuter 2008

Geutler, U.: Lebensmelodie aus dem Mutterleib; Berliner Zeitung, Textarchiv 24. Mai 2002

Göppel, R.: Das Jugendalter; Entwicklungsaufgaben – Entwicklungskrisen – Bewältigungsformen; Stuttgart: Kohlhammer 2005

Handbuch der Bildungsarbeit im Elementarbereich: Gebildete Kindheit unter www.handbuch-kindheit.uni-bremen.de

Hufnagel, G.; Fröhlich-Gildhoff, K.: Personzentrierte Psychotherapie mit Kindern und Jugendlichen; Göttingen: Hogrefe 2002

Hüther, G.: Biologie der Angst. Wie aus Stress Gefühle werden, Göttingen: Vandenhoeck und Ruprecht 1999

Kernberg, P. F.: Spiegelbilder. Vom Einsatz des Spiegels in der klinischen Arbeit mit Kindern und Jugendlichen; Stuttgart: Klett Cotta 2008

Myrtek, M.: Fernsehkonsum bei Schülern; ambulante psychophysiologische Untersuchungen im Alltag. Nervenheilkunde 22; 2003

Opp, G.; Fingerle, M. (Hrsg.): Was Kinder stärkt. Erziehung zwischen Risiko und Resilienz; München: Ernst Reinhardt 2007

Papoušek, M.; Schieche, M.; Wurmser, H. (Hrsg.): Regulationsstörungen der frühen Kindheit; Bern: Hans Huber 2004

Mogel, H.: Psychologie des Kinderspiels; Berlin: Springer Verlag, 3. Auflage 2008

Ready, R.; Burton, K.: Neuro-Linguistisches Programmieren für Dummies; Weinheim: Wiley-VCH Verlag 2005

Resch, F. et al: Entwicklungspsychopathologie des Kindes- und Jugendalters; Psychologie Verlags Union 1999

Resch, F.; Brunner, R.: Grenzgänger – Risikoverhalten und Borderline-Syndrom im Jugendalter; Power-Point-Präsentation anlässlich der Fachtagung: Grenzenlose Jugend – Jugend an der Grenze, Linz 2008

Schenk-Danzinger, L.: Entwicklungspsychologie; Wien: Österreichischer Bundesverlag, 21. unveränd. Auflage 1991

Scheuerer-Englisch, H.: Arbeitsunterlagen zum Workshop: „Pflegekinder – getrennt und doch gebunden." Kindliche Sicherheit und Bindungsaspekte bei der Unterbringung und Beziehungsgestaltung, Linz 2004

Schmidtchen, S.: Klientenzentrierte Spiel- und Familientherapie; Beltz: Psychologie Verlags Union 1996

Spitzer, M.: Vorsicht Bildschirm! Elektronische Medien, Gehirnentwicklung, Gesundheit und Gesellschaft; Stuttgart: Klett Cotta 2005

Stelzig, M.: Keine Angst vor dem Glück; Salzburg: ecowin 2008

Stern, D. N.: The early development of schemas of self, the other, and of various experiences of „self with other" (1983). In: Lichtenberg, J. D. und Kaplan, S.: (Hrsg.): The Development of the self: In Infant Research. Hillsdale, NJ (Analytic Press)

Strauch, B.: Warum sie so seltsam sind. Gehirnentwicklung bei Teenagern; Berlin: Berliner TB Verlags GmbH 2004

Weinberg, D.: Traumatherapie mit Kindern; Stuttgart: Klett Cotta 2005

Winterhoff, M.: Warum unsere Kinder Tyrannen werden. Oder: Die Abschaffung der Kindheit; Gütersloh: Gütersloher Verlagshaus, 15. Auflage 2008

Zulliger, H.: Zitiert von Mogel, H. in: Personenzentrierte Psychotherapie mit Kindern und Jugendlichen Bd. 1; Göttingen: Hogrefe 2002

Zulliger, H.: Heilende Kräfte im kindlichen Spiel; 4. Auflage Frankfurt: 1972; Stuttgart: Fischer 1952

Serviceteil

„Allein mit dem Kind“
Beratungsstelle sowie Online-Beratung
für alleinerziehende Mütter und Väter
E-Mail: beratung@alleinerziehend.at
www.alleinerziehend.at

AMIKIO – Alleinerziehend in Deutschland
E-Mail: info@amikio.de
www.amikio.de

Beziehung*leben*
Mediation, Lebensberatung, Pränatale Diagnostik
E-Mail: beziehungleben@dioezese-linz.at
www.beziehungleben.at

Club Mondkind
Drehscheibe für Betroffene und Ärzte (Einnässen)
Tel.: + 43 (0) 699/10999000 (Di u. Do von 9.00 bis 11.00 Uhr)
E-Mail: info@clubmondkind.at
www.clubmondkind.at

Initiative Trockene Nacht
Rat und Hilfe für Bettnässer und Enuresis-Patienten
E-Mail: info@initiative-trockene-nacht.de
www.initiative-trockene-nacht.de

La Leche Liga
Stillberatung
E-Mail: info@lalecheliga.at
www.lalecheliga.at

La Leche Liga Deutschland
Stillberatung
E-Mail: info@lalecheliga.at
www.lalecheliga.de

Donna Vita Fachhandel
Pädagogisch/Psychologischer Fachhandel
www.donnavita.de

Eltern-Kind-Zentren
E-Mail: info@ekiz-dachverband.at
www.ekiz-dachverband.at

HPE – Hilfe für Angehörige psychisch Erkrankter
Vereinigung von Angehörigen und Freunden
E-Mail: office@hpe.at
www.hpe.at

Familienselbsthilfe Psychiatrie
E-Mail: bapk@psychiatrie.de
www.psychiatrie.de/familienselbsthilfe

pro mente
Psychosoziale Beratungsstelle
E-Mail: office@promenteaustria.at
www.promenteaustria.at

Rainbows
für Kinder in stürmischen Zeiten
E-Mail: office@rainbows.at
www.rainbows.at

Kinderschutz-Zentrum Linz
Langgasse 10
A-4020 Linz
Tel.: + 43 (0) 732 / 781 666
e-mail: kisz@kinderschutz-linz.at
www.kinderschutz-linz.at

Netzwerk Kinderschutz Deutschland
E-Mail: info@netzwerk-kinderschutz.de
www.netzwerk-kinderschutz.de

Männerberatung des Landes OÖ
Figulystraße 27
A-4020 Linz
Tel.: +43 (0) 732/603800
Maennerberatung.ftz.post@ooe.gv.at

Institut für Sinnes- und Sprachneurologie und
Pädoaudiologisches Therapie- und Beratungszentrum
Barmherzige Brürder
Bischofstraße 11
A-4021 Linz
Tel.: +43 (0) 732/7897-24900
iss@bblinz.at

Institut für Vorschulische Früherziehung,
Individuelle Vorbereitung auf den Schulanfang und
Förderung und Lernbegleitung für Volksschüler
Lustenauerstraße 13/EG
A-4020 Linz
e-mail: office@spielend-lernen.at
www.spielend-lernen.at

Verein ADAPT
Verein zur Förderung von Personen mit AD/HS
und Teilleistungsschwächen
E-Mail: verein_adapt@yahoo.com
www.adapt.at

ADHS Deutschland
Selbsthilfe für Menschen mit ADHS
E-Mail: info@adhs-deutschland.de
www.adhs-deutschland.de

Über die Autorin

Mag. Susanne Buchrucker

Die Autorin ist Klinische Psychologin, Gesundheitspsychologin mit Weiterbildung in klientenzentrierter Kinder- und Jugendlichentherapie und seit über 20 Jahren in der psychologischen Beratung von Kindern, Jugendlichen und deren Familien tätig. Seit 2007 hat sie auch eine eigene Praxis in Linz. Susanne Buchrucker arbeitet vorwiegend in der Erziehungsberatung (auch videogestützt), verfasst immer wieder Artikel zu verschiedenen psychologischen Themenbereichen für Zeitschriften, hat Erfahrung in der Erstellung und Prüfung sozialpädagogischer Konzepte und alternativer Betreuungsformen für Kinder und Jugendliche. In ihrer Praxis bietet sie u.a. diagnostische Abklärungen für Kinder und Jugendliche, lösungsfokussiertes Arbeiten mit Familien und Einzelpersonen, spieltherapeutische Begleitung, Sandspieltherapie und Besuchsbegleitung an. Sie lebt mit ihrem Mann und ihrem Sohn im Linzer Naherholungsraum.

www.ich-bin-okay.at

Stichwortverzeichnis

T

U